公立大学
法人制度改革论纲

解德渤 ◎ 著

中国社会科学出版社

图书在版编目（CIP）数据

公立大学法人制度改革论纲/解德渤著．—北京：中国社会科学出版社，2020.6
ISBN 978-7-5203-5890-3

Ⅰ.①公… Ⅱ.①解… Ⅲ.①公立学校—高等学校—法人制度—研究—中国　Ⅳ.①G649.2

中国版本图书馆CIP数据核字（2020）第021480号

出 版 人	赵剑英	
责任编辑	张　林	
特约编辑	宗彦辉	
责任校对	王佳玉	
责任印制	戴　宽	

出　　版	中国社会科学出版社
社　　址	北京鼓楼西大街甲158号
邮　　编	100720
网　　址	http://www.csspw.cn
发 行 部	010-84083685
门 市 部	010-84029450
经　　销	新华书店及其他书店
印　　刷	北京明恒达印务有限公司
装　　订	廊坊市广阳区广增装订厂
版　　次	2020年6月第1版
印　　次	2020年6月第1次印刷
开　　本	710×1000　1/16
印　　张	18.75
插　　页	2
字　　数	308千字
定　　价	99.00元

凡购买中国社会科学出版社图书，如有质量问题请与本社营销中心联系调换
电话：010-84083683
版权所有　侵权必究

前言 探寻中国特色现代大学法人制度

现代大学制度建设是我国特有的一个学术命题，也将是我国高等教育学界一个经久不衰的研究议题。可以说，现代大学制度建设的核心命题是现代大学法人制度建设，没有健全的大学法人制度就不可能建立良好的府学关系。大学"行政化""高成本""强内耗"等问题不断蔓延，这都是由府学关系不顺畅所造成的，它在公立大学表现得尤为明显。从这个意义上说，我国公立大学法人制度改革的首要目标是处理府学关系，根本宗旨是保护学术组织，终极目标是建设世界一流大学。

回顾世界高等教育发展史，我们不难发现：大学法人制度的演进史是大学发展史的一个缩影。世界大学法人制度发展经历了以"学者行会"为基本标识的"古典大学法人制度"、以"国家理性"为根本特征的"近代大学法人制度"和以"市场机制"为调控杠杆的"现代大学法人制度"。古典大学法人制度最早在法律意义上认可并保障大学的"团体人格"，且以"特许状"的形式为大学自治提供了最原始的法律支持；民族国家的崛起将近代大学法人制度推上历史舞台，国家成为大学自治的"守护者"且表现形式各异；在现代大学法人制度中，"市场"表现出前所未有的力量，在大学与政府之间扮演着"调控者"的角色。这就是世界大学法人制度演进的基本脉络。

我国现行的法人制度始于1986年的《民法通则》，至今已逾三十年。我国现行的大学法人制度始于1998年的《高等教育法》，至今也已二十余年。但是，我国对法人制度以及大学法人制度的认识与实践都处于一个摸索阶段。历史地看，我国公立大学法人制度历经"事业单位"到"事业单位法人"再到"公益二类事业单位法人"。这就使得我国公立大学深深打上不同时期的制度烙印，从而大学法人制度也带有较大的特殊性。这种特殊性集中表现为：第一，法人身份的"单一性"，即"事业单位法人"并不能满足不同类型公立高校的法律需求；第二，法人属性的"不完整性"，即我国公立大学所面临的是"私有余而公不足"的现实境遇；第三，法人地位的"外赋性"，即当前我国公立大学的法人地位是20世纪80年代初"简政放权"背景下的法律产物，从而并不具有法人权利内生的实质。这就导致了我国公立大学在"事业单位法人"基本框架下不健全的法人制度："次级法人"的法律性质、"国家保障"的投入体制、"权力集中"的治理结构、"事业编制"的人事制度、"公地悲剧"的财产制度、"政府主导"的评价制度以及"功能疲软"的监督机制等。这些问题集中暴露的是如何调整公立大学与政府之间的关系这一根本难题。透过2015年《高等教育法》的修订，我们发现：政府对大学管理显现出从"行政管理"到"法人治理"的端倪，但公立大学法人制度改革的步伐依然缓慢。

当前世界现代大学法人制度建设已经较为完善，对我国公立大学法人制度改革具有积极借鉴意义。就大陆法系而言，德国公立大学的法人类型包括"双重法人""公法社团"和"公法财团"三种，法国公立大学的法人类型属于"特殊公务法人"，日本国立大学的法人类型是"独立行政法人"框架下的"国立大学法人"，我国台湾地区公立大学法人化改革方案设计的是"行政法人"。德国的"分类放权"、法国的"分层放权"以及在两国颇为流行的"行政合同"对我国具有启发意义，而日本和我国台湾地区国立大学改革历程与改革分歧使我们在是否缩减财政投入、是否扩大校长权力、是否迈向大学市场化等问题上须保持谨慎态度。就英美法系而言，英国公立大学的法人类型包括"特许状法人""议会法人"和"公司法人"三种，美国公立大学的法人类型包括"国家机构""公益信托"和"宪法自治大学"三种。英美多样化的大学法人类型设计以及大学与政府之间缓冲机构的设置对我国也具有启示意义。我们可以在"三角协调模型"的基础上建构出"天平杠杆模型"，以衡量不同大学法人类型的自治状况，并根据我国实际情况进行选择性吸收。

我国公立大学法人制度改革应在改革理念、改革方案以及具体设计等多个方面进行深刻思考。在改革理念上，我国公立大学法人制度改革理应正视并超越新自由主义思潮和新国家主义思潮；理应坚持以尊重大陆法系传统为主、汲取英美法系精髓为辅的法律取向；理应秉承以政治论为前提、以认识论为根本的教育哲学。在改革方案上，我国公立大学法人制度改革具有三种备选方案：第一种方案是"私法人化"，这是一种妥协现实的改革方案，故不宜采纳；第二种方案是"公法人化"，这是一种呼声最高的改革方案，可以作为优选方案；第三种方案是"特殊法人"，试图在公与私之间作出调和，这种改革方案因浓郁的理想色彩而难以实现，所以也不宜采纳。如此说来，我国应在"公法人制度"的整体框架下构建一个结构相对完整、具有中国特色、运行顺畅有效的公立大学法人制度。

穿越复杂的世界大学法人丛林，结合我国 2017 年《民法总则》中关于法人制度改革的总体动向，我国公立大学可采用特殊机关法人、事业单位法人、捐助法人以及企业非营利法人等四种法人类型。无论从法理上分析，还是在学理上剖析，抑或在实践中考量，我国军事类院校适宜采取"特殊机关法人"身份，中央部属院校适合采取"事业单位法人"身份，公办地方本科院校适合采取"捐助法人"身份，公办高职高专院校适合采取"企业非营利法人"身份。这种法人分类方式不仅回应了世界公立大学法人制度改革的基本经验，而且在契合我国法人分类传统的基础上进行了大胆而理性的制度革新，这四种大学法人所享有的法人权利渐次增大。但在法人身份选择的具体实践中，我们理应坚持"自主选择""合理引导""积极试点"的原则。应该说，不同的公立大学法人类型体现为不同的法律性质，折射出相应的治理结构、投入体制、人事制度、财产制度、评价制度以及监督机制等内容。这不仅有助于突破原有事业单位法人的体制性积弊，而且可以对事业单位法人进行规范性矫正，更有助于推进我国高等教育多元化格局的形成与发展，从而为我国高等教育普及化的到来奠定法律基础。

因此，把法人制度这一古老的世界命题与现代大学制度建设这一具有时代意义的中国议题有机结合起来，这将是创建中国特色现代大学法人制度的积极尝试，这一尝试必将释放出不可估量的制度能量，从而成为我国高等教育在依法治校背景下最具有根本意义的供给侧结构性改革。

解德渤

2019 年 4 月

目 录
CONTENTS

第一章　绪论 ··· 1
　第一节　研究缘起 ···································· 1
　第二节　文献综述 ···································· 9
　第三节　研究问题 ··································· 30
　第四节　研究设计 ··································· 35

第二章　大学法人制度的历史图景 ················· 45
　第一节　"特许状"：古典大学法人制度 ············ 45
　第二节　"国家理性"：近代大学法人制度 ·········· 56
　第三节　"市场机制"：现代大学法人制度 ·········· 73

第三章　公立大学法人制度的中国考察 ············ 81
　第一节　我国公立大学法人制度的历史演进 ········ 82
　第二节　我国公立大学法人制度的基本特征 ········ 94
　第三节　"事业单位法人"制度框架下的公立大学 ··· 101
　第四节　《高等教育法》修订前后的公立大学法人制度 ········ 121

第四章　公立大学法人制度的境外模式 ··········· 136
　第一节　公立大学法人制度的德法经验与中国启示 ············ 136

· 1 ·

第二节　公立大学法人制度的英美经验与中国启示 …………… 145
　　第三节　日本和中国台湾地区公立大学法人制度探索
　　　　　　及其启发 ……………………………………………… 153

第五章　我国公立大学法人制度改革的理论反思 …………………… 164
　　第一节　我国公立大学法人制度改革的思想基础 ……………… 164
　　第二节　我国公立大学法人制度改革的法律取向 ……………… 172
　　第三节　我国公立大学法人制度改革的教育哲学 ……………… 178

第六章　我国公立大学法人制度改革的基本构想 …………………… 185
　　第一节　我国公立大学"二次法人化"的改革方案 …………… 185
　　第二节　我国公立大学"二次法人化"的法人分类 …………… 191
　　第三节　我国公立大学"二次法人化"的制度构想 …………… 206
　　第四节　我国公立大学"二次法人化"的实践进路 …………… 221
　　第五节　未来我国公立大学法人制度的改革前瞻 ……………… 227

第七章　结语 ………………………………………………………… 243

参考文献 ……………………………………………………………… 263

后　记 ………………………………………………………………… 283

第一章 绪论

正义是社会制度的首要价值,正像真理是思想体系的首要价值一样。一种理论,无论它多么精致和简洁,只要它不真实,就必须加以拒绝或修正;同样,某些法律和制度,不管它们如何有效率和有条理,只要它们不正义,就必须加以改进和废除。①

——约翰·罗尔斯(John Bordley Rawls)

第一节 研究缘起②

自20世纪80年代以来,大学法人化改革成为世界高等教育发展的普遍趋势。从根本上讲,这一历史潮流契合了大学作为学术组织的基本特性,也符合了各国高等教育改革的特殊背景。就我国③而言,改革开放四十余年来,波澜壮阔的高等教育历史画卷描绘出举世瞩目的办学成就,但"有名无实"的大学法人制度不可避免地带来诸多司法困境与教育难题。④高校与社会、高校与教师、高校与学生之间的纠纷案时有发生,高校屡屡成为被告,从而高校的法律地位问题引发普遍关注。更直接的是,高校之间资源配置不公平、高校内部资源浪费惊人、高校沦为腐败重灾区等等。

---

① [美]约翰·罗尔斯:《正义论》,何怀宏等译,中国社会科学出版社1988年版,第1页。
② 此部分以"公立大学法人制度改革的世界潮流与中国抉择"为题发表在《教育与考试》2018年第1期,收录在本书时略有修改。
③ 这里的"我国"主要指中国大陆地区,不包括港澳台地区。如无特殊说明,下同。
④ 解德渤:《面向2030年的中国大学法人制度改革》,《中国高等教育》2016年第17期,第14—15页。

甚至不客气地说，大学内部管理已经进入"高成本""强内耗"的发展阶段。① 这些教育乱象无不反映出大学"理性失范"② 或"道德失范"的深层问题。与此同时，破解"钱学森之问"与冲击世界一流大学成为国人心中挥之不去的情结。

我们不禁发问：中国高等教育改革的出路究竟在哪里？高教界几乎不约而同地将目光投向高等教育管理体制改革，"去行政化"无疑是当前高等教育研究领域最耀眼的词语，遗憾的是改革成效不尽如人意。说到底，在道德失范的时代，法律需要登场，"法治是未来改革发展的最大共识"③。在全面推进依法治国的宏观背景下，法治思维将成为未来高等教育改革的必然选择。从这个意义上说，建立、健全现代大学法人制度是我国高等教育改革与发展的根本路径，事实上这也是国际通例。

一 "大学自主"：世界高等教育发展的普遍趋势

作为知识的堡垒，大学是探究真理的场所，也是培养人才的组织，还是服务社会的动力站。可以说，大学的独特品性在于，它能够并敢于站在真理的立场上生产知识、传播知识和应用知识。这也是大学最宝贵的品质。试想，如果大学没有独立身份、丧失自我意志，那么这样的大学必定是不敢捍卫真理的，身处其中的教师与学生也是不敢坚持自我的，从而这样的大学也很难称得上是世界一流大学。一个基本的逻辑就是，世界一流大学需要尊重学术自由权，学术自由权呼唤大学自主权，大学自主意味着大学的独立身份，大学独立身份的获得与保障是以特定的保护制度为前提的。这种保护制度正是大学法人制度，它在历史演化的过程中逐渐产生、发展、改造、积淀与完善，进而形成今天高等教育的世界图景。

几乎自中世纪大学诞生之日起，大学法人制度就已经在事实上存在，并通过发挥该制度的独特优势来保护大学的"智识生活"，以不受外部权威力量的过分干预。大学的这种自我保护机制不是天然形成的，而是大学师生利用教会与王权之间的矛盾而不断争取集体权利、反复博弈的结果。罢课权、迁徙权、司法审判权等大学特权都是通过"特许状"（Charter）

---

① 林中祥：《大学的管理已经进入高成本与内耗的阶段》，科学网，2017年1月4日，http://blog.sciencenet.cn/blog-279177-1025296.html。
② 张学文：《大学理性研究》，北京师范大学出版社2013年版。
③ 马怀德：《法治是未来改革发展最大的共识》，《法制资讯》2012年第11期，第42页。

的形式确立下来,从而成为大学与外部权威之间的界限,大学自治的传统逐步形成。即便是民族国家兴起之后,政府也不敢轻易违背这种契约。这就意味着,维护与捍卫学术使命是大学法人制度的独特功用,也是构建大学法人制度的逻辑起点。这大概就是大学产生并兴盛于西方的根本性的制度原因,即大学法人制度是西方大学崛起的秘密,只不过发展模式各异而已。

20世纪末期以降,大学法人化改革发展成为不可逆转的世界潮流,这股潮流主要是受到新自由主义理念(Neo–Liberalism)和新公共管理运动(New Public Management)的影响。欧洲主要以德国、奥地利、丹麦、瑞典、芬兰、俄罗斯为代表。德国在1998年修订《大学基本法》,公立高校由双重法律地位演变为多样化的法律身份,突破原有的"国家机构"与"公法社团"的法人类型与制度框架,"公法财团"成为一种可能的制度选择。① 奥地利的大学法人化改革以2002年制定的《大学组织法》(2004年实施)为标志。② 丹麦于2003年颁布《新大学法》,改革大学内部治理结构,推动大学迈向"自治"。③ 瑞典在2010年颁布《瑞典自治法》,高校因此而获得特殊的公法地位。芬兰于2010年正式实施新《大学法》,开始全面推行大学法人化改革。④ 俄罗斯在2006年通过的《自治组织法》,开启了联邦大学法人化进程。⑤ 转观亚洲,泰国、马来西亚、印度尼西亚、日本、新加坡、韩国以及我国台湾地区等也展开了积极探索。印度尼西亚为摆脱东南亚金融风暴的影响自1999年开始推行公立大学法人化改革,虽在2010年因宪法法院的司法审查而一度遭遇挫折,但2012年颁布的《高等

---

① 姚荣:《德国公立高等学校法律地位演进的机制、风险与启示》,《国家教育行政学院学报》2015年第6期,第88页。
② 《奥地利大学组织法》规定:大学是独立组织,不是政府组织的一部分;大学组织决策由理事会做出。该法实施前被录用的教职员工属于公务员系列,实施后被录用的教职员工不是公务员,即实施"双轨制"的人事制度。参见[日]金子元久《高等教育财政与管理》,刘献君编译,华东师范大学出版社2010年版,第272—273页。
③ 武翠红:《金融危机背景下丹麦大学改革的战略选择》,《比较教育研究》2012年第5期,第48页。
④ 初宝云:《芬兰大学法人化改革及其对我国的启示》,《国家教育行政学院学报》2010年第2期,第92页。
⑤ 钟宜兴、黄碧智:《俄罗斯高等教育机构整并与法人化的论述》,(台北)《教育资料集刊》2011年第52期,第151页。

教育法》（12号）仍以迂回策略继续推进公立大学法人化的改革进程，[①]其改革成效仍值得关注。日本从2004年开始正式推行国立大学法人化改革，国立大学的法律身份成为特殊的"独立行政法人"，其与政府的关系由"隶属型"转变为"契约型"。[②]新加坡政府于2005年1月公布《大学自主：迈向卓越巅峰》报告，新加坡国立大学和南洋理工大学在法律性质上成为"有担保的企业非营利有限公司"，创业型大学的发展战略图景愈加清晰。[③]韩国国立大学法人化的标志性事件是2005年的《特性化的大学革新方案》，[④]而2007年制定的《有关国立大学法人蔚山科学技术大学设立、运营特别法案》则第一次为韩国国立大学法人化提供了法律根据。[⑤]2012年首尔国立大学正式开启法人化改革，这一年被视为韩国国立大学法人化改革元年。[⑥]台湾公立大学自1986年开始推进公法人化的改革进程，2003年《大学法修正草案》提出"渐进双轨制"的改革模式，但直到今天台湾公立大学法人化的具体改革方案仍处于酝酿之中。

不容忽视的是，这股大学法人化的潮流伴随着大学自主的呼声而风起云涌，1982年卡耐基教学促进基金会发布的《高等教育管理》、1995年联合国教科文组织发表的《关于高等教育变革与发展的政策性文件》以及1998年OECD发表的《重整高等教育》等报告无一例外地提出一个呼吁：管理学校的自主权应回归学校。如此看来，大学法人化的趋势将在21世纪持续下去，但它绝不是为了复归"学者共和国"的传统，而是通过大学自主来回应知识经济的时代吁求。

[①] 李昭团：《印度尼西亚公立高等学校法人化改革研究（1999年至2012年）》，博士学位论文，南京师范大学，2014年，第50—63页。

[②] 吴越：《日本国立大学法人化的政策变迁研究——基于支持联盟框架的分析》，《复旦教育论坛》2009年第4期，第61页。

[③] 盛明科：《新加坡大学与政府间关系调适的机制设计与制度创新——兼论新加坡经验对中国的启示》，《复旦教育论坛》2013年第3期，第85—90页。

[④] 刘原兵：《韩国国立大学法人化改革的政策分析——以蔚山科学技术大学为例》，《高教探索》2013年第5期，第77页。

[⑤] 金红莲、臧日霞：《韩国国立大学法人化改革述评》，《比较教育研究》2010年第2期，第61页。

[⑥] 根据韩国教育统计研究中心的数据显示：韩国高等学校共有189所，其中私立大学154所而占据绝对优势，国立大学有34所而占据重要地位（如首尔大学、釜山大学、庆北大学等），是韩国国立大学法人化的主体，而公立大学仅有1所（首尔市立大学，归首尔教育委员会管理）。

二 "十字路口"：现代大学制度建设该何去何从

大学法人制度对推进中国现代大学制度建设具有特殊意义。大学法人化的核心功能在于"自治"与"效率"。"自治"是大学法人化的本体功能，"效率"是其衍生功能。就我国而言，教育通常作为政治的附属产品出现，是故几乎没有自治可言，从而削弱了其从事学术生产的实质效能。正因如此，我国高等教育机构虽可溯及先秦时期，但始终没有内生出一所真正意义上的大学，而近代大学的出现也不过是西学东渐的产物。这早已成为学术界的共识，甚至说是一种常识。进一步分析，之所以我国没有形成适宜学术自由生长的土壤，关键是没有形成一系列较为稳定的学术保护制度。直到今天，这种保护机制仍比较脆弱，高校也没有实质意义上的独立身份，它们只能服从于行政指令或长官意志，而难以将法律规范、学术意志以及教育规律深嵌于教育实践之中。对学术创新而言，这无疑是一种致命的戕害。在这样的背景下，现代大学制度建设开始进入高等教育研究者的学术视野。

人们对现代大学制度建设的症结诊断较为精准，但寻找处方的道路并不平坦。许多研究者深刻认识到行政权力不断膨胀、学术权力日渐式微的基本事实，从而发出"去行政化"的呼喊。"去行政化"就是"去官僚化"，绝不是废除行政管理，也不是简单地取消行政级别，其本质在于行政力量与学术力量在权力结构上的重新配置，通过权力的有序化安排来保障学术的自主发展。问题的关键在于如何实现权力配置与权力制约呢？人们开始将建设现代大学制度的希望寄托在大学章程上，但教育部核准通过的大学章程并没有解决人们最关切的问题。因为制定大学章程的主体仍然是行政力量，行政力量不会自动地"去行政化"，也很难做到自我革命，从而"行政化"作为一种制度惯性依然存在。与此同时，实践界提出深化高等教育综合改革、推进高等教育治理能力与治理体系现代化，即高等教育领域中的诸多改革通常是牵一发而动全身的，不是局部意义上的修修补补，而是需要系统的顶层设计和有步骤的统筹推进。这个整体思路是正确的，但具体从何下手，实践界并没有相对成熟的改革经验，理论界也没有做出较为系统的解答。这正是当前现代大学制度建设所面临的实践瓶颈和理论困惑。

现代大学制度建设的根本在于现代大学法人制度建设。坦诚地说，在中国语境下，高校"去行政化"与大学"法人化"在根本目标上高度契合，都志在保护学术自由，增强学术的国际竞争力。二者的差异之处在于，"去行政化"的根本出路是"法人化"，即现代大学法人制度建设更具有终极意义。不少学者已经意识到大学法人化改革可能会成为未来中国高等教育改革的积极路径，①但具体而系统的制度设计尚未形成，有待进一步探索。倘若成功的话，中国大学模式将成为现实。因此，"探索中国现代大学制度的过程就是探索中国大学模式的过程……这个发展模式既不可能脱离中国发展的实际，也不能完全无视国际高等教育发展的实际，它注定是具有中国特色的大学发展模式"②，探索中国大学模式就是探索中国特色的大学法人制度。这就是研究和建设现代大学制度的内在机理。

三 "名不副实"：我国公立大学法人制度的挑战

在名义上，我国高等学校已具有法人地位。我国大学的法人主体资格是在1993年的《中国教育改革和发展纲要》中首次得到确认，之后1995年的《中华人民共和国教育法》（以下简称《教育法》）、1996年的《中华人民共和国职业教育法》（以下简称《职业教育法》）、1998年的《中华人民共和国高等教育法》（以下简称《高等教育法》）以及1998年的《民办非企业单位登记管理暂行条例》等都对大学法人地位进一步予以确认，并形成了公立院校属于"事业单位法人"，民办院校属于"民办非企业法人"的基本框架。但"事业单位法人"的双重身份与"民办非企业法人"的模糊身份使得我国大学法人陷入"有名无实"或"名不副实"的尴尬境地。进一步说，我国民办院校在事实上就是大学法人，只不过它们遭遇的困惑在于法人属性不明，2017年新修订的《中华人民共和国民办教育促进法》（以下简称《民办教育促进法》）试图将民办教育机构分为"营利性学校"与"非营利性学校"，也就隐晦地接受了"营利法人"与"非营利法人"的划分方式，并据此采取相应的教育政策、适用相关的配套制度，同时宣

---

① 对大学法人制度进行研究的学者不在少数，如中国政法大学的马怀德教授、中国人民大学申素平教授、周详博士、姚荣博士，北京大学阎凤桥教授、湛中乐教授，北京师范大学和震教授、刘益东博士，首都师范大学劳凯声教授、李昕教授、罗爽博士，西南政法大学张力教授、金家新博士，华东师范大学田爱丽博士，南京师范大学胡建华教授、王建华教授，陕西师范大学的陈鹏教授、祁占勇教授，华南师范大学的施雨丹博士，南京农业大学的龚怡祖教授以及河北大学的薄建国博士等。

② 王洪才：《现代大学制度：世纪的话题》，《复旦教育论坛》2011年第2期，第26页。

告"民办非企业法人"的终结,从而缓解了民办院校法人制度的困境。但就公办院校而言,大学法人制度的完善可能更具有紧迫意义与深层价值。根据教育部最新公布的统计数据显示,2017年我国普通高校共2631所,其中公立高校1884所,比例超过70%,全国普通本专科在校大学生总规模2753.6万人,公立高校在学人数逾2125万,比例约为77%。无须辩驳,公立高等教育系统在我国占据主导地位,公立高校的改革成效直接决定着未来中国高等教育的发展格局。

在法律性质上,我国公立高校属于"事业单位法人"。应该说,"事业单位法人"的概念不过是中国特有的"单位制"与世界普遍的"法人制度"一次嫁接。"单位制"是为应对中华人民共和国成立之后的严峻形势,为适应计划经济体制而创设的一整套社会组织体系,如行政单位、事业单位以及企业单位等。[①]这种特有的组织体系具有较大的控制性、封闭性与排他性,从而"单位办社会"的特点非常明显。就此而言,中国社会特有的"单位制"组织管理特点决定着行政隶属关系与资源分配方式。在这种复合逻辑之下,高校的"行政化"惯习被不断塑造并加以维系。为了走出"行政化"的困局,"法人化"成为我国高等教育改革的重要选择。尽管"事业单位法人"的制度设计暂时安置了公立高校的法律身份,但由于该身份而引发的内部冲突着实令它们困扰不已。颇为吊诡的是,公立高校作为事业单位法人理应具备最基本的法人财产权,但《中华人民共和国物权法》(以下简称《物权法》)并未明确事业单位法人的独立财产权,[②]即公立高校的财产在事实上属于国家所有。如此说来,我国公立高校并不具备独立的法人财产权,从而也无法独立承担相应的法律责任。近年来,政府为许多公立高校的巨额贷款埋单事件就是事业单位法人在司法实践中破产的一个典型例证。况且,公立高校作为事业单位法人只能解决其在民事法律关系中的法律属性问题,但其在行政法律关系中究竟处于何种地位却没有回答清楚,而这恰恰又是不容回避的重大问题。也就是说,公立大学的法人制度如何从"有名无实"走向"名副其实"的关键在于,厘清政府与高校的法律关系。如果高校外部治理主体权责不明,那么高校内部就很容

[①] 李路路:《单位制的变迁与研究》,《吉林大学社会科学学报》2013年第1期,第11页。
[②] 《中华人民共和国物权法》第54条规定:"国家举办的事业单位对其直接支配的不动产和动产,享有占有、使用以及依照法律和国务院的有关规定收益、处分的权利。"这实际上回避了事业单位法人的法人财产权问题,从而为公立高校独立承担法律责任埋下制度性隐患。

易因为缺少缓冲机制而遭遇直接冲击，"组织内耗现象""资源浪费现象"也就屡见不鲜。因此，"行政化"的制度根源是"单位制"，其根本出路在于"法人化"，"法人化"的关键在于解决府学关系。

四 "积极讯号"：公立大学法人制度的改革契机

高等教育普及化时代的来临是我国完善公立大学法人制度最大的时代契机。放眼世界，我们发现：美国从20世纪40年代末到70年代初利用近30年的时间成为第一个完成大众化到普及化过渡的国家，它以市场化策略推动美国高等教育持续向前发展。日本从1964年到1992年利用28年的时间实现大众化向普及化的过渡，国立大学法人化改革成为日本高等教育领域"地震级变革"。德国在1970年高等教育毛入学率超过15%，到1998年前后迈进高等教育普及化阶段，扩大办学自主权、加强自我管理成为近年来德国高等教育改革的总体战略。英国于1988年进入高等教育大众化阶段，在2006年高等教育毛入学率达到50.5%，历经18年完成普及化进程，其背后撒切尔夫人倡导的新自由主义理念与行动发挥着推动作用。美国、日本、德国、英国等发达国家的教育发展经验告诉我们：在高等教育普及化时代，竞争机制、效益观念、顾客导向以及服务意识等市场因素被普遍引入高等教育领域，即大学法人制度已然成为各国高等教育发展的共同选择。这就揭示出，"普及化"与"法人化"之间具有深刻的内在关联，高等教育普及化意味着高等教育需求迈向多样化与个性化，这必然要求高等教育机构根据社会需求做出相应的变革，传统的统一化、标准化的行政管理模式行将末路，强调自主性、自律性的法人治理模式将成为必然选择。换言之，高等教育普及化赋予了大学法人制度以时代意义。根据《中国高等教育质量报告》显示，2015年我国高等教育的学生总规模为3700万人，位居世界第一，是名副其实的高等教育大国。2015年我国高等教育毛入学率达到40%，2017年我国高等教育毛入学率达到45.7%，预计到2020年将超过50%，迈进高等教育普及化阶段。如此说来，我国确立并完善现代大学法人制度势在必行。

我国公立高校法人制度改革面临着诸多利好形势。党的十八届四中全会审议通过的《中共中央关于全面推进依法治国若干重大问题的决定》明确提出全面推进依法治国，从而开启了高等教育的法治时代。《中共中央国务院关于分类推进事业单位改革的指导意见》建议将公立高校划归公益二类的事业单位,① 公立高校的相关制度改革已经初现端倪。民办院校营利与非营利的分类登记、分类管理已经传达出大学法人制度改革的积极讯号，完善公立大学法人制度将成为未来我国高等教育发展的必由之路。2017 年的《中华人民共和国民法总则》（以下简称《民法总则》）也已经落地，这将为明晰公立大学法人分类以及完善公立大学法人制度提供了相应的法律依据。大陆法系与英美法系的公立大学法人制度设计与改革经验较为成熟，为我国提供了一定的域外经验。当前我国正在着力推进"管办评分离"和"放管服改革"着手建立高等教育质量保障体系与第三方评估组织，这都为公立高校法人制度改革埋下了伏笔。这些均说明，我国完善公立高校法人制度、真正落实大学法人地位的时机逐步成熟。

整体而言，以"大学自主"为核心的世界公立大学法人化改革为本研究设置了宏观背景，以"中国模式"为指向的现代大学制度建设为本研究拓展了理论空间，当前我国"名不副实"的公立高校法人制度为本研究提供了问题范畴，我国高等教育普及化的发展趋势与系列改革举措释放出的"积极讯号"为本研究奠定现实基础。也就是说，建立并完善公立大学法人制度不仅是世界趋势，也是中国吁求，不仅是出于理论需要，更是因应实践诉求。

第二节 文献综述

大学法人化问题自 20 世纪七八十年代开始受到世界高等教育研究者和管理者的密切关注。我国的大学法人制度研究是在 1986 年《中华人民共和国民法通则》（以下简称《民法通则》）颁布之后，方才吸引了不少教育法学研究者的注意，但真正形成一股讨论热潮则是在 2004 年日本国立大学法人化改革前后。坦诚地说，公立大学法人制度研究是高等教育学与法

---

① 根据职责任务、服务对象和资源配置方式等情况，将从事公益服务的事业单位细分为两类：承担义务教育、基础性科研、公共文化、公共卫生及基层的基本医疗服务等基本公益服务，不能或不宜由市场配置资源的，划入公益一类；承担高等教育、非营利医疗等公益服务，可部分由市场配置资源的，划入公益二类。具体由各地结合实际研究确定。参见《中共中央国务院关于分类推进事业单位改革的指导意见》。

学的一个交叉领域，但不得不说该领域又是一块未被充分开垦的"处女地"。① 尽管学术界在公立大学法人制度的研讨中形成了不少新颖的观点或独特的见解，也达成了一些基本共识，但其中仍不乏悬而未决的学术分歧。我们可以尝试按照"命题原点—学术论争—基本共识—研究空间"的行文思路来梳理学术谱系。

一 法人制度：一个有待廓清的基本问题

探讨公立高校法人制度的前提就是弄清楚关于法人制度的一些基本问题，因为它属于一个原点性命题。因此，我们非常有必要回顾并整理法学界对法人制度的概括性认识。这无疑为我们研究公立大学法人制度奠定了一定的理论基础。

（一）"法人"的基本概念

"法人"作为一种事实性存在远远早于其概念出现的时间。若从渊源上说，它源自罗马法中的"社团"（Associazione）一词。② 但汉语中的"法人"一词是由德语"Juristische Person"翻译而来。作为一个法律术语，"法人"最早是由历史法学派的创始人、德国著名法学家胡果（Gustav Hugo）在1798年的《作为实定法哲学的自然法》一书中明确提出来。③ 但胡

---

① 笔者认为其中的原因至少有六点：第一，民商法学研究者的学术兴趣主要聚焦在整体意义上的法人制度，尤其是现代企业法人制度上，而对现代大学法人制度这一边缘性议题则表现出"理性的冷漠"；第二，高等教育研究者虽然意识到建立并完善大学法人制度对于我国建设现代大学制度的重大意义，但由于法学的专业门槛较高，短时间不太容易跨入这一领域，从而出现学术研究的"玻璃门"现象；第三，法学研究者与教育研究者理应针对该议题进行协同研究、共同突破，但无奈的是如今的科研评价体制使得科研合作异常艰难，也就难以破除"弹簧门"现象；第四，大学法人制度是一个非常复杂、艰深的研究议题，它涉及高等教育学、民商法学、行政法学、经济学、财政学、会计学等诸多学科，很难找到一个研究的突破口并进行较为完整的制度设计，从而出现"旋转门"现象也就不足为奇；第五，公立高校法人制度不同于非营利民办高校法人制度，更不同于营利性民办高校法人制度，它带有强烈的公共性与公益性特点，其特殊性决定了公立高校法人制度的研究与实践不可能一蹴而就；第六，如果公立高校法人制度有某种或几种固定模式的话，想必域外经验可以为我所用，但问题是其他国家和地区的公立高校法人制度设计都是基于本国或本地区的历史传统、法律习惯与教育观念而量身打造的，拿来主义的态度与做法绝不可取，唯有符合中国实际、具有中国特色的公立高校法人制度才是研究的终极目标，也才有可能形成"中国模式"、冲击世界一流大学。上述原因对研究我国公立高校法人制度形成了严峻的挑战，并导致了如今的学术局面。

② ［意］彼得罗·彭梵得：《罗马法教科书》，黄风译，中国政法大学出版社1992年版，第50页。

③ 何勤华：《西方法学史》，中国政法大学出版社1996年版，第262页。

果本人并未从内涵上进行界定。就目前的资料显示，最早正式对"法人"做出解释的是德国法学家海尔塞。他认为："法人就是在一国范围内被承认为权利主体的除自然人以外的所有一切事物。"① 即法人与自然人一同享有法律意义上的独立人格与相应权利。德国历史法学派的代表人物、胡果的学生萨维尼（F. C. von Savigny）则将"法人"界定为"一个人为拟制具有财产能力的主体"，并进一步限定了其法律调整范围，"既然我们通常只在私法领域处理法律问题，为此一个法人的人为拟制的能力也仅仅指向这一范围"。② 很显然，萨维尼将法人置于民事法律关系框架之下的界说是考察与继承罗马私法相关法律成果的产物。

最经典的"法人"定义莫过于美国联邦最高法院首席大法官马歇尔在1819年达特茅斯学院案的判决中做出的解释。"法人是一个人造的存在物，不可见的、无形的，只存在于法律的思考当中。作为纯粹法律的创造物，法人只拥有创造它的特许状所赋予它的那些特性，或有明文规定，或是自其存在之日起附带而来的……如此，个人集合体就拥有了永久继承性，并如同一个不朽的个人，有能力为实现特定目标而采取行动。"③ 在马歇尔看来，法人是个体的集合，它在本质上不过是一种拟制人格，法人地位和权利主要通过法律规定或社会习惯两种方式而获得。

对"法人"概念解释最精练的应该是中国政法大学的江平教授。"法人者，团体人格也。"即"法人的本质特征有二：一是它的团体性，二是它的独立人格性。前者说明它首先是一个团体，一个组织，一个人的集合体，而不是一个个人，这是它有别于自然人的特征。后者说明它具有独立的民事权利能力和行为能力、能够独立享受民事权利并承担民事义务，这是它有别于非法人团体的特征"。这说明，法人的典型特征表现在团体性和独立性两个方面，其调整范围集中在民事法律关系上。

关于"法人本质"这一议题自18世纪以来就成为德国法学界长期争论的焦点，我国针对该议题的探讨也是深受德国民法的影响。归纳起来，不外乎"法人拟制说""法人否认说"和"法人实在说"三种观点。其中"法人拟制说"认为，除自然人之外并无独立人格存在，而对于法律拟制

---

① 转引自蒋学跃《法人制度法理研究》，法律出版社2007年版，第40页。
② 蒋学跃：《法人制度法理研究》，法律出版社2007年版，第41页。
③ Hofstadter, Richard and Smith, Wilson. eds., *American Higher Education: A Documentary History*, Chicago: The University of Chicago Press, 1961, p.216.

的人需要加以限制，非经国家特许而不得成立。这种学说是19世纪个人本位法律思想的典型体现，以德国的萨维尼为代表。"法人否认说"认为，拟制的团体是不存在的，因为团体并没有发展出与团体所有成员所不同的意思而不能成为权利主体。这种学说否认了法人作为独立主体存在的价值，以德国的赫尔德（Hoelder）为代表。"法人实在说"认为，法人并非法律虚构与拟制，也并非没有团体意思，而是一种客观存在的独立主体。这种学说强调了法人的团体组织价值和独立意思表示，以德国的基尔克（Gierke）和米休德（Michoud）为代表。[①] 进一步来说，"法人否认说"不符合社会经济发展的时代要求而难以成为主流学说，"法人拟制说"所展示出的在立法技术上的创新和"法人实在说"所体现出的在立法思想上的成熟使得两种学说在学术界都具有较大的影响，我们可以将两种学说结合起来对法人本质进行更为全面的观照。

总体来看，世界范围内对"法人"概念的表述虽不尽相同，学术界对"法人"本质的阐述也有所差异，但它们在核心内涵的认识上却颇为相近。法人是与自然人相对的法律主体，其典型特征在于团体性与独立性，其产生逻辑主要包括法律创设与社会承认两种。随着时间的推移，"法人"概念的外延开始由民法延展至行政法、刑法等领域。最初意义上的"法人"适用于私法领域，并以财产责任为核心内容。[②] 然而，时至今日，法人制度是否仍局限于民法范畴，法人是否只享有民事主体地位，法人权责是否只涵括财产权利与财产责任等，这些问题已经引起学术界与实务界的广泛质疑。由此来说，"法人"是不同法律关系中除自然人之外的另一重要的法律主体，其适用范围已经超出私法领域、溢出经济领域。我们对此应该有足够清醒的认识。

（二）法人制度的历史演进

法人是团体人格的一种法律术语表达，而法人制度则是为保护法人权益所做出的系列制度安排。作为人类发展史上伟大的法律创造，法人制度饱含着法律思想与法律技术的历史变迁，折射出一定的历史背景与"民族精神"。这正是历史法学派的一贯认识。

在简单的商品经济时代，各种商业交易团体开始在古罗马出现，单个

[①] 王利明：《民法》（第六版），中国人民大学出版社2015年版，第68—69页。
[②] 李昕：《作为组织手段的公法人制度研究》，中国政法大学出版社2009年版，第1页。

人的行为活动已经无法满足经济发展的需要，团体人格的产生成为一种必然。在公元前5世纪《十二表法》制定前后，古罗马关于"人"的概念已经拥有生物学意义上的"Homo"和法律意义上的"Persona"之区分。不夸张地说，"生物人"与"法律人"的分离是罗马法的重大贡献，从而"人格"俨然成为一种社会准入制度。既然"人格"可以与自然人的实体相脱离，那么一些组织和财产自然也可以被赋予"人格"的色彩，这成为后来"社团法人"与"财团法人"的理论雏形。不过，尽管古罗马法学家已经提出团体人格，但当时的罗马法律只是将订立契约、取得债权等部分独立人格赋予城市公社、帝国国库、工匠团体、互助协会以及慈善机构等公共团体，而最核心的法人的财产权仍保留在国家手中。另外，设立民间组织的行为是一律被禁止的。这意味着，罗马法（Roman Law）在事实上创造了法人制度，但它并没有形成系统的法人制度。

在中世纪时期，法人制度最大的发展体现在法人财产制与有限责任制两个方面，并在真正意义上出现了财团法人与社团法人的法人类型分化。公元5世纪以来，教会势力几乎垄断了各种慈善事业，自然在事实上拥有了对捐赠财产进行管理与处分的权力。教会肆无忌惮地介入捐赠财产的做法招来诸多不满，直到13世纪前后教会法（Canon Law）做出教会财产独立的相关规定，之后的宗教改革运动进一步动摇了教会势力，从而捐赠财产成为财团法人。[①] 11世纪以来，地中海沿岸的海上贸易活跃起来，这就为商业机构的涌现提供了机遇。随之而来的问题就是，如何尽可能地规避商业风险？在这种背景下，成员责任与组织责任开始适当分离，即有限责任制逐步成为一种卓有成效的制度选择，但贸易公司法人地位的获得却经历了漫长的发展历程。也就是说，法人财产制的确立与中世纪的教会势力紧密相关，而有限责任制的形成则是欧洲商业贸易发展的必然诉求。

法人制度的最终确立是在资本主义社会，最典型的制度形式当属公司法人制度。英国在18世纪初通过皇家特许状的形式首先赋予部分贸易公司以法人地位，一个世纪过后英国又首先承认一般公司作为社团法人的主体资格。尽管英国在近代法人制度的确立上做出了重大贡献，但真正将法人制度以法律形式正式确立下来的则是1900年实施的《德国民法典》。随后，法人制度在英国、法国、日本、美国、韩国、中国等国家和地区广泛

[①] 高留成：《法人制度历史探源》，《社会科学论坛》2006年第2期，第34页。

传播开来,并对相关的法律规范产生了深远影响。

简单回顾整个发展历程,我们不难发现,"法人制度的出现纯粹是经济发展的需求导致法律技术进步的结果,是一种经济生活的客观现实与法律技术运用相结合的产物"①,而法人制度的发展也无不伴随着经济发展的诉求,且在不同国家呈现出不同的制度面貌。如今的法人制度继承了罗马法、教会法以及日耳曼法等历史遗产,② 并结合不同的国家背景实现了多样化的制度创造。

(三) 法人制度在中国

1986 年《民法通则》的颁布是我国引入法人制度的标志性事件。它首次对法人概念、成立要件、法人分类以及民事责任等内容予以规定,使得我国的法人制度粗具雏形。③ 在此基础上,以中国政法大学江平教授、清华大学马俊驹教授、中国社会科学院梁慧星教授、中国人民大学王利明教授以及厦门大学徐国栋教授等为代表的一大批民法研究者在该领域深耕多年,并提出诸多颇有建设性的修订方案,但关于法人制度的争论并未就此停止。

法人分类是法人制度的前提性命题,这也恰恰是诸多争论的焦点所在。《民法通则》从整体上将我国的法人划分为企业法人与非企业法人两大类,非企业法人又进一步划分为机关法人、事业单位法人与社会团体法人,从而形成了"四分法"的法人分类格局。这明显折射出经济思维对我国立法思想的根本钳制。进一步来说,《民法通则》是我国从计划经济向市场经济转型背景下的法律产物,法人制度从根本上是为了解决国有企业长期存在的政企不分、活力不足等沉疴积弊。因此,企业法人是我国法人制度的核心关注对象,而对其他法人类型的关注远远不足。这是我国法人制度的缺陷之一,也是我们必须面对的一个沉重的制度现实。

由于我国法人制度天然带有计划经济时代的浓厚色彩,所以自诞生之日起对其质疑的声音就从未间断过。清华大学马俊驹教授对此直言不讳:

---

① 尹田:《论自然人的法律人格与权利能力》,《法制与社会发展》2002 年第 1 期,第 122—126 页。

② 罗爽:《论高等学校法人制度的根本性质及其意义》,《高等教育研究》2014 年第 3 期,第 7 页。

③ 安杨、王春知:《试论〈民法典草案〉对我国现行法人分类制度的修正》,《淮南师范学院学报》2013 年第 5 期,第 25 页。

"我国民法仅仅是借用'法人'这一西方民法的传统术语来表达单位管理体制内的某些变革,它与西方民法典中的法人存在着本质的不同。"① 实际上,这种不同的背后体现为立法技术、法律思想以及法律背景的多重差异,而这种差异直接将我国法人制度的根本缺陷揭示出来——法人分类的实用主义价值取向。② 吉林大学蔡立东教授将其称为"职能主义"法人分类模式。③ 他认为,这种分类模式的最大弊端是,"无法实现其意欲的分类目的,不能解决法人制度真正面对的问题,也无法为法人制度立法提供有效支架"④。最明显的佐证是,作为"兜底性"或"补充性"法人类型而出现的"民办非企业法人",⑤ 在事实上等于变相承认了《民法通则》中法人制度的内在缺陷。需要明确的是,虽然这个"补丁"暂时性地安置了许多组织的法律身份,但并没有从根本上解决它们的法律归属与法律适用问题。与此同时,基金会组织的蓬勃发展使得"社会团体法人"的身份愈加怪异。⑥ 2004年《基金会管理条例》的颁布标志着一种新的法人类型——"基金会法人"应运而生。也就是说,我国的法人类型在《民法通

---

① 马俊驹:《法人制度的基本理论和立法问题之探讨》(上),《法学评论》2004年第4期,第11页。

② 《民法通则》中的法人分类,"与其说是法人分类,不如说是法人具体形态的列举。立法并没有对这些具体形态作进一步的归纳和抽象,只是将其上升为法律上的术语,体现了浓厚的法律实用主义色彩"。参见邵微微《论法人的分类模式——兼评民法典草案的有关规定》,柳经纬编著《厦门大学法律评论》(第七辑),厦门大学出版社2004年版,第235—250页。

③ "职能主义"法人分类模式是以实现国家对法人的管制为制度宗旨,以国家与法人之间的关系为背景,从外在于民事主体互动的纵向鸟瞰视角界定法律层面的问题以及问题的解决之道。与"职能主义"法人分类模式相对照,"结构主义"法人分类模式是以满足法人互动需要、为法人互动提供制度支援为制度宗旨,以当事人之间的互动关系为背景,从内在于民事主体互动的平面化内在视角界定法律层面问题和问题的解决思路。前者强调国家中心,后者强调社会中心;前者采用列举方法,后者采用逻辑方法;前者强调功能的实现程度,后者强调逻辑的周延程度;前者以苏联、中国为典型代表,后者以德国、法国为典型代表。就此而言,"结构主义"的法人分类模式可能会成为我国未来民法典重大的立法选择。参见蔡立东《法人分类模式的立法选择》,《西北政法大学学报》(法律科学版)2012年第1期,第108页。

④ 蔡立东、王宇飞:《职能主义法人分类模式批判》,《社会科学战线》2011年第9期,第180页。

⑤ 自1998年10月《民办非企业单位登记管理暂行条例》实施之日起,"民办非企业法人"就作为一种法人类型而在事实上存在。所谓"民办非企业法人"就是企事业单位、社会团体和其他社会力量以及公民个人,利用非国有资产举办的从事非营利性社会服务活动的社会组织,最典型的例子就是民办学校。

⑥ 在理论界与实务界对将基金会归入"社会团体法人"的做法提出持续批评之后,国务院于2004年颁布了《基金会管理条例》,废止了1988年颁布的《基金会管理办法》,从而终结了将基金会作为社会团体法人的历史。参见张文国《中国民办学校法人制度研究》,教育科学出版社2012年版,第34页。

则》之外又增加了"民办非企业法人"与"基金会法人"。即从原来的"四分法"发展到后来的"六分法",这明显反映出我国法人分类亟待做出修正,从而《民法总则》中关于法人分类的问题成为我国法律界备受关注的重大议题。

需要特别说明的是,"事业单位法人"这个特有的法人类型遭受的口诛笔伐最为激烈,其中以中国政法大学方流芳教授的观点最具代表性。"在21世纪的中国,试图用一个定义去概括事业单位的一般属性,多半会犯简单化的错误,因为事业单位的多样化和复杂性已经远远超出了任何言词、定义所能概括的极限。事业单位法人化是一个历史的误会,公立机构的组织和治理应当遵循公权力运作的机制,而不是民法。"① 这种说法明确指出事业单位法人致命的两大缺陷:其一,概念外延的广阔性造成事业单位法人的泛滥,这是近年来分类推进事业单位改革的原因之一;其二,事业单位中的诸多机构应该更多地置于行政法律框架之下,而非限于民事法律关系,这也正是当前我国公立大学法人化改革需要破解的法律难题。

二 公立大学法人化改革的学术论争

"大学法人制度",在美国亦称"学术法人制度"(Academic Corporation),它是维护和保障大学自治、改进和提升大学效率的一个制度集合。当前学术界重点刻画的是大学法人制度较为成熟的美国、国立大学法人化改革正酣的日本、公立大学法人化争议旷日持久的中国台湾地区以及公立大学法人制度有待完善的中国大陆。② 可以说,确立并完善公立大学法人制度已经成为一股世界风潮。但学术界对公立高校要不要法人化、公立高校居于何种法律地位以及公立高校享有哪些法人权利等基本问题仍存在诸多分歧,而这些问题都是公立大学法人制度改革无法绕过的难题。

---

① 方流芳:《从法律视角看中国事业单位改革》,《比较法研究》2007年第3期,第3页。
② 其中的代表性著作包括,北京师范大学和震教授的《美国大学自治制度的形成与发展》(2008年版)、北京大学周详博士的《美国大学法人制度的创建》(2016年版)、中国人民大学申素平教授的《高等学校的公法人地位研究》(2010年版)、华东师范大学田爱丽博士的《现代大学法人制度研究——日本国立大学法人化改革的实践与启示》(2009年版)、西南政法大学张力教授的《公立大学法人主体地位与治理结构完善研究》(2016年版)、南京师范大学吕继臣博士的《中国公立高等学校法人制度研究》(2011年版)以及首都师范大学李昕教授的《公立大学法人制度研究》(2017年版)等。

（一）公立大学法人化的利弊权衡

1. 支持的观点

学术界支持大学法人化改革的声音占据主流。支持派大多是站在经济学立场上，在新自由主义思想和新公共管理运动的影响下，从效率、绩效以及自治的角度重点考察大学法人化的意义。第一，大学法人化是知识经济时代的强烈呼唤。前联合国教科文组织高等教育研究专家王一兵教授从知识经济的全球背景出发，预言大学法人化将成为21世纪世界性的必然趋势。① 因为现代大学法人化趋势策应了"学术资本主义"的兴起与"创业型大学"的崛起。② 第二，大学法人化是高等教育普及化时代的隐含命题。日本广岛大学的黄福涛教授在分析日本国立大学法人化背景时提出，21世纪以来日本高等教育进入普及化阶段，国立大学是否还有必要继续承担高等教育大众化的责任？③ 这个命题实际上采用了反问方式，其背后潜藏着肯定的结论：高等教育普及化时代的来临宣告高度集中的政府管控模式即将终结，大学法人化终将成为高等教育管理体制变革的历史选择。第三，大学法人化是保护大学自治的一面盾牌。有学者在梳理西方大学发展脉络之后提出，西方大学发展史就是一部大学追求自治的历史，大学法人制度就是天然保护大学自治的利器。④ 这就旗帜鲜明地阐明，大学法人化的核心价值在于大学自治。第四，大学法人化是提升办学效率的一把利器。复旦大学熊庆年教授以市场机制为中心提出，大学法人化可以缓解政府的财政负担，实现教育资源的有效配置，通过人事任用、经费划拨以及监督制度等方面的"松绑"来激发大学组织的活力，进而厘清政府、高校与市场之间的复杂关系。⑤ 这种观点在学理上是成立的，也是学术界对大学法人化的主要认知。第五，大学法人化是大学迈向卓越的一大举措。日本国立大学法人调查委员会给出的解释进一步拓展了大学法人化的主要功能：第一，创建富有个性的大学，开展具有国际竞争力的科学研究；第二，通过

---

① 王一兵：《大学自主与大学法人化的新诉求——全球化知识经济带来的挑战》，《高等教育研究》2001年第3期，第10—15页。
② ［美］希拉·斯劳特、拉里·莱斯利：《学术资本主义：政治、政策和创业型大学》，梁骁、黎丽译，北京大学出版社2008年版。
③ 黄福涛：《日本国立大学法人化的变化与影响——基于院校调查结果的分析》，《比较教育研究》2012年第7期，第21页。
④ 曹汉斌：《西方大学法人地位的演变》，《高等教育研究》2005年第10期，第107页。
⑤ 熊庆年：《大学法人化趋势与我们的对策》，《江苏高教》2002年第4期，第26—27页。

竞争机制，强化大学对国民和社会的责任；第三，明确经营责任，使大学的经营活动具有灵活性和战略性。① 该解释的基本逻辑就是，市场机制的介入可以部分消解大学对政府的依赖，从而大学能够自主地回应社会需求，进而走出高校"同质化"泥潭，最终迈向个性化、多样化的高校生态。

2. 质疑的声音

学术界针对大学法人化的质疑也不无道理。他们主要是以日本与我国台湾地区的大学法人化为参照而提出来的。这些质疑的声音大多是基于教育学的视角，而质疑的焦点主要集中在法人化的必要性与可行性两个方面。大学法人化的初衷能否实现，是学术界最为关心的问题，也是备受争议的问题。尽管我们的预期是大学法人化可以使政府的角色从微观规制走向宏观调控，但遗憾的是，"政府正在通过资源分配和评价加强对大学法人的控制"②，尤其是当法人评价与资源分配挂钩的时候，大学法人化难免有政府变相控制高校之虞。在这种情况下，大学法人化能够帮助大学摆脱作为政府附庸的命运吗？这是第一种质疑的声音。第二种质疑的声音是大学法人化能够兑现保护学术自由的诺言吗？这是人们普遍担心的问题。因为大学法人化改革可能会带来学校经费紧张的问题，这是令许多大学校长深感焦虑的难题，这将不可避免地导致大学容易关注短期的经济利益，③而忽视大学最根本的学术使命。显然，这里存在一种逻辑悖论：大学法人化借助市场机制的根本目的在于保护学术自由，但反过来被市场化裹挟的大学法人化也存在损害学术自由的潜在危险。那么，大学法人化会不会削弱学术权力？在这一点上，教师的质疑声音最大，这种质疑首先来自情感因素，其次源于理性因素。从情感角度来说，大学法人化使得教师由"公务员身份"走向"非公务员身份"。他们认为，以教师身份的不安定来实现大学组织充满活力的想法是逆历史潮流而动，况且大学法人化"给教师带来的直接影响就是工资、教学和科研费用的减少以及为获得专门研究经

---

① The Study Team Concerning the Transformation of National Universities into Independent Administrative Corporations (2002). The Final Report on "A New Image of National University Corporations". http://www.mext.go.jp/english news. htm, 2003 - 07 - 03/2016 - 06 - 03.

② [日]羽田贵史：《再论日本国立大学法人制度》，叶林译，《复旦教育论坛》2009年第5期，第68页。

③ 田爱丽等：《日本国立大学法人化改革效果分析——以名古屋大学为例》，《教育发展研究》2006年第15期，第33页。

费竞争性的加强"。① 结果就是，教师之间的收入差距不断被拉大，从而间接地侵犯了教师的学术自由，这是教师所不能接受的。从理性角度分析，大学法人化必然要求大学成为独立经营的法人实体。为应对激烈的市场竞争，大学内部就需要建立强有力的行政管理系统，从而校级层面的行政权力加强，院系层面的学术权力被削弱，② 学术权力可能会被行政权力绑架，而大学法人化对"去行政化"的最初承诺也很可能会落空。第三种质疑的声音是，大学法人化改革可以强化大学对社会的服务功能，但这是以大学的社会批判功能逐步式微为代价的。如此一来，大学很可能就会丧失自身最宝贵的批判品性。第四种质疑的声音聚焦在学科发展上，大学的经营取向容易导致经济效益与社会效益良好的学科发展前景广阔，而基础学科和人文社会科学则面临着严峻的生存危机。第五种质疑则是，大学法人化改革涉及治理结构、投入体制、人事制度、财产制度、评价制度以及监督制度等多方面的改革，也将触及诸多利益相关者的根本利益。如果没有完整的制度设计与坚决的执行勇气，大学法人化改革将难以取得成功。

3. 折中的认识

折中派从根本上并不否认公立大学法人化改革的意义，但不赞成过分执迷于法人化的正面效应而忽视其负面效果。即他们既不过分夸大也没有故意贬损，而是站在更加理性的立场上全面把握大学法人化的价值及其局限。可以说，大学法人化改革之前要具有明确的目标系统、具体的制度设计以及完善与可操作的法律措施等作为根本保障，因为公立大学法人化改革事关重大，一定要谨慎有加。③ 黄福涛教授通过实证的方法对日本国立大学法人化的效果进行调查，得出这样的结论：从总体上看，日本国立大学法人化基本实现了预期的目标，但是也产生了一些负面效应。法人化在决策机构、教师考核、课程开发以及大学问责等方面产生的正面效果尤为明显，但学术权力式微、教师工作量增加、薪资差距拉大以及大学自主受

---

① 田爱丽等：《日本国立大学法人化改革效果分析——以名古屋大学为例》，《教育发展研究》2006年第15期，第33页。
② 黄福涛：《日本国立大学法人化的变化与影响——基于院校调查结果的分析》，《比较教育研究》2012年第7期，第24页。
③ 薄建国、王素一：《日本、我国台湾公立高校法人化改革比较：进程、结果与启示》，《国家教育行政学院学报》2014年第3期，第91页。

限等问题仍是国立大学法人化今后需要解决的问题。① 也就是说，审慎的改革态度和全面的改革预判是折中派的总体认识。

现代大学法人化就是通过借助市场机制的调节杠杆，重新配置美国伯顿·克拉克（Burton R. Clark）所言的"三角协调模型"中的权力结构，实现大学法人制度在自治、效率和卓越上的核心功用。这不仅顺应了高校自治的大学传统，更契合了知识经济、市场经济以及高等教育普及化的时代背景。但新自由主义思潮在教育领域并非无所不能，大学法人化改革也不是解决高等教育中一切疑难杂症的灵丹妙药，况且大学法人化改革所带来的风险与挑战都需要引起我们足够的警惕。这正是本书秉承的基本立场。

（二）公立大学居于何种法律地位

目前我国学术界讨论的焦点开始从"公立大学要不要法人化"转向"公立大学如何法人化"，尤其是公立大学享有何种法律地位的问题。可以说，学界在这个问题上的争议最大，至今仍没有达成共识。

1. "民事主体说"

"民事主体说"的观点在高教界占有一席之地，这与我国的法律规定有着莫大的关系。《高等教育法》第 30 条规定，"高等学校自批准设立之日起取得法人资格。高等学校在民事活动中依法享有民事权利，承担民事责任"。这就意味着，作为高等教育领域的"宪法"，《高等教育法》只是承认我国公立大学在民事法律关系中的法人主体地位，而没有明确其在行政法律关系中的法人主体资格。然而，公立大学法人制度改革的核心在于厘清大学与政府的关系，而非大学与社会的关系。这不得不说是《高等教育法》有待完善的条款之一。

公立高校的此种法律遭遇与我国在民法意义上对"法人"的相关规定脱不了干系。"法人是具有民事权利能力和民事行为能力，依法独立享有民事权利和承担民事责任的组织。"但问题的关键在于，《高等教育法》对大学法人地位的认定是否必须顺承民法对一般法人组织的规定？答案是否定的。因为民法的调整范围在于私域，任何企图对公域进行"染指"的行

---

① 黄福涛：《日本国立大学法人化的变化与影响——基于院校调查结果的分析》，《比较教育研究》2012 年第 7 期，第 24 页。

为都会破坏民法的私法性质。① 况且,随着法学理论与法律事务的深入,法人制度已经超出了民法范畴,如果将公立高校视为民事法律主体,这未免有些狭隘。另外,我国《教育法》《高等教育法》都属于行政法范畴而非民法范畴,更多调整的是公法关系而非私法关系。由此可见,从民法中寻找公立高校法律地位的合法依据是不适宜的,不仅是犯了教条主义的谬误,更是忽视了公立高校的复杂性与特殊性。

2."双重主体说"

"双重主体说"在学术界颇有市场,其中的代表性人物有,中国政法大学马怀德教授、中国人民大学申素平教授、西南政法大学张力教授与金家新博士等。"双重主体说"的理论依据在于,"学术自由权、国家教育权以及社会教育权是公立高校法人的法源与权力基础,所以大学法人性质自然不能被单一地划归到公法领域还是私法领域,也不能简单地以行政法或者民法来进行调整与规范"②,从而作为"事业单位法人"的公立高校成为横跨公法与私法的"双界性法人"。③ 即公立高校在法律事实上享有行政意义与民事意义上的双重法律地位,尤其是"田永诉北京科技大学案"④"刘燕文诉北京大学案"以及"重庆女大学生怀孕被开除案"等,在司法实践中承认公立高校属于"法律法规的授权组织",这就等于变相接受了公立高校在行政授权范围内享有一定的行政主体资格。

不过,有学者认为"事业单位法人"的制度设计存在高校滥权的隐患,这种"滥权"的根源在于公立大学私法属性的泛滥,⑤ 从而强调公法

---

① 《德国民法典》对公法人的规定十分简约,《瑞士民法典》采取相同的思路,《日本民法典》和我国台湾地区的"民法"直接就不出现"公法人"的概念。由此可见,无论民法典在立法方式上如何选择,均不影响公法人作为一种组织类型的客观存在。尽管我国在法律上没有"公法人"与"私法人"的明确区分,但在法律事实上,这种区分的痕迹还是显而易见的(笔者注)。参见李昕《作为组织手段的公法人制度研究》,中国政法大学出版社2009年版,第70页。

② 金家新、张力:《公立高校法人制度的双界性:法源、问题与治理》,《复旦教育论坛》2015年第1期,第7页。

③ 姚荣:《公立高校法人化改革的理论争议与制度抉择》,《北京教育(高教)》2016年第2期,第34页。

④ 1998年的田永诉北京科技大学一案开启了中华人民共和国成立以来高校被诉的先河,从而该案件在我国高等教育法制史上具有里程碑意义,它为我们重新认识和研究高校在行政法层面上的法律地位提供了重大契机与典型案例。

⑤ "事业单位法人最突出的缺陷是,界分不出高校自主权的公、私职能,虽然它对高校行为的公、私属性表达了某种关注,但又不够鲜明有力,致使高校在公、私两个领域里自由裁量空间过大,甚至存在上下其手的隐患,这是导致高校以法人身份发生行为失范的重要制度原因。"参见龚怡祖《高校法人滥权问题的制度回应方向》,《公共管理学报》2008年第1期,第106—110页。

属性的"公务法人说""特别公法人说"开始进入公众视野。马怀德教授认为:"大陆法系国家公务法人的概念对我们有一定借鉴意义。应当将履行公共管理职能的事业单位、社会团体定位于公务法人,公务法人与其使用者之间的关系不止单纯的民事关系一种,还包括行政法律关系。"① 申素平教授提出的"特别公法人说"也具有较大的参考价值,因为"公法人中特别法人的地位,既满足了国家实施高等教育公务的需要,保证了高校的公益性;又适合于高校的组织特性,使高校与一般行政机关相分离,保证高校保持相当的自治与自律,从而增强高校适应社会需要的能力,提高高校的效率"。② 上述两种观点表现出对大陆法系,尤其是法国的行政主体理论的推崇。另外,还有学者建议我国公立高校可以尝试效仿日本设立"学校法人"③。

整体来看,"双界性法人"④"法律、法规授权组织""行政法人"⑤"公务法人""特别公法人""学校法人"等都是学术界对"事业单位法人"进行批判与矫正的理论产物。但实事求是地说,"双界性法人说"是学术界自创的一个用以说明公立高校法律地位复杂性的模糊概念,所以不宜采用。"法律、法规授权组织说"只是在司法实践中解决公立高校行政主体资格与可诉性问题的一种权宜之计,⑥ 无法准确概括出公立高校完整意义上的法律地位。"行政法人说"不过是将我国台湾地区公立高校的改革动向嵌套至我国大陆地区而已,从立法技术上讲,它难以在我国大陆地区落地生根。虽然"公务法人说""特别公务法人说"符合国际惯例与发展趋势,日本的"学校法人"对明确我国公立高校法律地位也具有一定的启示意义,但我国几乎不大可能放弃"事业单位法人"的称谓,因为"对任何法律制度的理解都不能完全脱离该法律制度所为之服务并且对之加以调整的社会的历史",⑦ 况且我们将问题完全归咎于"事业单位法人"也有

---

① 马怀德:《公务法人问题研究》,《中国法学》2000年第4期,第40—47页。
② 申素平:《高等学校的公法人地位研究》,北京师范大学出版社2010年版,第81页。
③ 薄建国、王嘉毅:《公法视野中我国公立高校法人制度的重构》,《高等教育研究》2010年第7期,第15—19页。
④ 龚怡祖、常姝:《"双界性"法人:我国高校法人滥权的制度特征及治理》,《东南大学学报》(哲学社会科学版)2008年第6期,第46—49页。
⑤ 黄海群:《现代大学行政法人制度的构建》,《现代教育管理》2013年第10期,第15页。
⑥ 金明浩、郑友德:《论我国公立大学法人地位的实现与保障》,《现代大学教育》2006年第6期,第22—25页。
⑦ [英]巴里·尼古拉斯:《罗马法概论》,黄风译,法律出版社2000年版,第2页。

失公允。问题的正解在于,如何在符合中国法律传统、法律习惯的前提下实现我国公立大学法人身份的合法安排。

3. "第三部门说"

当人们在针对公立高校法律地位究竟是采取"私法进路"还是"公法进路"而争论不休之时,"第三部门说"带来了一股清新空气。旗帜性人物有首都师范大学的劳凯声教授、罗爽博士以及南京师范大学的王建华教授等。该观点认为,公、私二元的法人制度改革思路都存在理论缺陷与实践困境,即公法人旨在实现国家权力,私法人重在保障私人权利,而第三部门法人的使命就是对社会权力的保护。

劳凯声教授对此曾作出这样的解释:它"构成了一个两难的问题,两种改革取向的追求甚至具有不可通约的性质。而要兼顾这两个改革的目标,则在改革设计上既不应使公立学校的改革倒退到国家垄断的老路,也不应把其完全推向市场。为此,公立学校因其活动目的和服务对象的特殊性而应成为一类介于公法与私法之间的,非政府、非企业的特殊的社会组织,应赋予其特别的法人地位,并以此为依据对其权利和义务作出必要的规定,使公立学校既能成为独立自主的办学实体,同时又能体现这类组织机构所特有的公共性质"。[①] 在他看来,从"公私两分"到"第三部门"是现代大学制度建设的基本走向。

依循这一逻辑,研究者们纷纷提出"大学法人"[②]"公立高校法人"[③]以及"专业型"第三部门法人[④]等特殊的法律表达方式,但是究竟如何在法律意义上理解"第三部门"?如王建华教授在其博士学位论文《第三部门视野中的现代大学制度》中所言,超越公私二元的"第三部门"可以理解为"非公非私",也可以理解为"既公又私"。[⑤] 诚然,这对澄清理论认识有所裨益,却无益于公立高校的法律实务操作。因为法律的根本意义不

[①] 劳凯声:《回顾与前瞻:我国教育体制改革30年概观》,《教育学报》2015年第5期,第11—12页。

[②] 刘益东:《大学法人的属性初探》,《国家教育行政学院学报》2016年第3期,第48页。

[③] 姚荣:《迈向法权治理:德国公立高校法律地位的演进逻辑与启示》,《高等教育研究》2016年第4期,第102页。

[④] 有研究者根据第三部门所提供的公共服务类型将其划分为"保护型""专业型""自治型"以及"运营型"四种第三部门法人。请参见罗爽《论建立第三部门视野下的高等学校法人制度》,《教育学报》2014年第6期,第40页。

[⑤] 王建华:《第三部门视野中的现代大学制度》,博士学位论文,厦门大学教育研究院,2005年,第159页。

是为了承认模糊,而是力图清晰。况且,公立高校虽然具有"第三部门"的法律性质,但是它在我国不可能与政府、企业并驾齐驱,从而在事实上有沦为政府职能衍生部门的危险,① 难免又回到"政府包办"的传统道路上去。退一步说,"特殊法人"的法人类型在我国立法实践中是难以被接受的,即在现有法人分类之外增加"公立大学法人"的可能性几乎没有,从而其操作意义便大打折扣。从我国高等教育改革实践与改革取向的角度来看,"第三部门"的声音并不占据主流。综合多方因素考虑,"第三部门说"并不适合我国公立高校的法律定位。

4. "多重主体说"

"多重主体说"是对"双重主体说"的延展与深化,以北京大学的湛中乐教授为代表。公立高校具有行政主体、行政相对人与民事主体等多重法律地位,② 这种说法补充了公立高校作为"行政相对人"的法律身份。展开来说,第一,高校与政府之间存在监督法律关系,并伴随着由法律法规授权行为而产生行政法律关系,从而高校处于被监督者与行政相对人的地位;第二,高校与企业、社会团体等主体之间属于平等法律关系,从而高校处于民事主体地位;③ 第三,高校与教师之间既不是纯粹的民事法律关系,也不是纯粹的行政法律关系,其关键取决于何种性质的法律行为,从而构成复合法律关系;④ 第四,高校与学生之间在招生录取、学籍管理、授予毕业证书与学位证书等涉及学生身份变化(基础关系)和重要影响(重要性理论)等具体行为上则表现为一种行政法律关系,从而高校享有行政主体资格。在日常管理中,高校与学生之间隐匿着一种特别权力关系(管理关系),从而高校处于管理者的地位。⑤

---

① 吕继臣:《中国高等学校法人制度研究》,北京师范大学出版社2011年版,第42页。
② 湛中乐、李凤英:《论高等学校法律地位》,《行政法论丛》(第四卷),法律出版社2001年版,第498—527页。
③ 高新平、王传干:《公立大学法人化的法理基础与实践进路》,《高教探索》2014年第2期,第71页。
④ 全世海、方芳:《浅析我国公立高校与教师之间的法律关系》,《天津电大学报》2010年第1期,第78页。
⑤ 特别权力关系是相对于一般权力关系而言的,一般权力关系往往是一种支配与被支配的关系。而在特别权力关系中,双方当事人之间不是一种"法"的关系,而是一种"力"的关系,基于特定目的而形成的控制与被控制、管理与被管理的关系,如高校与学校、军队与军人、医院与患者以及监狱与犯人等。参见彭俊《历史与现实:我国公立高校法律地位研究——兼论公立高校与学生的法律关系》,《高教探索》2012年第4期,第28页。

这明显反映出，我国公立高校的法律地位是一个异常复杂的问题，试图以某个现有的法律术语或现成的制度框架去破解它，这种一劳永逸的做法终将失败，甚至可能会对整个高等教育发展格局带来难以预估的危害，所以我们理应将"制度创新"与"谨慎改革"作为我国公立高校法人制度改革的基本原则。湛中乐教授对此也不无感慨："我们的制度选择空间并不充分。要真正建立现代大学法人制度，为大学法人选择合适的法律属性，必须在多个方向上同时进行努力。在大学法人的法律性质和治理结构问题上需要避免一刀切的定性，以多样化的制度实践来应对多元化的大学法人类型及其时空变迁，使大学法人的性质能够不断地符合大学治理和发展的新需求。"① 这也正是本书所秉持的基本立场与态度。

整体来看，学术界对我国公立高校法律地位的界说不外乎上述四种。"民事主体说"是从现有的法律条文出发进行解读，弥漫着浓重的教条主义色彩；"双重主体说"是对传统"公私二元"观点的一种调和，受大陆法系影响较深，但对中国的具体情况考虑不够周延；"第三部门说"试图走出"公私二分"的逻辑陷阱，并在公私之间开辟"第三条道路"，却因浓郁的理想情怀而遭遇理论搁浅；"多重主体说"是对我国公立高校法律地位的积极回应，也是今后大学法人制度设计的基本立足点。

（三）公立高校享有哪些法人权利

权利既是一个永恒的法律命题，也是一个基本的法律命题。大学法人制度的主要意义在于，界定大学与政府之间的权力边界，其核心使命是为了保护大学法人的基本权利。但公立高校究竟享有哪些法人权利，目前学术界的认识仍是不太清晰的。1957年，美国联邦最高法院在"史威兹诉罕布什尔州案"的判决意见书中提出："大学的任务即在于提供一个最有益于思维、试验和创造的环境。那是一个可以达成大学的四项基本自由——在学术的基础上自己决定'谁来教？'（Who may teach?）、'教什么？'（What may be taught?）、'如何教？'（How shall it be taught?）以及'谁来学？'（Who may be admitted to study?）——的环境。"② 应该说，这是一个相当好但不算完美的界定。这种界定方式指明了高校的核心权利，即教师

---

① 湛中乐、苏宇：《论大学法人的法律性质》，《国家教育行政学院学报》2011年第9期，第18—23页。

② 周志宏：《学术自由与大学法》，（台北）蔚理法律出版社1989年版，第96页。

任用、课程内容、教学方式以及招生权利等学术自由权,但并没有提出保障上述学术权利的其他外部权利。这可能有些求全责备的意味。但无论如何这种界定是建立在美国高等教育传统基础之上的,也是符合高等教育一般发展规律的,从而对其他国家具有一定的借鉴意义。

相比之下,英国著名的高等教育研究专家阿什比(Eric Ashby)对大学自治权利的划分可能更令人感到满意:"第一,在大学的管理上免于非学术的干预;第二,以大学看来合适的方式自由地分配资金;第三,自由地招收教职员工并决定其工作条件;第四,自由地选择学生;第五,自由地设计和传授课程;第六,自由地设置标准和决定评价方式。"[1] 易言之,高校在内部管理、经费使用、教师任用、招收学生、教育教学以及教育评价等六个方面享有不容置疑的权利。

我国《高等教育法》对高等学校的基本办学权利也做出某种意义上的界分,主要包括招生自主权、专业设置自主权、教学自主权、科研自主权、对外交流与合作的权利以及一定范围内的人事权与财务权等七项权利。但为什么这些权利仍无法满足高校自主办学的夙愿,办学自主权难以落实仍是不争的事实呢?笼统地说,其中的问题在于高校的法律性质不明,但如果继续追问,我们发现权利性质不明这一原因可能更加接近问题的实质。质言之,我国高校办学自主权具有复杂的法源基础,既有来自公法的权利,又有来自私法的权利。倘若试图撇开权利的法源来谈论其基本范畴,那么高校办学自主权几乎沦为一场没有休止的争论。依循这一基本逻辑,我国公立大学法人制度需要解决的一个基本命题就是高校法人权利问题。总的来看,学术界在大学法人化的利弊分析与公立高校法律性质两个问题上的分歧较大,对高校自主办学的基本权利也存在隐匿的论争,但目前讨论的歧点或争议的焦点主要是,如何在控制风险的前提下推进公立大学法人制度改革。这不仅是世界的基本趋势,也是中国的制度选择。

三 公立大学法人制度改革的基本共识

(一)公立大学"公法人化"成为主流声音

当前,我国公立大学法人制度改革的主导方向是从"公私混沌"走向

---

[1] E. Ashby and Anderson, M., *Universities: British, Indian, African. A Study in the Ecology of Higher Education*, London: Weidenfeld & Nicolson, 1966, p. 296.

"公私澄明",以为下一步的"公私混合"做好法理上和实务上的准备。尽管有不少的法学研究者已经注意到公法与私法界限模糊的现象,①也有部分高等教育研究者关注到世界公、私立高等教育界限正在逐渐走向模糊的普遍事实,②甚至德国乌尔里希·泰希勒的论述也在相当程度上支持了这一观点,并且做出高等教育的公私界限在未来很可能会消逝的预言,③但于我国而言,这未必是一件值得庆幸的事情。因为如果我国的高等教育在未经"公私澄明"这一关键改革步骤的前提下,而贸然地接受并进入"公私模糊"的教育发展阶段,这种一劳永逸的改革态度不仅不足取,而且由此造成的改革代价也是难以想象的。所以,当前明确我国公立高校在行政法律关系中的法律地位,即"公法人化"应该是我国多年来学术争论而达成的基本共识,从而也应该成为公立大学法人制度改革的基本立脚点。

(二)重构大学与政府的关系是改革的关键

大学与政府的关系历来是理论界关注的热点话题,也是实践界试图作出改革的领域。虽然这些年来我国通过取消或下放行政审批权限等举措在改善府学关系方面已经取得了一定的成效,但是随着高等教育体制机制改革的深入,这一问题将会逐渐暴露出来,④并继续成为制约高等教育发展的最大瓶颈。因此,重构大学与政府的关系成为高等教育改革的关键所在。但改革的出路究竟在哪里?可以毫不夸张地说,用法人化来抵制高校的行政化、官僚化可能不是最佳的,也不能收到立竿见影的效果,但它却是最理性的、最能突破"路径依赖"的道路。我们可以预见,那种传统的"一放就乱,一收就死"的处理府学关系的恶性制度循环终将被打破,因为如今法治思维在高等教育治理中施展拳脚的迹象已经愈加明显,这也不失为高校法人制度改革的积极信号。

---

① 就世界而言,"在20世纪之前,公私法之分的界限基本还是分明的。进入20世纪之后,公私法之分的界限开始模糊,两者之间开始了相互渗透"。请参见李昕《作为组织手段的公法人制度研究》,中国政法大学出版社2009年版,第63页。也就是说,私法的"公共化"与公法的"私人化"现象越来越普遍,公法因素与私法因素彼此耦合、相互嵌套。参见[德]哈贝马斯《公共领域的结构转型》,曹卫东等译,学林出版社1999年版,第178页。

② 陈涛:《大学公私界限模糊现象探究》,博士学位论文,厦门大学,2015年1月。

③ [德]乌尔里希·泰希勒:《公立高等教育与私立高等教育界限模糊:以德国为例》,戴娅娅、刘鸿译,《现代大学教育》2009年第1期,第40页。

④ 赵婷婷:《重构我国政府与大学关系的关键——从行政性权力关系到契约性权力关系》,《苏州大学学报》(教育科学版)2014年第3期,第4—5页。

（三）法人治理结构成为改革关注的焦点

伴随着高等教育治理体系与治理能力现代化的提出，学术界几乎不约而同地将目光聚焦在大学治理结构上，尤其是法人治理结构上。"法人治理结构是基于所有权与经营权分离而产生的委托——代理关系所需要的权利的配置、激励与制衡机制"，① 其中政府是委托人、大学是代理人，这从根本上也符合我国"管办评分离"和"放管服改革"的基本动向。目前学术界对于公办高校法人治理结构的关注主要集中在组织架构、治理模式、权力制衡等方面。在组织架构上，建设董事会（或理事会）制度、② 引入学生参加制度、③ 健全学术委员会制度等④；在治理模式上，"学术治理"逐步走向"共同治理"；⑤ 在权力制衡上，可以尝试采取"以权力制约权力""以权利制约权力"和"以社会制约权力"的三种模式。⑥ 大学章程成为维护高校法人治理结构的核心制度文本，但不得不说，大学章程的制定并未达到人们的预期，其执行也令人担忧。如此来说，学术界已经认识到治理结构在法人制度中的重要地位，但仍有待进一步的探索与完善。

四　研究空间：公立大学法人制度如何突破

基于以上梳理，我们不难发现：学术界对于公立大学法人制度的研究，既存在不少学术论争，也达成了一些基本共识。这些基本共识为本研究提供了一定的研究基础，而那些学术歧点将为本研究预留出较大的研究空间。本书试图通过历史与逻辑的统一、方法与内容的结合获得些许突破。

---

① 黄崴：《公办高校法人治理结构及其建设》，《高等教育研究》2008年第8期，第45—52页。
② 湛中乐：《中国大学引入董事会（理事会）制度的思考》，《教育研究》2015年第11期，第38—40页。
③ 王志军：《现代大学制度视域下学生参与制度探析》，《教育评论》2016年第5期，第19—22页。
④ 别敦荣：《大学学术委员会的性质及其运行要求》，《中国高等教育》2014年第8期，第27—30页。
⑤ 李立国：《大学治理的转型与现代化》，《大学教育科学》2016年第1期，第24—40页。
⑥ 第一种模式是"以权力制约权力"，它体现为对政府的公权力、高校的行政权以及权力自身防范制度等权力的制衡和权力制衡中法治精神的遵守和弘扬；第二种模式是"以权利制约权力"，这种模式彰显权利优先于权力和保障权利与限制权力的法治理念；第三种模式是"以社会制约权力"，它主要是保障社会对高等教育事业的有限介入和推动高校办学自主权的实现。参见祁占勇《高等学校法人治理结构中的权力制衡模式及其内涵》，《高等教育研究》2016年第3期，第34—38页。

(一)历史演进：大学法人制度的形成及其发展

历史告诉我们：几乎自大学诞生之日起，它就与法人制度结下了"不解之缘"，从"中世纪大学"到"近代大学"再到"现代大学"均经历了法人制度的历史变迁。从"法国大学"到"英国大学""德国大学"再到"美国大学""日本大学""新加坡大学"等都历经大学法人制度的本土化改造。那么，我国公立大学法人制度究竟处于何种"时空位序"之中？这个问题非常值得思考。尽管许多学者对大学发展史进行了较为详尽而细致的爬梳，但从大学法人制度的视角进行梳理的却比较少见。况且，通过对大学法人制度的学术史考察，我们可以更为直接地体味其历史价值和时代韵味。

(二)逻辑前提：公立大学法人制度改革的基本原理

自20世纪80年代开始直到今天，高等教育领域的体制机制改革已经四十余年。虽说改革的成效有目共睹，但与人们心中的改革预期还有相当长的一段距离。坦白地说，如果重思我国高等教育的改革方向，公立大学法人制度改革的基本逻辑应该从"私法泛滥、公法不足"的现实境遇迈向"公法主导、有限私法"的理想境地。这是我国高等教育改革的一次方向性"复归"，也可视作公立大学法人制度的一次"补课"，也是"二次法人化"的基本原理，更是与其他国家和地区大学法人制度改革逻辑前提的根本性差异。但这个基本前提被很多研究者忽略，也没有得到改革者的充分关注，从而高等教育改革一直在"深水区"中徘徊。进一步来说，法条主义的捍卫者将大学法人制度局限于民法领域，动辄会将任何试图寻求突破与创新的尝试压制下去，这不仅在法学观念上是一种自我束缚，而且在法学研究上也是一种自我放逐。北京大学朱苏力教授对此的批判可谓一针见血：法条主义将法条视为不可置疑的权威，这适用于相对稳定的时代，但对急剧变动与转型改革的中国社会而言，我们的法律制度研究必须在一定程度上超越法条主义。[1]

(三)研究方法：公立高校法人制度改革的分类思维

如果我们笼统地谈论大学法人制度，无疑是削弱了法人制度在高等教

---

[1] 朱苏力：《语境论：一种法律制度研究的进路和方法》，《中外法学》2000年第1期，第40—59页。

育中的特殊价值，也抹杀了多样化公立高校的现实形态，更是丧失了公立高校面向未来变革的生存能力。可以说，如今以及未来个性化的高等教育需求对多样化的高等教育供给提出了必然诉求，试图采用一套标准的大学法人制度而适用所有公立高校的认识与做法，不仅是不合时宜的，更是极其危险的，从而分类思维成为一种积极的选择。尽管目前世界上已经出现卡内基大学分类、联合国教科文组织的大学分类、加州大学系统的分类以及欧洲 U-map 等众多的大学分类方法，但这些分类主要是站在高等教育学的立场上进行的，而无法解决高校面临的法律困惑，所以大学法人分类在大学分类家族中占有不可或缺的席位。但需要注意的是，大学法人分类的名称固然重要，但更重要的是该名称背后所标识的大学法人制度设计。

（四）研究内容：公立大学法人制度改革的系统设计

从法人制度的内容来看，学术界对法人治理结构表现出异乎寻常的关注。虽说这种探讨的意义不言而喻，但是在法人地位并未落实的情况下，一味强调法人治理难免有隔靴搔痒的嫌疑，甚至带有痴人说梦的意味。也就是说，大学法人制度是一个系统的制度设计，某个环节的突破并不能从整体上统筹推进高等教育改革。其中法律地位是公立大学法人制度设计的根本前提，治理结构、人事制度以及财产制度是公立大学法人制度设计的核心内容，而投入体制、评价制度以及监督机制是公立大学法人制度的基本保障。因此，我们可以尝试在公立大学法人分类的框架下，从法律地位、投入体制、治理结构、人事制度、财产制度、评价制度以及监督机制等七个方面对我国公立大学法人制度进行研究和设计。可以说，这是一个异常复杂但又不得不面对的改革难题。

第三节　研究问题

一　问题聚焦

（一）世界大学法人制度的历史演进

人们常说："以人为镜，可以明得失；以史为鉴，可以知兴替。"这就告诉我们：一味回避历史经验的行动是盲目的，生搬硬套历史经验的行动也是不高明的。同样的道理，我们研究我国公立大学法人制度不可能罔顾世界大学发展史，更不可能忽视中国大学发展史。应该说，法人制度起源于古罗马，而使法人制度走向近代化的当属英国。具体到大学而言，大学法人制度肇始于中世纪大学，进而发展出英国大学法人制度与德国大学法人制度两大分支，在之后的大学发展史上，美国、日本、新加坡以及我国台湾地区先后根据本国或本地区的实际需要进行了选择性的制度借鉴。其中，美国大学整体借鉴了英国的大学法人制度，日本借鉴了英国的"政署制度"与德国的"公法人制度"，新加坡借鉴了英国的"担保有限公司"的制度设计，我国台湾地区借鉴了德国的"公法人制度"与日本的"独立行政法人制度"。应该说，美国是将现代大学法人制度运用到极致的典型，因为美国的高等教育成就已经无可争议地证明了这一点。那么，我国现代大学法人制度究竟该何去何从？上述梳理无疑为我们提供了重要的历史参考。我们可以把世界大学法人制度演进这一问题进一步分解为：

第一，中世纪大学法人制度是什么样的，它对后来世界大学法人制度发展做出了哪些奠基性的贡献？

第二，民族国家兴起之后，世界大学法人制度如何由"古典化"迈向"近代化"，不同国家的大学法人制度表现形态有何区别？

第三，以美国为典型代表的"现代化"大学法人制度的基本样态究竟如何？它的时代性价值究竟体现在哪里？

（二）我国公立高校法人制度的整体概貌

中华人民共和国成立之后，我国公立高校法人地位基本经历了从"没有法人地位"到"事业单位法人"再到事业单位法人中"公益二类"的历史演进。在其法律地位发生变化的同时，完善治理结构、投入机制改革、人事制度改革、财产制度改革、健全评价制度以及建立监督机制等配套性制度设计开始提上日程。时至今日，虽说我国公立高等教育取得了一定的改革成效，但我们对"事业单位法人"暴露出的诸多弊端似乎是无能为力的。这就说明，大学法人制度层面的改革才是高等教育管理体制的根本性变革。我们距离建成中国特色的现代大学法人制度还有很长的道路要走。

历史经验告诉我们：我国高等教育改革是以调整大学与政府之间的权力关系为核心的，公立高校法人制度改革也不例外。问题的关键在于，如何调整与规范大学与政府之间的关系？一个基本的事实就是，人们对"收乱放死"的逻辑怪圈有着几近本能性的拒斥。为了避免重蹈覆辙，将大学权力的运行与规范纳入法律框架之下已经成为共识。但遗憾的是，《高等教育法》修订前后都没有完全解答这个问题。那么，为什么我国公立高校法人制度迟迟难以确立？其背后涉及哪些掣肘因素，这些因素能不能解决？这都需要本书做出正面回答。具体可以分解为：

第一，我国公立大学法人制度发展具有什么样的历史轨迹？在历史演进过程中，我国现行的公立大学法人制度具有哪些基本特征？

第二，在事业单位法人的整体框架下，我国公立大学的法律地位、治理结构、投入体制、人事制度、财产制度、评价制度以及监督机制究竟面临哪些问题？

第三，在《高等教育法》修订之后，我国公立大学法人制度有哪些变化？上述问题有无得到解决或者在何种程度上得以解决？还有哪些遗留问题有待解决？

（三）我国公立高校法人制度改革的可能出路

应该说，寻找适合我国公立高校法人制度改革的出路并不是一件简单的事情，因为它不仅需要逻辑上的自洽性，更需要实践中的可操作性。所以，试图凭空建构出一个公立高校法人制度的理想模型几乎是不可能的，而"摸石头过河"的改革思路无疑大大增加了时间成本，也很可能会贻误改革时机，这也不是一条明智的道路。比较切合实际的改革思路可能是，深入分析公立高校法人制度的几种世界模式，从中汲取有益的改革成分，即在借鉴世界经验的基础上进行自主创新。这也意味着，经验借鉴固然重要，但更为要紧的是，结合我国具体的政治经济背景、法律文化传统以及高等教育实践进行本土化改造。在此，我们有必要回答以下几个具体问题：

第一，德国、法国、英国、美国、日本以及我国台湾地区公立大学法人化改革的经验有哪些，争议是什么？这些经验或争议对我国公立大学"二次法人化"改革具有哪些启发?

第二,我国公立大学法人制度改革秉承的思想基础是什么,坚持的法律取向是什么,信奉的教育哲学是什么?

第三,我国公立高校法人制度改革的具体方案有几种?哪一种改革方案更好?具体如何进行制度设计?这些制度设计可能面临的改革困难或改革阻力有哪些?

第四,我们应该如何应对当前与未来的公立大学法人制度变革?"巨型大学"法人制度、"虚拟大学"法人制度、"混合大学"法人制度和"合作大学"法人制度究竟如何进行总体性设计?

二 研究价值

(一)理论价值

第一,从"法人制度"的视角来看,将研究视野聚焦到"企业法人制度"的学者众多,对"行政法人制度"进行密切关注的学者亦不在少数,但"大学法人制度"这一研究主题却显得有些"门可罗雀"。近年来虽有研究热度升温的趋势,但并没有正面回答我国公立高校法人制度的症结及其出路,这是比较遗憾的。本书试图以大学法人分类为切入点,以治理结构、投入体制、人事制度、财产制度、评价制度以及监督机制作为主要内容,即采用"经纬融合"的思路构建我国公立高校法人制度的分析框架。这无疑是针对法人制度的适用对象——公立高校及其面临的特殊问题进行的一次理论探索,反过来,对开拓法人制度理论亦具有重大的理论意义。

第二,从"大学发展史"的角度来说,大学法人制度是一个非常独特的观察视角。具体而言,大学发展历经中世纪大学的"学者行会"性质、近代大学的"社团法人"属性,直到今天形成现代大学的"多元法人"形态的旖旎景观,这不得不说是时间对大学的馈赠。德国的"公法人制度",法国的"特殊公务法人制度",英国的"特许状法人制度""议会法人制度"和"公司法人制度",美国的"学术法人制度"以及日本的"独立行政法人制度"等多样化的大学法人制度在如今也形成了一道靓丽的大学制度风景线,这恰恰是空间赋予大学的魅力。本书运用"时空结合"的方法试图还原一个法人制度景观下大学发展的时间脉络及其本土化改造成果,这着实为大学发展史研究增加了一个新的理论视角或分析工具。

第三，从"现代大学制度"的立场分析，当前我国高等教育领域在改革目标上剑指"双一流"建设，在改革方式上强调深化高等教育综合改革，在改革策略上大力推进"管办评分离"和"放管服改革"、完善治理结构、制定大学章程、健全学术委员会制度等等。我们可以进一步追问，这些制度改革的灵魂在哪里？它就是大学法人制度。质言之，现代大学制度建设的核心或灵魂就在于现代大学法人制度建设。本书就是旨在按照"形神兼具"的原则去设计与完善现代大学制度，这显然对于丰富中国特色的现代大学制度具有一定的理论贡献。

（二）实践价值

第一，从大学的外部治理方式来看，目前我国公立高校与政府、社会的关系还没有完全梳理清楚，最直观的体现就是，"红头文件"的执行力远远高于相关法律与大学章程，"市场运作"的吸引力远远大于人才培养与知识创造。所以，我国公立大学法人制度改革的第一要务就是重新调整大学与政府的关系，即从"文件治校"转向"依法治校"。第二要务就是进一步构建大学与社会的关系，使得高校从"市场经营""社会旁落"转向"大学经营""社会参与"，真正将法律作为大学治理的基本规范，将教育作为大学治理的核心使命。这是本研究期望达到的一种实践效果，从而也具有潜在的实践价值。

第二，从大学的内部治理方式来看，尽管学术界对内部治理结构的关注最多，但这些对策在实践中似乎并不那么奏效。另外，由于高等教育改革不断在做"加法"，使得机构臃肿、人浮于事的现象越加严重。我们据此可以得出这样一个结论：明确改革方式比改革本身更重要，我们现在可能需要对"改革"本身进行"改革"。也就是说，在大学法人制度不健全的前提下，任何大学治理结构或治理方式的变化都不过是形式的翻新，是"穿新鞋走老路"的把戏，而难以从根本上推动改革。进言之，在大学的人事权、财务权、学术权和管理权都不充分的情况下，幻想在大学内部实现共同治理或基层治理模式，这几乎是不现实的，因为内部管理体制的变革必然触及法律性质的变化，这也就是大学法人制度改革的内在机理。本研究就是试图解决公立高校法人制度这一根本性难题，旨在推进大学内部治理现代化。

第三，从"中国模式"的高等教育实践看，中国大学崛起的真正标志不是某所大学拥有富可敌国的办学经费，也不是在世界排行榜上前进了多少名次，更不是在世界顶级刊物上发表多少篇文章或引用率究竟有多么高，而是有没有形成独特的"中国模式"。环顾世界，"中国模式"不等于"中国经验"，高等教育的"世界模式"的核心就是法人制度模式，英国、德国、法国、美国、日本等概莫能外。所以，本研究是一次探索"中国大学模式"的有益尝试，从而具有重大实践意义。

第四节　研究设计

一　概念界定

大学法人制度是一个异常复杂的概念系统，关键是由于它涉及多个"子概念"，这就要求我们对这些概念做出必要的界定并指出概念之间的逻辑关联。

（一）"公法人"与"私法人"

"法人"的概念在前文已有论述，我们在这里重点说明"公法人"（Public Corporation）与"私法人"（Private Corporation）两个概念。"公法人"与"私法人"之别通常是以公法与私法的区分为前提，即"私法人主要是依照民法等相关规定，经登记后取得法人资格"，而"公法人则是直接依据法律或基于法律以其他公法行为……直接创设之权利主体"。[1] 具体而言，公法人与私法人在设立者、设立目的、设立依据、设立程序、调整手段等方面均存在较大差异，如表1-1所示。[2]

---

[1] 李建良：《论公法人在行政组织建制上的地位与功能——以德国公法人概念与法制为借镜》，《月旦法学杂志》2002年第5期。

[2] 资料来源：根据相关资料论述整理而成。参见［德］迪特尔·梅迪库斯《德国民法总论》，邵建东译，法律出版社2000年版，第817页；吕继臣《中国公立高等学校法人制度研究》，北京师范大学出版社2011年版，第24页；姜静娜《法人分类研究——以〈民法典〉的编撰为背景》，硕士学位论文，郑州大学，2016年，第27页；张力《法人制度中的公、私法调整方法辨析——兼对公、私法人区分标准另解》，《东南学术》2016年第6期，第160页。

表1-1　　　　　　　　　　公法人与私法人之比较

比较维度＼法人类型	公法人	私法人
设立者	国家或公共团体	私人或私人团体
设立目的	满足政府组织分权和公共服务社会化的需要，执行国家管理职能	赋予脱离权力体系的社会组织以主体资格，旨在实现民事主体利益
设立依据	根据公法或国家行政机关决定设立	根据私法并基于私人意思表示设立
设立程序	通常采取许可主义	通常采取登记主义
调整手段	可以采取强制手段	基于地位平等而不得采取强制手段
与市场的关系	纵向分权，不得从事营利活动	横向平权，可以从事营利活动
与国家的关系	与国家有特殊利害关系，受特别保护	与国家无特别利害关系，无特别保护
纠纷解决方式	通过行政诉讼或行政复议加以解决	通过民事诉讼或仲裁程序加以解决

从这个角度来看，我国公立高校显然不是根据民法意义上的私法，经登记而成立的法人组织，而是根据《教育法》《高等教育法》等行政法层面的公法，经批准而设立的法人组织，所以我国公立高校在法理上享有公法人地位，只不过在一定的权限范围之内享有民事权利。无论是大陆法系还是英美法系，赋予公立高校以"公法人"地位已经成为一种国际惯例。

（二）"公营造物""公务法人"与"独立行政法人"

"公营造物"（Public Facility），亦称"公共设施""国家机构""国家设施"。它是由德国行政法学之父奥托·迈耶（Otto Mayer）于1886年在《法兰西行政法理论》一书中提出的一个创造性概念。直到1895年，迈耶在《德意志行政法》一书中将"公营造物"界定为：它是由人（意指工作人员，不包括其使用者——笔者注）与物的结合而构成的一种作为手段之存在物，是在公共行政主体中连续服务于特殊公共目的的公法人。① 譬如，由教学设施与教师相结合而成的公立学校可能就是一种"公营造物"。一般而言，公营造物在组织结构上体现出更多的政府介入与控制。与其他法人形态相比，公营造物的使用者没有主张个人权利的余地，当然民主参与的权利在此也是失效的。德国公立大学的双重法律性质之一就是，以"公营造物"面孔而呈现的国家机构，它不过是借助"公法社团"进行了一定的修正而已。

"公务法人"是法国行政法学界非常流行的一个概念。法国行政法学家莫里斯·奥里乌（Maurice Hauriou）在1892年出版的《行政法与公法精要》一书中提出，公务法人是一个人格化的公共行政机构，在特定范围内能够提供一种或多种专门的服务。公务法人突出强调专业服务、公共服务以及人格化等特征。② 尽管"公务法人"与"公营造物"在公共行政职能的发挥上具有一定的相似之处，但二者之间的区别比较明显，即公务法人具有公务自治与公务分权的制度功能，而公营造物则缺乏自治因素，它最直接表现为公营造物与使用者之间只是行政法律关系，而公务法人与其成员之间则既具有行政法律关系，又具有民事法律关系，还具有内部管理关系。

日本的"独立行政法人"是在借鉴英国"政署制度"基础之上的理论创造。按照《日本独立行政法人通则法》第2条第1项的规定，独立行政法人是"从公共立场看，对于国民生活和社会经济的安定等确实有必要实施的事务或事业，但是国家亲自作为主体直接实施又没有必要，委托给民间的话又未必能够很好地实施，或者说必须由一个主体进行垄断实施的事务或事业，为使其实施能够达到高效率、高成果，根据本法律和个别法的规定而设立的法人"。即为促进政府改革而设立的承担一定公共事务的独立法人，其着眼于分担政府的部分公共职能。相比于法国的公务法人而言，独立行政法人在自主性方面更大一些。一个典型例证就是，日本国立大学法人化之前实行国立学校特别会计制度，法人化之后实行企业会计制度。我国台湾地区在行政改革中效仿日本而推出了"行政法人制度"。

---

① ［德］米歇尔·施托莱斯：《德国公法史》，雷勇译，法律出版社2007年版，第561页。
② ［法］莫里斯·奥里乌：《行政法与公法精要》，龚觅等译，春风文艺出版社1999年版，第419页。

（三）"社团法人""财团法人"与"公益信托"

"社团法人"与"财团法人"是大陆法系最基本的两种法人类型，在德国表现得淋漓尽致。其中"社团法人"包括"公法社团法人"和"私法社团法人"，而"财团法人"则包括"公法财团法人"和"私法财团法人"。通常来说，"社团法人"是以人的组合为成立基础的法人，如公司、合作社、协会以及学会等；"财团法人"则是以一定的"目的财产"为成立基础的法人，如基金会、寺庙、孤儿院以及部分私立学校等。它们在设立行为、设立程序、设立人的地位、组织目的、内部治理结构以及变更或解散的条件等方面均存在较大的不同，如表1-2所示。① 但二者之间最根本的区别莫过于内部治理结构的差异：社团法人的最高权力机关是社员大会，董事会或理事会依据社员大会的意思进行管理，社员拥有参与治理的权利；财团法人则没有社员大会，而是拥有一个管理机构，且需要根据捐助章程进行管理，捐助者通常没有直接参与治理的权利，只能在捐赠之时将自我意志体现在捐助章程之中。② 正因如此，社团法人体现为"社员治理模式"，具有较强的"自律性"特点，而财团法人更多体现为"章程治理模式"，"他律性"的色彩更浓厚一些。

表1-2　　　　　　　　社团法人与财团法人之比较

法人类型 比较维度	社团法人	财团法人
设立目的	实现组织成员的共同利益	实现特定财产的特定目的
设立行为	限于生前行为，属于合同行为	不限于生前行为，属于捐助行为
设立程序	大多数设立程序较为宽松、简明	大多数设立程序较为严格、复杂
设立人地位	设立人在法人成立后取得社员资格	设立人在捐赠完成后与财产脱离关系

---

① 资料来源：根据中国人民大学王利明教授所著的《民法》及其他相关资料整理而成。请参见王利明《民法》（第六版），中国人民大学出版社2015年版，第69—70页。

② 张文国：《中国民办学校法人制度研究》，教育科学出版社2012年版，第19页。

续 表

法人类型 比较维度	社团法人	财团法人
内部治理结构	有意思机关、有管理结构	无意思机关、有管理机构
评价、监督机制	强调自我评价的自律法人	强调外部评价的他律法人
变更、解散条件	社员依据决议自愿变更或解散	由特定机构依照程序变更或解散

"公益信托"（Public Trust）或称"公共信托"，是英美法系的伟大法律创造。"信托"最简单的理解就是一种基于信任关系的"受人之托"，它分为公益信托和私益信托两种。公益信托是委托人为实现一定范围内的公众利益而设立的信托。美国的许多州立大学采取的就是"公益信托"方式，其中州政府是委托人，州立大学属于信托财产，董事会是受托人，不特定的社会群体则是受益人。以"公益信托"为存在形式的高等学校享有管理权，从而具有较大的独立性，但同时需要接受州检察长的监督。[1] 美国的阿特巴赫（Philip G. Altbach）将其称为"州拨款院校"。[2]

"公益信托"与"财团法人"的区别主要表现为：其一，权利表达方式不同。公益信托是以信托财产为核心的权利客体，而财团法人是具有民事权利能力的权利主体。其二，成立要件不同。公益信托依信托契约或遗嘱信托成立，无捐助数额要求。财团法人需要符合法人成立要件，设有管理机构及固定办公场所，营运费用较高，有最低捐助数额要求。其三，存续时间不同。公益信托一般难以永久延续，财团法人因不可处分其基本财

---

[1] 申素平：《试析英美高等学校的法律地位》，《比较教育研究》2002年第5期，第4页。

[2] 美国阿特巴赫根据州对院校的控制水平，将高等院校分为"作为州行政机构的院校""州控制的院校""州拨款的院校"以及"院校管理的法人团体"。其中"作为州行政机关的院校"往往被视作与交通运输、高速路部门相类似的机构来对待；"州控制的院校"的预算和财政政策基本沿用其他机构；"州拨款的院校"是高等院校根据它们的实质自治权从州政府获得合法地位，州提供基础的无条件的资金补助；"院校管理的法人团体"拥有公共法人地位以及相应的实质自治权，但州政府的资金补助量不确定，可能不采取授予院校的方式，而是采取教育券或授予学生的形式。请参见［美］阿特巴赫《21世纪的美国高等教育：社会、政治、经济的挑战》，施晓光等译，中国海洋大学出版社2007年版，第161页。

产，从而可以长期存续。① 虽然二者有诸多不同，但它们在制度功能上具有殊途同归的效果。② 我国著名法学家江平教授也持该观点。③

（四）"法人制度""企业法人制度"与"大学法人制度"

"法人制度"就是赋予某个团体或一定财产以法律主体地位的系列制度安排，其中独立性是其核心特征，其最典型的表现形式就是企业法人制度，而大学法人制度则进一步开拓了法人制度的适用领域。

"企业法人制度"是依照相关的法律法规赋予企业以人格化的民事主体资格并享有独立法人地位的制度安排，从而使企业真正成为自主经营、自负盈亏的市场主体。相比于企业法人制度，大学法人制度由于复杂的法律关系而变得扑朔迷离。

"大学法人制度"，亦称"高校法人制度"，它是"通过赋予高等学校以独立的法律人格，使其能够自主地培养专门人才、开展学术研究和为社会提供教育公共服务，并最终实现教育公共利益的法律主体制度"。④ 即大学法人制度的核心属性包括独立性、公共性和学术性，其中独立性是法人制度的共性特征，在大学法人制度中主要指涉其与外部权威之间的独立关系，尤其是大学相对于政府而言的独立地位，其核心在于保障大学作为独立法人的资格与权利；公共性是为大学法人制度"独立性"所划定的边界，即我们在强调大学自主的同时决不能忽视大学所肩负的公共使命，这也是加强大学自律的重要依据，其核心在于明晰大学在享有权利的同时所必须履行的职责或义务；学术性则是大学法人制度的特殊诉求，从而也是其本质属性，是独立性与公共性的最终落脚点。就外延而言，大学法人制度是集法律属性、治理结构、投入体制、人事制度、财产制度、评价制度以及监督机制等于一体的大学"制度束"。

（五）"公立大学""公办大学"

在世界范围内，"公立大学"往往是与"私立大学"相对的概念。在我国的特定语境下，"公办大学"和"公立大学""公办高校"属于同义

---

① 张国平：《论我国公益组织与财团法人制度的契合》，《江苏社会科学》2012年第1期，第95页。
② 张文国：《中国民办学校法人制度研究》，教育科学出版社2012年版，第17页。
③ 江平：《法人制度论》，中国政法大学出版社1994年版，第49页。
④ 罗爽：《我国公立高等学校法人制度的问题及其改革》，《复旦教育论坛》2014年第5期，第58页。

范畴，其与"民办院校"是相对概念，它们通常是由政府举办、以政府拨款为主的，旨在满足和实现国家公共目的的高等教育机构。本书所指的"公立大学"主要是指"普通公立高等教育机构"，不包括"成人高等教育机构"。

二 研究方法

（一）方法论的反思

研究方法是一个意涵丰富的概念体系，它是具有层次之分的，其抽象程度最高的就是方法论（Methodology）。方法论是对研究方法在哲学层面的反思。基于研究需要，本书将多学科研究方法与"理想类型"作为研究的方法论基础，前者是一种复杂思维，后者是一种简化思维，二者相辅相成、缺一不可。

1. 多学科研究方法

美国高等教育专家伯顿·克拉克最先开创了高等教育多学科研究的先河。[①] 多学科研究方法（Multi-disciplinary Research）为我们提供了其他学科或领域的研究理论、观点、视角或方法，但其作为方法论的价值更应该引起我们的足够重视。从根本上说，多学科研究方法在方法论层面秉持的是一种复杂论或非线性思维的研究范式，[②] 这就最大限度降低了线性思维对研究内容可能造成的"剪裁"风险。显然，"我国公立大学法人制度改革"是一个学科交叉的研究议题，它直接涉及高等教育学与法学的相关理论，当探讨大学法人制度的历史演进、治理结构、财产制度、评价制度以及监督机制等具体问题的时候，我们必然又会运用到历史学、管理学、经济学、社会学、政策学等学科观点，所以多学科研究方法无可争议地成为本书的方法论基础。

2. "理想类型"

"理想类型"（Ideal Types）是德国社会学家马克斯·韦伯（Max Weber）提出的一种社会科学研究方法论。通常情况下，人们在认识复杂事物

[①] ［美］伯顿·克拉克：《高等教育新论——多学科的研究》导言，王承绪等译，浙江教育出版社2002年版，第2页。

[②] 解德渤、王洪才：《高等教育多学科研究的认识偏向与实践误区——兼议高等教育学的学科发展方向》，《现代大学教育》2015年第3期，第31页。

的时候并非把握其全部细节，而只是考察其中最为突出的或最为独有的特征。同理，研究者在研究过程中往往会选择一个概念将真实且复杂的现实状况依照一定的结构重新组织起来，形成一种思维框架或认知图式，从而将事物内部所隐匿起来的关系特征明朗化，最终将"现实的非理性现象安顿成一个存在于观念中的理性秩序"，[①] 这便是理想类型的价值。公立大学法人制度的现实复杂性远远超出我们的想象，我们不可能全面描绘出某种类型公立大学法人制度的具体样貌，最可行的研究策略就是分析公立大学法人制度中的核心维度，包括法律地位、治理结构、投入体制、人事制度、财产制度、评价制度以及监督机制七个最为突出的特征。

（二）具体研究方法

1. 文献研究法

文献研究法是本研究最基本的研究方法。虽说学术界对"我国公立大学法人制度"的专门论述不多，但在法人制度、国外大学法人制度、我国事业单位改革以及公立高校治理结构等方面已经涌现出不少颇具代表性的研究成果。这些成果对本书划分公立大学法人类型、剖析我国公立大学作为事业单位法人的制度弊端以及寻找可能的改革路径都具有一定的启发意义。

2. 历史分析法

历史分析法是本研究不可缺少的研究方法。本书的一个基本论断就是，现代大学制度建设的精髓在于现代大学法人制度建设。如果想要证明这一结论，必须依靠历史分析法，即寻找大学法人制度的产生背景、根本使命与历史演变，从而证明大学发展史就是一部大学法人制度的演化史，大学法人制度的缺失或不完善就是制约大学迈向卓越的最大障碍，进而为我国公立大学法人制度改革提供历史依据。作者主要在分析世界大学法人制度历史演进和梳理我国公立大学法人制度历史脉络时使用了历史分析法。

3. 比较研究法

比较研究法是本研究最重要的研究方法。近代大学法人制度是世界大学法人制度从"古典"迈向"现代"的关键一跃，但不同国家采取不同的

---

① ［德］马克斯·韦伯：《社会科学方法论》，李秋零等译，中国人民大学出版社2009年版，第29页。

大学法人制度模式并影响到后来的高等教育发展，从而近代大学制度的国别比较是研究的题中之义。我国公立大学法人制度的弊端在很大程度上暴露出"事业单位法人"制度设计的缺陷，也折射出我国较为狭小的制度空间。我们可以选择世界上主要国家或地区公立大学法人制度模式，这是为完善我国大学法人制度提供一个个参考系。本书在分析域外高校法人制度演进逻辑、实施成效以及适用范围的基础上，对其法律地位、治理结构、投入体制、人事制度、财产制度、评价制度以及监督机制等进行比较，以为我国公立大学法人制度提供域外经验。

4. 专家咨询法

专家咨询法是本研究的辅助性研究方法。作者主要针对我国现行的大学法人制度的实施成效、主要弊端以及完善策略等问题，积极征求高等教育研究专家、法学研究者以及经济研究专家的意见或建议，并就本书提出的我国公立大学"二次法人化"的几种制度创新路径，请相关的高等教育管理者进行论证并加以修正，以加快推进具有中国特色的现代大学法人制度建设的理论工作与实践进程。

三 研究思路

正如前文所述，笔者按照"时空结合""经纬融合"以及"形神兼具"三条原则来探明我国公立高校法人制度改革的根据、思路与具体实践。其中制度改革"根据"包括作为历史根据和现实依据，制度改革"思路"包括域外经验和理论反思，制度改革"实践"是指基本构想与未来前瞻。具体地说，"历史依据"是通过对大学法人制度"古典"—"近代"—"现代"的梳理，得出"大学法人制度演进史是大学发展史的一个缩影"的结论。"现实依据"主要是在事业单位法人的整体框架下揭示我国公立大学法人制度的基本特征、现实境遇与法律修正等问题。德国、法国、英国、美国、日本以及中国台湾地区的六种典型模式为我国提供一定的域外经验，然而如何本土化必须经过审慎的"理论反思"——思想基础、法律取向和教育哲学分别是什么？在此基础上，我们可以从法人分类、治理结构、投入机制、人事制度、财产制度、评价制度和监督机制等方面提出改革的"基本构想"与"未来研判"，做出"现代大学制度建设的灵魂在于现代大学法人制度建设"的基本判断，并得出"大学法人制度的使命是保护学术组织"这一关乎大学法人制度根本价值的结论，进而提出"大学法人制度的核心在于重构府学关系"的改革思路,最终回应了"大学发展史就是一部法人制度演进史"的原初命题。这就构成一个相对周延的逻辑闭环,也为我国公立大学法人制度改革提供了可能的改革路径。如图1-1所示:

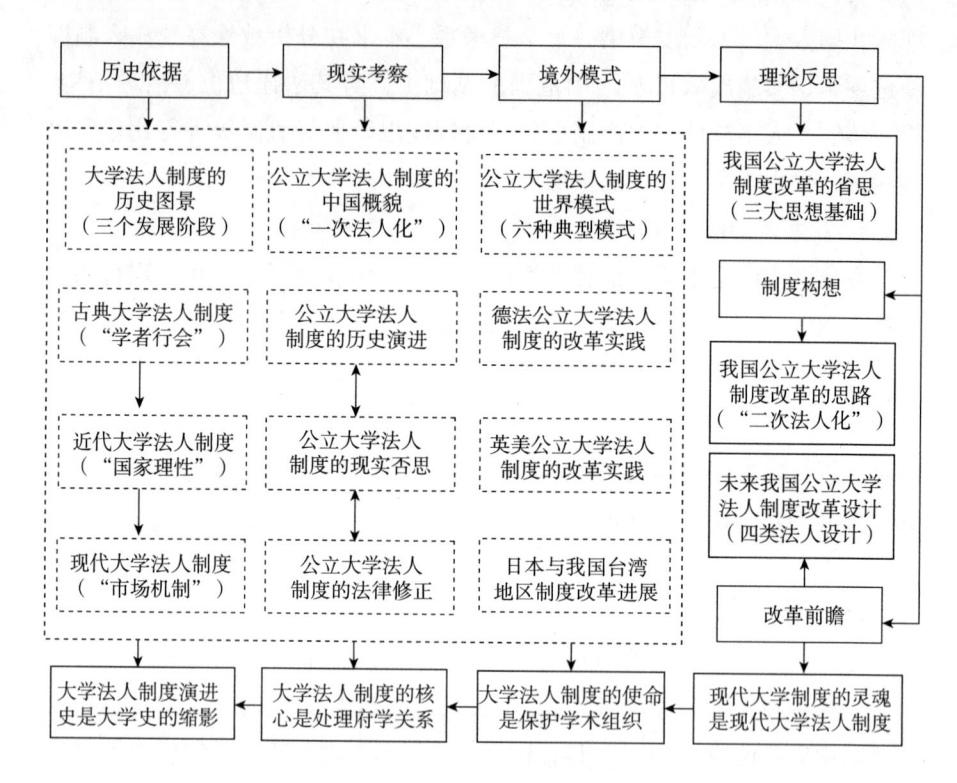

图1-1 我国公立高校法人制度改革研究的基本思路

第二章　大学法人制度的历史图景

一个人如果不理解过去不同时代和地点存在过的不同的大学概念，他就不可能真正理解现代大学。①

——哈罗德·哈珀（Harold Perkin）

第一节　"特许状"：古典大学法人制度

大学起源于中世纪时期的欧洲，② 这几乎成为学术界的一个基本共识。更准确地说，意大利的博洛尼亚（Bologna）大学、萨莱诺（Salerno）大学以及法国的巴黎（Paris）大学被称为"欧洲最早的大学"，素有"欧洲大学之母"的美誉。但至于大学为什么追溯到中世纪时期而非其他的任何时候，学术界并没有提供明确而可靠的证据予以解答。究其根本，中世纪大学的主要功绩在于，它奠定了后来的大学制度，尤其是大学法人制度。进言之，中世纪大学通常是以团体面貌而出现的组织，这种"团体性"是大学法人制度逐步形成的典型特点，其制度精髓在于"自治性"，而真正使其走向制度化的重要标识是作为书面契约的"特许状"，我们将这种大学的制度形式统称为"古典大学法人制度"。

---

① [美]伯顿·克拉克：《高等教育新论——多学科的研究》，王承绪等译，浙江教育出版社2001年版，第23—49页。

② 学术界将公元5世纪至15世纪这一时期称为"中世纪"，而将在12世纪之后至中世纪末期出现的大学称为"中世纪大学"，在英文中通常采用"the university in the Middle Ages"或"the mediaeval universities"来指称。

一 "团体性"是古典大学法人制度的外部特征

（一）大学"团体性"的三重理解

在世界高等教育发展史上，我们可以隐约地界分出两种不同形式的"大学"："作为场所的大学"（Studium）与"作为团体的大学"（Universitas）。前者是"探讨学问和真理的人们聚集之场所"，后者是"将大家聚集在一起并按照某些规则有效开展学术探究活动之组织"。① 我们据此可以窥探出中世纪大学产生的秘密。

公元11、12世纪之前的高等教育机构属于"Studium"，② 它仅仅是地理意义上的一种集合或组织，我们可将其视为大学的雏形。11、12世纪之后产生的高等教育机构属于"Universitas"，它作为法律意义上集合或组织的色彩更为浓重，此时的大学组织与其他团体组织并无二致，与"Corporation"（公会或自治团体）或"Guild"（行会）同义。③ "Universitas"由"泛指"各类行会组织到"专指"学术行会或学者行会则是14世纪之后的事情，教育层面共同体或联合体的思想逐步达成共识。易言之，大学发展经历了从地理意义的"Studium"到法律意义的"Universitas"再到教育意义的"University"的整体演变。至此，大学同时拥有了地理层面、法律层面与教育层面的三重理解，而从"Studium"到"Universitas"的跃进则成为大学发展史上的关键性转折。

（二）法律意义上大学"团体性"的价值

法国著名社会学家涂尔干在《教育思想的演进》一书中的解释颇具说服力："对于所有将'Universitas'视作一种集体性学术建制的观念，我们必须一概放弃……事实上，这个词取自法律用语，意思不过是一个具有某

---

① 张磊：《欧洲中世纪大学》，商务印书馆2010年版，第117页。
② 在此，需要做出两点说明：第一，"studium"与"universitas"并非截然分裂，只是对大学的描述角度不同，即古希腊、古罗马的高等教育机构可以用"studium"表示，中世纪大学亦可用"studium"表示；第二，中世纪时期一度有"studium generale"的说法，相比于"studium"而言，其精英性质更为明显，所以对著名教师与优秀学生更具有吸引力。请参见延建林《中世纪大学称谓的变迁》，《教育学报》2007年第6期，第80—82页。
③ Olaf Pedersen. *The First Universities*：*Studium Generale and the Origins of University Education in Europe*，Cambridge University Press，1997，pp. 100 – 102.

种一体性的团体，其实就是一个法团。"① 依此而言，涂尔干的精彩论述既澄清了"University"的词源，又隐匿回应了学术界关于中世纪大学起源的一些误解。可以说，将"探寻普遍真理"作为大学起源的证据，② 不仅是一种穿凿附会的理解，而且带有强制阐释的嫌疑。将"享有学术自由"作为大学起源的论据，③ 看似是一个比较贴切的解释，但也不过是"以今度古"的结果，并没有触及问题的实质。这是我们从法律层面揭示大学"团体性"的价值之一。

从深层角度说，法律意义上的"团体性"是中世纪大学与以往高等教育机构的分水岭。固然，我国古代的稷下学宫和太学、古希腊的学园和吕克昂等教育机构在相当程度上也属于团体组织，但其作为地理意义、社会意义抑或教育意义上集合体的色彩更为浓重，它们并没有完成大学在法律意义上作为独立组织的制度化进程，也就很难发展出对抗外部威权、维护学术自由的保护制度，从而大学的发展很可能会处于飘忽不定的状态，也就很容易因缺少缓冲而受到外部冲击。这种情形直到中世纪大学才有所改变，这恰好与法人观念从"罗马法"到"教会法"转变的宏观背景相契合，④ 由此中世纪大学实现了从"联合起来的人的集团"到"拟人化的机构"的转变，大学法人观念从"暗合某些原则"走向"明晰制度设计"的转变。

作为"学者行会"的中世纪大学最初是对一般性行会的效仿，那么大学获得法律层面上的"团体意识"也就具有一定的偶然性，但恰恰是这种偶然性所迸发出的"火花"显得弥足珍贵，并使得大学成为人类历史上的伟大创造。正如哈佛大学前校长劳伦斯·洛维尔（A. Lawence Lowell）所

---

① [法]爱弥尔·涂尔干：《教育思想的演进》，李康译，上海人民出版社2006年版，第100页。

② 这种观点往往认为"university"与"universal"同源，并赋予大学以"普遍的""唯一的"内在意涵。学术界秉持这一认识的学者不在少数。实际上，我们并不否认大学是追求普遍真理的学术组织，但就大学产生的源头而言，大学是作为一个行会组织的"团体属性"更具有原初意义，"真理属性"不过是引申意义而已。

③ 大学法人制度是一种维护大学自治权利的制度体系，它与大学自治之间联系非常密切，与学术自由之间却不是一种充分条件，况且学术自由理念的真正确立是在德国柏林大学建立之后，因而不宜妄加揣度。

④ 根据吉林大学张乃和教授的解释：在教会法中，法人社团不仅拥有完整的人格，而且具有了神圣性和超越性，从而深化了罗马法中的社团观念，明确提出了法人观念。财产被人格化的传统也得以继承和发展。因此，法人的概念化过程是在新教会法的编纂过程中得以完成的。请参见张乃和《近代英国法人观念的起源》，《世界历史》2005年第5期，第47页。

言：“大学的存在时间超过了任何形式的政府、传统、法律和科学思想，因为它们满足了人们的永恒的需要。在人类的种种创造中，没有什么东西比大学更能经受得住漫长的、吞没一切的时间历程的考验。”我们惊异地发现，洛维尔精辟地回答了大学之所以能够久经考验的两大法宝：追求真理的诉求与大学法人制度，前者属于精神范畴，后者属于制度范畴。大学法人制度这一极具传奇性的制度设计创造并保护了大学探求真理的自由空间。因此，中世纪大学的最大成就在于，大学独立法律资格的形成以及相关学术保护制度的确立。

（三）法律意义上大学"团体性"的形成

大学在法律层面上的"团体性"究竟是如何形成的？这是大学在滥觞时期试图并相对成功解决的一个重大问题。该问题的破解与中世纪大学所处的历史背景关联密切。中世纪的欧洲可谓四分五裂、高度分权。最明显的反映就是，以教皇和皇帝为代表的两大势力的权力角逐与对抗。商业经济发展、频繁的贸易往来以及城市兴起催发了新兴市民阶层的崛起。政治、经济等因素的叠加效应使得一个异常精妙而影响深远的结果呈现出来，即"封建世俗权力和宗教权力往往支持城市市民壮大力量去抗衡对方，城市相应得到世俗权力或宗教权力的某种许诺和妥协"，[①] 从而城市自治权不断扩大，新兴市民阶层成为不容忽视的第三大权力群体。

与此同时，手工业行会、商业行会等以维护手工业者、商人等群体利益的组织发展起来，以至于到后来——在城市中，只要某一职业有大量的人存在，就会发展出相应的行会组织，[②] 社团性质的组织形式逐渐获得人们的认可。与之类似，为知识而走到一起的教师与学生结成"教师行会""同乡会"。毫不夸张，行会在当时不啻为一种生活方式。在这个意义上，中世纪是一个社团林立的时代。

也就是说，大学是在中世纪这一特定的历史阶段，在权力分化、团体组织等思想影响下发展起来的行会组织。正是其团体性质使大学拥有了"严密的组织、法人性质、自己的章程和共同的印记"，进而"中世纪大学

[①] 雷勇：《欧洲中世纪的城市自治——西方法治传统形成因素的社会学分析》，《现代法学》2006年第1期，第18页。

[②] ［法］勒戈夫：《中世纪的知识分子》，张弘译，商务印书馆1996年版，第59页。

获得了力量、持久性和一定的自主权"。① 这恰恰是中世纪大学在今天仍被学术界津津乐道的原因所在。因此，中世纪大学得以产生、延续的关键因素在于大学法人制度，这种制度在后来的发展过程中不断趋于完善，最终成为大学长盛不衰的制度传统。

二 "自治性"是古典大学法人制度的内在气质

如果说"团体性"是古典大学法人制度外部特征的话，那么"自治性"则是其内在气质。这种大学自治与当时的城市自治是紧密相连的，具有一般性的特点。但大学对真理不懈追求的永恒使命使其又带有一定特殊色彩，这便成为古典大学法人制度产生与发展的必然性因素，也是大学不可磨灭的"基因"。可以说，大学自治的一般性特点与特殊性诉求的内在耦合是古典大学法人制度的形成机理。从这个意义上说，"人类从事高深学问的智力活动需要适当的制度保障，自治是这种制度的核心特征"②。这里的"制度"无疑就是大学法人制度。

（一）"自治"是"大学之母"不同命运的根源

如前所述，意大利北部的博洛尼亚大学、南部的萨莱诺大学以及法国的巴黎大学一同被誉为西方的"大学之母"。但值得深入思考的问题是，为什么博洛尼亚大学、巴黎大学都幸存下来，而萨莱诺大学却没有获得成功呢？尽管其中的缘由难以完全揭示出来，但我们仍然能够从中窥探出该问题背后的部分端倪。

博洛尼亚大学始建于公元1088年的罗马帝国时期。③ 这里聚集了一大批著名的法学大师，如最早的法学教师佩波（Pepo）、主攻罗马法的欧内

---

① ［美］伯顿·克拉克：《高等教育新论——多学科的研究》，王承绪等译，浙江教育出版社2001年版，第28页。
② 和震：《美国大学自治制度的形成与发展》，北京师范大学出版社2008年版，封面。
③ 至于博洛尼亚大学究竟是何时出现的，这一问题的确难以回答，但诺贝尔文学奖得主乔苏埃·卡尔杜奇所领导的历史委员会在1888年博洛尼亚大学800年校庆期间，经过考证将博洛尼亚大学的建校时间确定为1088年，自此之后，学术界基本认可这一说法，从而博洛尼亚大学也成为世界上最早的大学。

乌斯（Irnerius）以及在教会法上造诣极深的格雷森（Gratian）等。① 法学自然成为博洛尼亚大学的一块"金字招牌"，进而越来越多的学生（尤其是外地生）抱着朝圣心理来到这里学习法律，而法学本身的系统性、逻辑性与严谨性决定了学生构成以成年人为主。进言之，"成年人"的特点表明学生具备较强的独立意识与自治能力，同时他们具有较为独立的经济来源，能够向教师支付薪酬，从而教师选聘、学费定额、学期时限、授课时数等均由学生决定，这为学生自治提供了一定的自然条件。不止于此，这些学生大多数为"外地人"，② 他们不能享受当地市民所享有的权利，且一度遭受各种歧视性待遇，从而通过"同乡会"③ 来增强集体"讨价还价"的能力，进而保护个人的正当利益成为一种必然选择，这为学生自治提供了积极的社会条件。从这个角度来说，"成年人"与"外地人"的学生特点塑造了博洛尼亚大学的"学生型"大学治理模式。受其影响，"意大利、法国南部、西班牙和葡萄牙等地的大学多属于这种类型"④，只不过这种治理模式不断遭到来自办学效率、知识发展等方面的质疑而走向衰落，直至18世纪末退出历史舞台。

巴黎大学是于 1150 年在巴黎圣母院（Nortre Dame）主教学校的基础上建立起来的，它主要是以自由学科⑤和神学而著称。这一课程设置的特

---

① 据相关资料表明，佩波是博洛尼亚最早的法学教师，1070—1100 年在此地教学长达 30 年之久。欧内乌斯的贡献在于，对《民法大全》进行了详细注释，"正是由于欧内乌斯对罗马法的学习研究以及作为教师而特有的迷人风格，使博洛尼亚成为著名的具有革新精神的罗马法教学的中心。正是由于其在法学上的声誉，教师和学生从欧洲各地大批涌入这座城市"。格雷森在 1140 年完成其著作《教令集》，该书成为教会法的标准教科书。格雷森的学术威望不仅使博洛尼亚大学成为众多师生向往的法学圣地，而且还引起了教皇的高度重视，因为当时的教皇认为教会法是对抗罗马帝国颇为有效的法律武器。到 12 世纪中期，博洛尼亚大学已经成为欧洲教会法和罗马法的中心。请参见张磊《欧洲中世纪大学》，商务印书馆 2010 年版，第 44 页；贺国庆《欧洲中世纪大学起源探微》，《河北大学学报》（哲学社会科学版）2007 年第 6 期，第 22—23 页。

② 在那个时代，博洛尼亚市内拥有数千名来自欧洲各地的学生，但是，如果我们考虑到博洛尼亚的总人口不过三万余人这一情况的话，学生人数之多还是令人相当吃惊的，这也就是为什么大学迁徙成为当时保护自身利益最有效的手段。就博洛尼亚而言，学生曾经多次大规模迁往别处，而每次迁校的结果都导致博洛尼亚顿时失去商业方面的优势。请参见张磊《欧洲中世纪大学》，商务印书馆 2010 年版，第 307、45 页。

③ 1230—1240 年，博洛尼亚大学的"同乡会"进一步合并发展为"山南联盟"和"山北联盟"。从实际权力的角度来说，学生行会的会长就相当于大学校长。

④ 欧阳光华：《中世纪大学的起源、类型、特点及其演变》，《高等函授学报》（哲学社会科学版）1998 年第 1 期，第 34 页。

⑤ 这里所谓"自由学科"就是以文法、修辞、辩证法、算术、几何、天文、音乐为组成部分的西方"七艺"，即基础性学科，也就是后来"文""法""神""医"四科中的"文"。

点直接导致学生群体的特点,即学习者大多是以14岁左右的少年为主,从而学生的独立意识与自治能力比较弱,这就决定了巴黎大学从一开始就不可能形成与博洛尼亚大学相同的"学生型"大学治理模式,而只能采取"教师型"大学治理模式。几近同时,巴黎大学的教师们逐渐形成了保护群体利益的同业行会,并制定了管理者选举办法、新教师资格审查等一系列相对完整的规章制度,从而教师行会的组织化、制度化进程得以强化,而这恰恰是教师与当地市民、教会势力之间的矛盾、冲突不断升级、演化的必然结果。① 在此影响下,英国的牛津大学、剑桥大学发展起来。

萨莱诺大学是一所建于11世纪初期且以医学而著称的学校。它在11—12世纪达到发展顶峰并成为欧洲医学教育中心,但在此之后便不可挽回地走向衰落。易言之,萨莱诺大学在大学发展史上只是"昙花一现",而没有像博洛尼亚大学一样闻名至今,也没有如巴黎大学一般影响深远,其背后折射出的问题值得深思。通常的说法认为,萨莱诺大学在面对医学界的新观念、新理论、新方法时所表现出来的漠然态度与保守做法葬送了其发展前途。固然,上述分析不无道理,但深入剖析不难发现:萨莱诺大学的衰落与其说是教育理念的落后,倒不如说是组织结构的失利。因为萨莱诺大学既没有形成"学生型"的治理模式,也没有发展出"教师型"的治理模式,更没有塑造出"混合型"的治理模式,所以它无法及时、准确地应对外部环境的变化,从而关于萨莱诺大学的衰落之说也就不难理解。在这一点上,当代英国历史学家科班(A. B. Cobban)的分析非常出色:"萨莱诺的主要弱点在于它没有发展一个保护性的和有凝聚力的组织以维持它的智力活动的发展。"② 这就旗帜鲜明地指出,三所"大学之母"的命运之所以不同,关键就在于它有没有建立较为完备的大学制度,尤其是保护大学自治的大学法人制度。

(二)"特权"成为大学"自治权"的寄托

大学法人制度的最高使命就是维护大学自治,而大学"自治权"的获得则是古典大学法人制度的胜利。"特权"(Privilege)是中世纪大学与教

---

① 张磊:《欧洲中世纪大学》,商务印书馆2010年版,第62页。
② Cobban, A. B., *The Medieval Universities: Their Development and Organization*, London: Methuen & Co. Ltd., 1975, p. 47.

会、城市当局以及市民相互斗争、相互博弈的果实。在中世纪时期,"特权"就是专属于某一团体的特殊权利。进一步来说,"特权"一词在中世纪时期与现代社会拥有不同的理解。在现代社会,"特权"通常与个人联系起来,而中世纪时期的"特权"通常与个人没有太大的关系,而是与某个团体结合起来,即任何团体内部的成员必须借助于团体力量方可实现对自我利益的保护。① 因此,张斌贤教授从学术自由的视角对该问题加以引申:"中世纪大学的学术自由属于团体自治的性质,个人自由的意义极为有限。"② 从这个意义上说,中世纪时期的"特权"具有典型的团体性质,而这与当时横扫欧洲的行会制度有着密不可分的关系。

　　学术界达成的基本共识是,中世纪大学享有形式多样的特权,包括居住自由、生活和教学秩序不受干扰、独立裁判权、罢课权、迁徙权、免税权、免役权、制定规章制度的权利以及自主颁发教学许可证等。③ 无论如何,这些"特权"都是中世纪大学获得"自治权"的一条明证,也是中世纪大学拥有"自治权"的一种寄托,更是中世纪大学维护"自治权"在法律层面上的一重保障。也就是说,事实上法人资格的获得进一步巩固了中世纪大学的法律意义。④ 正如苏联古列维奇(Aron Gurevich)所认识的那样:"中世纪某些事物的存在取决于它拥有的法律地位……一个城镇要想得到认可,首要的事情就是争取授予特定的法律权利。一个行会、一个大学或任何其他合作团体,从获得它的特许权那一时刻起,才得以合法地存在。"⑤ 由此来看,中世纪大学存在的合法依据在于法律地位的获得,而法律地位的获得是以拥有特定法律权利为前提的,而特定法律权利的获得无疑需要诉诸当时的最高权威以寻求法律认可,所以中世纪大学在教皇与国王之间游弋成为再自然不过的举动。

---

　　① 周丽华:《德国大学与国家的关系》,北京师范大学出版社2008年版,第19—20页。
　　② 张斌贤:《大学自由、自治与控制》,北京师范大学出版社2005年版,第28页。
　　③ 张斌贤、孙益:《西欧中世纪大学的特权》,《北京师范大学学报》(哲学社会科学版)2004年第4期,第16页;周丽华:《德国大学与国家的关系》,北京师范大学出版社2008年版,第21页;张磊:《欧洲中世纪大学》,商务印书馆2010年版,第422—423页。
　　④ 中世纪的大学组织已经具有对外与对内的两大活动领域。对外而言,大学需要一个"代理人"来代表团体并表达团体诉求;对内而言,大学需要一个"管理者"来进行内部管理并保障相关制度的实施。尤其是,中世纪大学在对外关系处理上所表现出来的特点能够证明大学在法律意义上团体人格的成立,即中世纪大学作为法人机构已经成为既定事实。
　　⑤ [苏]A.古列维奇:《中世纪文化范畴》,庞玉洁等译,浙江人民出版社1992年版,第195页。

正因如此,中世纪大学与最高的世俗权威、宗教权威之间的关系颇为微妙,"巴黎大学不仅是法兰西国王的大公主,也是教会的第一所学校,并在神学事务中扮演国际仲裁人的角色"①。换个角度来说,大学需要得到外部权威的支持,反过来,教皇和国王也都非常希望拉拢大学,因为他们一致认为,唯有通过知识,世界才能得以启蒙,生命才会服从于万能的上帝,社会才会归属于和谐的秩序。在这种复合逻辑之下,中世纪大学不仅享有一般行会的基本权利,它还可以享有一些一般行会无法企及的特殊优待,而这恰恰是由大学组织的特殊性所决定的。但需要我们格外注意的是,"特权"对中世纪大学的影响是双重的,外部权威在赋予大学某些自治权利的同时,也会相应地限制大学自治的权力,甚至使大学沦为其利益的代言人或捍卫者。一旦三者之间的平衡关系被打破,首当其冲的就是大学利益受到直接冲击,而这一结论在民族国家兴起②之后则表现得异常明显。

在中世纪大学建立初期,"特权"不仅是"自治"手段,也是"自卫"武器。在中世纪大学的财产不断累积、教学设施不断增多的同时,作为"大学之盾"的迁徙权也开始走向衰落,是中世纪大学最先丧失的特权。不过,迁徙权的丧失并不是某个外部权威剥夺的,而是一种自然的丧失。自15世纪之后,免税权、罢课权等权利就是被国王剥夺的,这与教权逐步式微、王权得以强化的历史背景相吻合,即大学、教会、世俗三者之间的力量平衡正在被打破,大学特权开始瓦解。尤其是16世纪之后,欧洲各国纷纷废除中世纪遗落下来的地方性豁免权和阶级特权,大学的种种特权也随之消失。③ 自此之后,大学特权在范畴上发生转向,它主要集中在学术领域并以大学自治、学术自由的经典理念呈现出来。

---

① [法]雅克·勒戈夫:《中世纪的知识分子》,张弘译,商务印书馆1996年版,第130页。
② 自15世纪始,拉丁文开始走向衰微,英语、法语、西班牙语等语言逐步流行,这就为民族形成奠定了语言基础与心理基础。16世纪初,以德国的马丁·路德为杰出代表的宗教改革运动风起云涌,从而新教得以产生,那么天主教一统天下的局面被打破,王权开始崛起。16世纪前后,英国、法国、西班牙初步完成民族统一,是最早从中世纪迈向近代的民族国家。相比之下,德国、意大利的统一进程则稍晚一些。
③ 张斌贤、孙益:《西欧中世纪大学的特权》,《北京师范大学学报》(哲学社会科学版) 2004年第4期,第23页。

三 "特许状"是古典大学法人制度的基本标识

最早的"特许状"（charter）并非产生于中世纪大学，毕竟商业特许状[①]与城市特许状的出现时间均早于大学特许状，所以它不是中世纪大学所独有的。但"特许状"对于大学的意义不言而喻。它是中世纪大学获取法人资格最直接的法律证明，从而成为古典大学法人制度的基本标识。

在中世纪大学产生早期，大学建立的时间与其法律身份的获得时间并不同步，[②]准确地说，大学建立的时间远远早于获得"特许状"的时间，如英国的牛津大学（University of Oxford）、剑桥大学（University of Cambridge）。牛津大学始建于1167年，剑桥大学成立于1209年，它们在建校早期便拥有大学法人权利，但直到1571年的《牛津剑桥大学法》才被正式赋予大学法人的身份。[③] 这不得不说是"迟来"的大学法人制度。从现有文献看，学术界至今无法确认第一份大学特许状产生于何时，但最有影响力的大学特许状当属1231年由教皇格里高利九世（Gregorius IX）颁发给巴黎大学的《学问之母》。[④] 显然，巴黎大学的师生为了这份弥足珍贵的"特许状"也等待了几十年。

到13世纪初期，大学"特许状"在师生心目中的地位几乎发生天翻地覆的变化——从"可有可无"转向"必须拥有"，即获得"特许状"成

---

① 赵立行：《"限制"还是"促进"：特许状与欧洲中世纪商业》，《历史研究》2009年第6期，第101—113页。

② 尽管"特权"与"特许状"二者之间有诸多相近之处，但也不能因而回避甚至抹杀二者之间的区别。正如本书所认为的，"特权"意味着权利，"特许状"代表着身份，中世纪大学可能已经从教皇或国王那里争取到了一些"特权"，但这并不能说明它具备了法律上的某种"身份"。目前学术界的一些学者在有意或无意之中将二者混淆［请参见张芳芳、朱家德《中世纪大学特许状（章程）的特点及变革》，《赣南师范学院学报》2010年第2期，第54页］，并试图将腓特烈一世于1158年为博洛尼亚大学颁布的《完全居住法》视为中世纪大学的第一份特许状，这种认识无疑是错误的。

③ 沈文钦：《英国大学法人制度确立的历史过程及其当代困境：剑桥大学的案例》，《中国高教研究》2016年第3期，第90页。

④ 巴黎大学在1208年获得教皇英诺森三世（Innocent Ⅲ）的认可，取得一定的合法资格。1231年，巴黎大学从教皇格里高利九世那里获得大学特许状，标志着巴黎大学正式获得法律身份。《学问之母》中规定："被任命为巴黎教会学校的主事必须在巴黎地区的主教或其委托人和代表大学的两名教师面前宣誓，保证不干涉大学神学系颁发学位的权利……如果大学师生犯罪，教会学校主事不得将其关押。"请参见孙华《特许状：大学学术自由的张力和社会控制的平衡》，《教育学术月刊》2010年第3期，第3—7页。

为此后许多欧洲大学建立的必备条件。至此，大学建立的时间与大学获得法律身份的时间开始一致起来。如1224年在意大利成立的那不勒斯大学（University of Naples），1229年成立的法国图卢兹大学（University of Toulouse），1582年在苏格兰建立的爱丁堡大学（University of Edinburgh）等。但这也并不是事实的全部，作为美国最古老的大学法人，哈佛大学获得"特许状"的时间仍是稍迟一些的。哈佛大学于1636年成立，但其获得由马萨诸塞海湾殖民地"大议会"颁发《哈佛学院特许状》（The Charter of the President and Fellows of Harvard College）则是1650年的事情。[1] 哈佛大学"特许状"标志着其大学法人制度的基本建立。[2] 在此过程中，我们不禁发现：大学"特许状"的授权主体也在悄然发生着变化——从"宗教权威"走向"世俗权威"。因此，自大学"特许状"诞生之日起，它已经历经了颁发时间、社会地位以及授权主体的三重变迁。

进言之，大学"特许状"作为权利认可证书"只是一种形式，它的本质就是法律、法令、法典"。[3] 即大学"特许状"属于一种"特别授权"法律，从而它在相当意义上就具有行政契约的色彩，其中规定了大学的法律地位、大学内部法人治理结构、教师与学生的权利以及大学自身作为独立法人组织的相关权利等。这就较为明确地划定了大学与外部权威之间的权力边界，也就"限制了政府任意改变大学的权利、义务、范围和性质的能力"，[4] 从而在客观上起到了保护大学的作用。这恰恰是以"特许状"为载体的古典大学法人制度最为积极的历史意义。

综上所述，古典大学法人制度的时间跨度是12世纪前后"学者行会"的出现至18世纪末"国家力量"的崛起。中世纪大学自建立伊始就表现出较强的凝聚力与独立性，其凝聚力体现为"团体性"，其独立性透射出"自治性"。"特权"表征为"权利"，是保障大学自治的手段，而"特许

---

[1] 朱玉苗：《〈哈佛大学特许状（1650）〉法理解析》，《法治研究》2011年第11期，第68页。
[2] 以哈佛大学为代表的美国早期的殖民地学院借鉴了英国的法人制度、加尔文教义中的外行管理教会和大学的观念以及英国的信托与董事会制度，从而形成了如今的以学术法人为基础的外行董事会的大学自治模式。美国大学从诞生之日起就不是中世纪时期的学者行会自治，也不是欧洲大陆的教授治校模式，而是在借鉴的基础上创生出来的法人自治模式。请参见和震《美国大学自治制度的形成与发展》，北京师范大学出版社2008年版，第96页。
[3] 冯正好：《中世纪西欧的城市特许状》，《西南大学学报》（社会科学版）2008年第1期，第189页。
[4] 孙贵聪：《英国大学特许状及其治理意义》，《比较教育研究》2006年第1期，第14页。

状"则代表着"身份",是权威认可中世纪大学"特权"最有效的法律文本,从而成为中世纪大学法人制度的化身。

第二节 "国家理性":近代大学法人制度

18世纪末到20世纪30年代,这是世界大学发展史上一段风起云涌的时期,也是一个承上启下的阶段。中世纪大学创造了古典大学法人制度,而民族国家①的崛起则开启了近代大学法人制度的帷幕,世界近代大学模式逐步形成。具体而言,"大不列颠模式"是近代大学法人制度的先锋,"拿破仑模式"创造出一种独特的近代大学法人制度,"洪堡模式"成为近代大学法人制度的巅峰,而"美利坚模式"则勾勒出另一道靓丽的风景线。尽管近代大学法人制度的表现形式各异,但它们都无一例外地将大学法人制度推向了另一重境界——"国家理性"。作为一个韵味无穷的政治术语,"国家理性"最早由意大利的马基雅维利(Machiavelli)作出阐述,后经英国霍布斯(Hobbes)、德国黑格尔(Hegel)以及法国福柯(Foucault)等不断批判与开拓。概括地说,"国家理性"是民族行为的基本原理,是国家行动的首要法则,②其在不同国家具有不同的"理性"表达方式,大学法人制度亦是如此。

一 "大不列颠式"大学法人制度

英国大学法人制度的近代化得益于其法人观念的近代化与国家形态的转型。就法人观念来说,"随着国家观念和王权思想的转变,都铎王朝(1485—1603)后期开始了从臣民到公民的观念转变过程"③,至斯图亚特王朝(1603—1714),这种平等的理念更加深入人心。这是法人观念转向的社会基础,又是法人制度近代化的动力。即法人观念从"等级

---

① "民族国家"是由民族原则和国家原则相结合而组建的政治共同体,前者意味着共同的历史和文化,后者意味着权力的集中、垄断和领土边界的划定。
② 裴自余:《国家与理性:关于"国家理性"的思考》,《开放时代》2011年第6期,第86页。
③ 张乃和:《近代英国法人观念的起源》,《世界历史》2005年第5期,第45页。

体系"① 转向"社会契约",或从"等级关系"走向"契约关系"最先在英国实现。这是其法人制度近代化进程中的"关键一跃"。

更神奇的制度创造是,英国的"国王成了一个独特的、由单个自然人组成的法人",② 这使得"独体法人"(Corporation Sole)的观念得以产生,并促使国王的"自然身体"(Body Natural)和"政治身体"(Body Politic)得以分离。其结果是,"它导致了公共权威的正当政治秩序的法律制度,并赋予其自身的逻辑、独立的价值观和特定的语言,从而与王室的和私人的事物区别开来"③。即国王的个人特权与国家公共权力在观念上实现分离,而 1688 年《权利法案》的颁布则使这种观念由理想变为现实。这场"光荣革命"所确立的"议会高于国王"的政治原则使国王的权力受到约束,从而国家干预高等教育的冲动与力量大大地被削弱。

教会捐赠、私人捐赠等使得大学保持较大的经济独立,从而也成为近代英国大学免受政府干预的重要因素之一。另外,像牛津、剑桥这样的古老大学,其内部治理结构的重心是在学院层面而非大学层面,这就进一步增加了政府直接介入大学具体事务的难度。也就是说,平等理念、政治制约、经济独立以及治理结构等因素使得大学保持了自治传统。这不失为一种"国家理性",其集中体现为"消极"的大学法人制度模式。

英国的"国家理性"在大学数量方面表现得最为直接。在 1836 年伦敦大学成立之前的 600 多年里,英格兰仅有牛津和剑桥 2 所大学,苏格兰也不过 4 所大学,④ 包括圣安德鲁斯大学(University of St. Andrews, 1411

---

① 在中世纪时期,"法人"是教会法中的一个概括化的法律用语,其等级色彩异常浓重。毫无疑问,教会拥有等级体系中"金字塔尖"的荣耀地位,享有至高无上的权力。尽管教会的附属机构也具有一定的特权资格,但在诸多方面都要受到来自教会的控制,从而居于法人等级体系中的"次席位置"。自治城市、商业组织等世俗机构的自治权利只是囿于相应的活动领域,较之教会的附属机构,其法律地位又低一些。当然,许多组织或机构在中世纪时期是没有任何法律地位的,法人权利更是无从谈起,从而居于"末端位置"。

② 这里所说的国王的"自然身体"很容易理解。作为"政治身体",这样的理解可能会比较恰当,"国王是一个连续的名称,只要民众继续存在,它作为民众的领袖和统治者将永远持续下去,在这个名称上,国王永不死亡。所以,作为国王的人的死亡在法律上被称为国王的传位而不是国王的死亡"。请参见张乃和《近代英国法人观念的起源》,《世界历史》2005 年第 5 期,第 51 页。

③ Pierre Bourdieu, "From the King's House to the Reason of State: A Model of the Genesis of the Bureaucratic Field", *Constellations*, 2004, (1), p. 27.

④ 解德渤:《传统与变革:保守主义视野下英国高等教育大众化》,《国际高等教育研究》2012 年第 3 期。

年)、格拉斯哥大学(University of Glasgow,1451 年)、阿伯丁大学(University of Aberdeen,1495 年)和爱丁堡大学(University of Edinburgh,1582 年)。自 16 世纪末至 19 世纪初这段时间内,英国没有一所大学成立,"从 19 世纪 50 年代起,要求大学为工业服务的呼声日益高涨……很显然必须创办一种新型的高等教育,从而导致了在一些新型工业城市中城市学院的诞生"。① 即便如此,工业革命时期涌现出来的这些学院也非英国政府创办,而是由富商投资或公众捐办的。如欧文斯捐办的欧文斯学院(1880 年成为曼彻斯特大学)、梅森创办的梅森科学学院(1900 年成为伯明翰大学)和弗斯建立的艺术和科学学院(1905 年成为谢菲尔德大学)等。② 这体现出,英国政府对大学发展一贯秉持的"放任"态度。虽说大学数量没有实质性发展,但这种姿态却使英国"意外"地率先迈出大学法人制度向近代转型的步伐。

英国的"国家理性"在"皇家特许状"(Royal Charter)中表现得最为充分。在国王亨利八世(Henry Ⅷ,1509—1547 年在位)之后,颁发大学"特许状"的权力从教会转向国王或国家。1829 年,伦敦国王学院(King's College London,KCL)创建,并获得由英王乔治四世(George Ⅳ,1820—1830 年在位)颁发的"特许状",这是英国近代大学发展史上第一份"皇家特许状"。影响最大的当属威廉四世(Wilhelm Ⅳ,1830—1837 年在位)在 1836 年为伦敦大学颁发的"皇家特许状",就此伦敦大学学院(University College London,UCL)与伦敦国王学院合并为伦敦大学(University of London)。就一般情况而言,"皇家特许状"规定的主要内容包括:第一,准许大学成立并赋予其特许法人地位,因特许法人往往承担着公共职能,从而这类大学属于"公益法人"或"公共法人"。第二,授予高等教育机构以大学相应的权利资格。如伯明翰大学在 1900 年获得的由维多利亚女王(Queen Victoria,1837—1901 年在位)所颁发的"皇家特许状",其中规定:"大学自建立起,即以该大学的名称永久存续,并拥有完整的权力和能力,可以此名称起诉或被诉,并承担、坚持和作为所有其他

---

① Michael Sanderson, *The Universities and British Industry 1850 – 1970*, Routledge & Kegan Paul, 1972, p. 61.

② 易红郡:《英国近现代大学精神的创新》,《清华大学教育研究》2015 年第 5 期,第 33 页。

的合法行为。"① 第三，明确大学的法人治理结构，譬如学院自治、巡查制度以及相关人事安排等。例如，伦敦大学"皇家特许状"规定，大学理事会由1名校长、1名副校长和其他38名理事会成员组成，国王及其政府作为大学巡查者，大学理事会则对规定的大学事务享有完全管理权，而对未提及的事务也可以通过最适宜实现大学目的的方式进行处理。② 第四，规定大学的教育目标与公共责任。如1883年卡迪夫大学（Cardiff University）"皇家特许状"对该大学目标做出明确规定："促进知识和教育的发展；促进并提供研究及发展、传播、保存与应用知识的方法；通过团体生活发展学生的性格。" 如此看来，"皇家特许状"通常在法人资格、法人权利、法人治理以及组织目标等方面做出原则性、程序性规定，而对大学的资源分配、课程设置、学位授予等具体事务不予干涉，这种相对权力边界的划定对英国大学的保护作用显而易见。

英国的"国家理性"在财政资助模式上也表现得异常出彩。1919年成立的英国大学拨款委员会（University Grants Committee，UGC）是世界首个真正意义上的调整府学关系的中介组织，它通过分配教育经费来发挥"缓冲器"的积极作用。一方面，英国政府无法对大学拨款委员会的工作加以干预；另一方面，大学拨款委员会实行5年期一次性拨款，从而无权干预大学如何使用拨款。③ 直到1989年，大学拨款委员会在新公共管理运动与新自由主义的冲击下被大学基金委员会取代，并退出历史的舞台。整体来看，英国的学院治理模式与大学自治传统是大学与政府之间构筑起的一道天然"防火墙"，英国的"皇家特许状"则在大学与政府之间绘织出一张"法网"，而大学拨款委员会则是大学与政府之间的一把"保护伞"。它们集中体现了英国独特的"国家理性"，并共同推动了英国近代大学法人制度的发展。

一个基本逻辑就是，法人观念的近代化推动了英国国家形态转型，而资本主义国家形态与"君主立宪制"的确立从原初意义上萌发出英国近代

---

① 转引自孙贵聪《英国大学特许状及其治理意义》，《比较教育研究》2006年第1期，第14页。
② 肖朗、袁传明：《伦敦大学建立与近代英国高等教育改革——以第一特许状为考察中心》，《现代大学教育》2013年第6期，第36页。
③ 别敦荣：《现代大学制度的典型模型与国家特色》，《中国高教研究》2017年第5期，第43—54页。

大学法人制度，大学法人资格、大学法人权利、大学治理机构以及大学资助方式等成为英国近代大学法人制度中"国家理性"的具体体现。应该说，英国通过较为温和的方式最早开启大学法人制度的近代化进程，其历史意义不亚于英国资产阶级革命的胜利。在这一点上，英国比较教育研究专家埃德蒙·金（Edmund King）的论述应该对我们颇有启发："英国人通过这种逐渐演变和共同讨论，而不是革命——在欧洲大陆邻国中，这种革命时常把各种实行严格控制的制度砸得支离破碎——的方式，能取得如此显著的成绩，是令人惊奇的。"①

二 "拿破仑式"大学法人制度

如果说英国资产阶级革命属于"和风细雨"的话，那么法国大革命用"疾风骤雨"来形容则一点都不为过。可以说，这种政治风格投射到教育领域，其影响是直接而显著的，大学法人制度概莫能外。1791年，巴黎大学所属的学院和学校全部被关闭。1793年《公共教育组织法》（亦称《达鲁法案》）更是规定，关闭和取消现存的巴黎大学、蒙彼利埃大学和奥尔良大学等22所传统的大学，并"代之以由政府各部门分别设置和管理、以自然科学和技术教育为中心的专门学院"。② 这两起事件直接导致法国大学作为法人的"永续性"特征遭到前所未有的破坏。与此同时，大学的法人主体资格被消灭，大学自治传统被破坏，古典大学法人制度被彻底颠覆，从而法国大学法人制度的近代化转型处于"急转弯"的攸关时刻。

法国的涂尔干将这一时期描绘为异常神圣而伟大的时刻："这是法国社会获得自我意识的时刻，在这一刻它脱离了宗教的符号体系。社会最凡俗的需求也被个体当作神圣的并予以尊重。有识之士在这一时刻一致地认识到，教育最本质的目标在于确保社会的有效运转。……教育终于打上了国家教育的烙印。"③ 自拿破仑1799年摄政之后，中央集权的教育管理体制随即建立起来。英国阿什比曾这样评价："拿破仑是唯一一个将原有高

---

① ［英］埃德蒙·金：《别国的学校和我们的学校——今日比较教育》，王承绪、邵珊等译，人民教育出版社2001年版，第186页。
② 黄福涛：《法国近代高等教育模式的演变与特征》，《厦门大学学报》（哲学社会科学版）1996年第4期，第72页。
③ Durkheim, *The Evolution of Educational Thought*: *Lectures on the Formation and Development of Secondary Education*, New York: Routledge, 1977, p.290.

等教育系统摧毁后重新建立一个新系统的人。"① "拿破仑式"的近代大学法人制度自此逐步发展起来。

法国大学法人制度的近代转型是通过三部重要法令实现奠基的。1802年的《国民教育计划》规定,高等学校一律由国家开办并进行统一管理,从而国家掌握高等教育的举办权与管理权,这成为法国中央集权教育管理体制的开端。1806年的《帝国大学组织法》规定,建立国家最高的公共教育管理机构——帝国大学,并重申所有学校都必须置于国家和政府的监督和控制之下。显然,帝国大学成为中央集权教育管理体制的组织载体。1808年帝国大学成立,同年颁布的《帝国大学组织敕令》对其组织架构做出明确规定,全国共划分为29个大学区,每个学区各设文、法、理、医、神五个学部,② 学部之间相互独立,拥有一定的权威但又要接受帝国大学的直接管辖。从根本上说,拿破仑的"帝国大学制"就是高等教育的中央集权体制的代称。③ 至此,法国中央集权的教育管理体制基本确立,同时法国的近代大学法人制度也开始形成。

中国人民大学李立国教授对此这样分析:法国是一个崇尚国家主义的国家,"自拿破仑时代以来,法国建立了教育的中央集权体制。这种体制有两个方面:一是行政体制,教育行政部门负责学校经费的划拨和管理规范;二是行会体制,学院式行会决定教师的职业和教学工作,如制定预算、决定经费分配、组织教学、决定教师聘用等"④。即中央的行政集权与学部的学术集权两股力量并行不悖,从而大学与政府之间形成一种张力平衡,我们或可称之为"双层集权"。这正是法国近代大学法人制度的独特之处,也是法国"国家理性"的集中体现。

与英国相比,虽然法国的政治道路略显激进,帝国大学的垄断成分也异常浓重,但这些都没有妨碍法国近代大学法人资格的确立。这正是法国的高明之处,或者说是其"国家理性"的一种映射。我们可以说,"帝国大学是大革命后重建的唯一法人,但是,它与中世纪和旧制度时期的法人

---

① Eric Ashby, *Any Person*, *Any Study*, New York: McGraw-Hill Book Company, 1971, p. 2.
② 需要注意的是,此时的文学院与理学院基本是中学教育的附属机构,只是颁发各种学位和中学教师资格证书,教学并不是主要工作,遑论开展科学研究,这种局面直到1896年之后才发生改观。
③ 周继良:《法国大学内部治理结构:历史嬗变与价值追求——基于中世纪至2013年的分析》,《教育研究》2015年第3期,第138页。
④ 李立国:《大学治理的转型与现代化》,《大学教育科学》2016年第1期,第24—40页。

没有任何共同之处。它承接了专门学校和学院的教学组织，是政府控制的法人，并被整合到国家的文官等级体系中"①。因此，法国通过颠覆性的革命手段开启了大学法人制度的近代转型，它既与其他国家表现出明显的差异，又与古典大学法人制度划清了界限。但实事求是地说，帝国大学毕竟不是一所实体意义上的大学，直到1896年《国立大学组织法》的颁布，真正意义上的大学在法国得以重生，从而其大学法人制度的近代化进程又向前推进了坚实的一步。

从1808年至1896年，法国高等教育是按照"国家—大学区—学部—讲座"的架构组织起来的，在1896年之后，则形成了"国家—大学—学部—讲座"的基本治理结构。就前者而言，它没有独立的大学，学部是法国高等教育的核心组织部门。学部完全由教授控制，并通过学部理事会（Faculty Board）和学部评议会（Faculty Senate）来维护教师相关的学术权利，其中学部理事会控制学校的财权和人事权，② 学部评议会则在课程设置、教育教学以及科研活动等方面享有较大的权利，同时拥有向教育部提交学部主任候选人名单的权利，即学部在实际中享有大学法人权利并践履大学法人使命。就后者而言，法国政府在1896年把原有学区中的几个学部重组为一所大学，每所大学均设立大学理事会（University Board）作为法人代表，但这仍没有改变大学权力虚化的命运。正如法国著名教育史学家安东尼·普鲁斯特所言："大学只是学部的集合，实际权力在（学部）主任手里。下面，讲座和其他组织形式没有任何实际权力，不掌握任何经费；上面，校长作为国家官员主持大学理事会，只有象征性的代表权。"③ 由此来看，通过学部自治来体现大学自治是法国近代高等教育发展史上的一大特征。

法国的"国家理性"在人事制度与财产制度方面展现得比较突出，我们可以将其视作"双层集权"模式的具象化表现。就人事制度而言，帝国

---

① ［法］克里斯多弗·查理：《近代大学模式：法国、德国与英国》，张斌贤、杨克瑞译，《大学教育科学》2012年第3期，第82页。

② 尽管从程序上来说，财权与人事权最终掌握在法国"教育部"的手中，但学部董事会却在事实上控制着这两项根本权力，因为法国"教育部"极少干预学部董事会所做出的决定。请参见周继良《法国大学内部治理结构：历史嬗变与价值追求——基于中世纪至2013年的分析》，《教育研究》2015年第3期，第139页。

③ 邢克超：《大学发展的一个新阶段——法国高等教育管理十年改革简析》，《比较教育研究》2001年第7期，第10页。

大学的总监是由皇帝亲自任命，而教职人员（包括学部主任）的任免与晋升均由帝国大学的总监来执掌。① 在1896年教育改革之后，这种人事权自然转移至公共教育部手中，不过权力的行使并没有发生太大的变化，因为国家仍拥有程序上的最终裁定权，学部教授们仍享有实质上的人事权。就财产制度来说，大学经费的管理和分配是不受政府控制的，诸多证据均可证明这一点。例如，拿破仑在1808年宣布原有大学的财产由帝国大学继承，各级各类教育机构收取的学费也归帝国大学所有，但这些收入一律由帝国大学的司库进行统一管理，而政府则无权加以干预。另外，学部理事会在经费分配与使用上的权威则从侧面证明了法国大学的法人财产权。

一个总体判断就是，法国在砸碎古典大学法人制度的同时，奇迹般地重建起近代大学法人制度。进言之，近代以来的法国大学通过国家认可获得了法人资格，并在治理结构、人事制度、财产制度等方面享有一定的自治权。尽管1806年颁布的《法国民法典》在法人制度方面付之阙如，② 但法国大学却在事实上建立起近代大学法人制度，并对法国后来的高等教育发展史产生不可估量的影响。可以说，"拿破仑体制作为法国大学模式的内在禀赋和重要遗产，已整合进法国现代体制和文化传统，成为任何现代教育改革都不能回避的重要内容"③。

三 "洪堡式"大学法人制度

就近代改革思想而言，英国倾向于"渐进主义"的改革思路，法国选择了"激进主义"的改革路径，德国则走出了一条明显区别于英法的相对更加积极、稳健的"理性主义"改革道路，并且取得举世瞩目的改革成效。实事求是地说，在德国乃至世界大学发展史的丰碑上，洪堡的名字必定镌刻在内，因为他是柏林大学的缔造者，是洪堡理念的创造者，还是德

---

① 李帅军：《法国教育行政管理体制的考察与启示》，《外国中小学教育》2003年第1期，第18页。

② 拿破仑在人生的弥留之际曾回忆道："我真正的光荣并非打了40次胜仗，滑铁卢之战抹去了关于这一切胜利的记忆。但是有一样东西是不会被人忘却的，他将永垂不朽——那就是我的民法典。"（请参见吕一民《法国通史》，上海社会科学院出版社2002年版，第141页）但历史际遇就是如此奇妙，在1806年《法国民法典》颁布的时候，帝国大学的创建恰好提上日程。颇为吊诡的是，法国民法典对法人制度没有做出明确规定，而帝国大学却具有了法人资格。

③ 冯典：《大学、科学与政府：近代法国大学模式的形成、特征与评价》，《高等教育研究》2015年第10期，第109页。

国近代大学法人制度的奠基者。尤其是他确立的"学术自由"原则成为学术界向往的"彼岸星空",也成为大学法人制度的核心追求。① 这背后不容忽视的甚至至关重要的就是德国独特的"国家理性"。

全面来说,德国近代大学法人制度的形成是大学自治传统、国家主义倾向、传统法律取向、新人文主义者②以及柏林大学创建等多种因素综合作用的必然结果。在中世纪时期,德国创建的布拉格大学（1348）、维也纳大学（1365）和海德堡大学（1385）等基本体现为中世纪大学模式,它们作为教师的社团组织享有较大的自治特权。但不同之处在于,德国大学基本是由各邦国自行举办并加以管理的。③ 大学自治传统与国家主义倾向的结合,自然生成出大学的双重法律人格。大学的这种法律定位在1794年颁布的《普鲁士国家民法通则》（亦称《普鲁士邦法》）中得到明确规定,大学既是国家机构又是法人社团。这不仅对19世纪初的普鲁士大学改革产生深刻影响,而且成为1900年《德国民法典》的基本法律框架,进而奠定德国大学法人类型的总体格局。除此之外,以康德、费希特、施莱尔马赫、洪堡等为代表的新人文主义者对大学与国家的关系进行了深入的哲学思考,④ 将"大学自治"传统引向"学术自由"原则,从而在理论上把近代大学法人制度推向一个新阶段,而1810年柏林大学的建立无疑是德国大学法人制度近代化转型的标志性事件。

洪堡在当时深受启蒙运动的影响,也为汹涌的法国大革命所鼓舞,但他担心法国日益增加的国家权威可能会带来以一种新形式的极权取代以往封建式极权的风险。⑤ 他对此保持足够的警惕,还发出国家理应树立长远

---

① 学术自由的理念不是在英国、法国而是在德国近代大学中最先确立。（请参见冒荣《远去的彼岸星空——德国近代大学的学术自由理念》,《高等教育研究》2010年第6期,第12页）这使得德国的近代大学法人制度更趋理性。如果我们结合大学使命来理解的话,学术自由与大学法人制度之间的关系就更加明晰。大学的任务,"就是把人们引向智慧……引向分辨真理与谬误的能力。但如果对大学的研究有任何限制的话,这一任务就不可能实现"。请参见［美］S. E. 佛罗斯特《西方教育的历史和哲学基础》,吴元训等译,华夏出版社1987年版,第334页。

② 与传统的人文主义者相比,新人文主义者最大的特征在于吸纳自然科学的成果来丰富自身的知识系统。请参见甘绍平《新人文主义及其启示》,《哲学研究》2011年第6期,第68页。

③ 14世纪的布拉格大学、维也纳大学、海德堡大学,15世纪的莱比锡大学、罗斯托克大学、格赖夫斯瓦尔德大学、弗莱堡大学、英戈尔施塔特大学、图宾根大学等都是由德意志各邦国出资兴办。请参见周丽华《德国大学与国家的关系》,北京师范大学出版社2008年版,第2页。

④ 贺国庆、赵子剑：《19世纪以来德国高等教育结构演变研究》,《河北师范大学学报》（教育科学版）2016年第1期,第22页。

⑤ 包中：《威廉·洪〈论国家的作用〉解读》,《历史教学问题》2008年第2期,第41页。

眼光的呼吁,"国家不能直接希望从大学获取它所需要的东西,只能希望等到大学实现自己的目的以后,大学才能真正为国家提供它所需要的东西",并将国家的作用限定在"保障安全"的基本领域,"国家不要对公民正面的福利作任何关照,除了保障他们对付自身和对付外敌所需要的安全外,不要再向前迈出一步;国家不得为了其他别的最终目的而限制他们的自由"①。由此,我们不难发现,洪堡试图超越政府与大学之间控制与被控制的传统关系,进而在"文化国家"或"道德国家"的基础上构建一种新型的府学关系与治理模式。

德国的"国家理性"主要体现在以权力边界为前提的"双元分权"大学治理结构上。德国大学自近代以来就形成了"州政府—大学—学院—讲座"的层级组织,但从大学权力运行的角度来看,国家官僚与教席教授按照非学术事务与学术事务进行分权管理,这种双元分权的大学管理模式深深植根于德国联邦制。具体而言,经费预算、仪器设备以及人事安排等非学术事务的权力掌握在国家(州政府)手中,一般由国家任命的大学督学进行管理。与课程设置、教育教学和科学研究等学术事务相关的权力则掌握在大学手中。严格来说,德国大学的学术管理重心并不在大学层面,也不在学院(如英国)或学部(如法国)层面,而是落在"讲座"这一基层学术组织上。大学的学术管理权基本为教席教授所垄断,② 所以我们将近代德国大学称为"教授大学"恰如其分。相比之下,大学校长的权力非常有限,其象征意义远大于实质意义。整个大学共同事务的管理权通常遵循"全体教席教授会议(又称'大评议会')—大学评议会(又称'小评议会')—校长—院长—教席教授"的基本运行逻辑。这样的制度设计维护了大学自治与学术自由,体现出德国特有的"国家理性",从而极大地推动了德国大学法人制度的近代化转型进程。

近代德国大学"双元分权"的治理结构导致人事制度、财产制度、评

---

① [德]威廉·冯·洪堡:《论国家的作用》,林荣远、冯兴元译,中国社会科学出版社1998年版,第54页。

② "教席教授"通常是由国家任命的具有终身教职的国家公务员,其薪酬由国家统一支付。研究所内的教学安排、科研事务、资源分配以及人员招聘等工作往往由教席教授来决定,所以他们的学术地位与权威明显高于编外教授和私人讲师,并且他们是唯一有资格参加大学全体教席教授会议和学院全体教席教授会议的人员,也是严格意义上学院中的唯一教师。请参见周丽华《德国大学与国家的关系》,北京师范大学出版社2008年版,第86—87页;孔捷、迟芳、[德]马蒂亚斯·韩《讲座制下德国大学教师的职业发展》,《外国教育研究》2010年第1期,第77页。

价制度以及监督机制等非学术事务的话语权均掌握在国家手中。就人事制度而言，大学教师是高校所在州的终身公务员，所以教师招聘、工资待遇以及职务晋升等工作均由州政府负责，大学仅具有一定的建议权而已。所以，德国大学教师在院校与州政府的"双重忠诚"之中，心理的天平更倾向于州政府一些。① 从财产制度看，19世纪之后，国家财政拨款成为德国大学办学经费的主要来源，不过这种国家赡养大学的做法可以追溯至1694年建立的哈勒大学与1743年创办的哥廷根大学。就积极意义上说，大学办学经费被纳入国家财政预算，大学由此获得了较为稳固的经济保障。但这在很大程度上使大学丧失经济独立性，从而时时面临着外部力量的威胁。虽说洪堡最初的制度设想令人肃然起敬，② 但终因理想色彩浓重而被迫走向流产。德国的国家考试制度是政府对大学最直接，也是最隐蔽的评价制度。从考试性质上说，国家考试是一种国家举办的，面向医生、律师、教师等社会职业的入职测试。这就为国家通过制定考试条例而直接介入大学教学提供了合法性依据。其结果是，大学在教学领域的自由权利正在被政府堂而皇之地"蚕食"。就监督机制而言，德国政府通常派遣一名"督学"来对大学的经费、人事等校内行政事务进行直接管辖和全面监督。由此来看，德国"双元分权"治理下的大学自治是国家管控之外的一种"剩余产品"，③ 这是德国大学在法律身份上游移于"国家机构"与"社团法人"之间的一种投射，也是德国近代大学法人制度的独特之处。

我们基本可以得出三条结论：第一，德国大学既是享有极大自由的学术团体，又是严格处于国家管理与监督之下的国家机构，这种"双重定位"既维护了学术利益，又保障了国家利益，而学术事务与非学术事务的"双元分权"则从治理实践中同时实现了大学任务与国家目的，这堪称"德国智慧"。第二，德国近代大学模式看似是洪堡理念的凯旋，但实质上或在前提上是"国家理性"或"国家矜持"的胜利。反之，"一旦政府出

---

① [荷]弗兰斯·F. 范富格特：《国际高等教育政策比较研究》，王承绪等译，浙江教育出版社2001年版，第205页。

② 国家捐赠国有土地给大学作为地产，大学依赖地产及其捐赠赖以生存，并由此独立于国家。这样的话，即使是国家走向灭亡，大学也能够继续生存下去（请参见周丽华《德国大学与国家的关系》，北京师范大学出版社2008年版，第80页）。洪堡的这种"政府资助大学，但又不能干预大学"的设想对于当时迫切期望快速崛起的普鲁士来说是难以实现的，从而在其继任者舒克曼上任之后也就不了了之。

③ 周丽华：《德国大学与国家的关系》，北京师范大学出版社2008年版，第83页。

现非理智的行为,大学将面临巨大的危险,教授的学术自由将不复存在,这一点是洪堡无论如何都不愿见到的"①。第二次世界大战期间,德国纳粹对大学教师的迫害就已经无可辩驳地证明了这一条结论。第三,"国家理性"在自然科学领域容易得到贯彻,但在人文社会科学领域则较难推行,尤其是"当学术与国家或政治利益产生矛盾和冲突时,学术自由更是在劫难逃。由于大学教授的任命权最终掌握在教育部的高级官僚之手,于是后者就经常充当了学术监护人或法官的角色"。② 可以说,国家在大学法人制度架构中对自身所扮演角色的把握与平衡直接关系着大学的命运,也间接影响着国家的前途。但无论如何,德国近代大学模式具有非凡的意义。美国著名教育家弗莱克斯纳(Abraham Flexner)的评论可谓切中肯綮:"柏林大学的兴建,使旧瓶装入了新酒,旧瓶也因此破裂。"③ 显然,这瓶"新酒"就是近代大学法人制度,它所散发出的"酒香"弥漫在整个欧洲大陆的上空,并飘过大西洋为美国高等教育带去一股"清香"。

四 "美利坚式"大学法人制度

如果说从1636年哈佛学院成立到1776年美国诞生前夕,这140年是北美殖民地学院法人制度的形成时期,那么自1776年至1945年的近170年间则是美国近代大学法人制度的发展时期。前一个时期主要的制度成果是在借鉴英国大学"特许状法人"的同时创造出董事会制度,④ 并使"外行领导内行"的天才设计延续至今。相比之下,后一个时期则通过"联邦大学计划破产""达特茅斯学院判决"以及"弗吉尼亚大学创建"等几个关键性事件将私立大学的保护、州立大学的发展以及农工学院的崛起正式纳入法律框架之中,从而形成别具一格的美国近代大学法人制度,并奠定美国多元化的高等教育格局。

---

① 王洪才:《想念洪堡——柏林大学创立200周年纪念》,《复旦教育论坛》2010年第6期,第22页。

② 王国均:《美国高等教育学术自由传统的演进》,学林出版社2008年版,第29页。

③ [美]弗莱克斯纳:《现代大学论:美英德大学研究》,徐辉、陈晓菲译,浙江教育出版社2001年版,第272页。

④ 北美殖民地时期成立的殖民地学院均属"特许状法人",只不过授予"特许状"的主体具有多样性,既有王室颁发的(如威廉玛丽学院),又有殖民地议会授予的(如哈佛学院),还有殖民地总督颁发的(如新泽西学院)。正是授权主体的多样性,殖民地学院法人从一开始就表现出平等关系,从而区别于英法的古典大学法人制度。请参见张斌贤《艰难的创业:美国高等教育早期历史的特征与成因》,《高等教育研究》2015年第11期,第78页。

自美国建立伊始，关于是否成立联邦大学这一议题就引发诸多争论。争论焦点在于，在宪法没有明文规定的情况下，国会是否具有建立联邦大学的权力？国会的权力能否凌驾于宪法之上？联邦大学法人地位的法律基础究竟在哪里？显然，这起争论不是一个简单的教育问题，在根本上是一个法律问题与政治问题。最终结果是，美国大学"国有化"的计划遭遇破产。但后来的历史证明，这次的失败反而是一场"胜利的失败"。因为它不仅维护了宪法至高无上的权威，还抑制了国家干预高等教育的原始冲动，为美国大学法人制度的近代化埋下了伏笔。

美国大学法人制度近代化的最关键性转折莫过于1819年的"达特茅斯学院案"。该案件背后透射出的是新罕布什尔州试图通过改组学院董事会来变更法人性质，并借此实现私立大学"公有化"的政治企图。该判决的焦点在于，达特茅斯学院究竟是公法人还是私法人？美国联邦最高法院马歇尔大法官最终做出私法人的判决。这一判决通过保护大学财产权的方式达到维护大学法人物质基础的效果，通过确认"特许状"的契约性质而获得联邦宪法支持，保护了大学的法人身份。正因如此，该案件被认为是美国公立（州立）、私立高等教育发展的"分水岭"。[①] 在此之后，州立法机关试图通过"合法化"方式剥夺原始法人权利的冲动和做法均因援引此判例而纷纷落空。这就是美国在法律层面上"国家理性"的体现。法国历史学家托克维尔（Tocqueville）对此也不无感慨："美国人尊重法律，美国人爱法律如爱父母，每个人从法律力量的增强中看到个人利益。"[②]

美国近代大学法人制度确立的标志性事件是1819年弗吉尼亚大学的创建。应该说，美国大学"国有化"计划的流产、威廉玛丽学院"公有化"改革的失败以及"达特茅斯学院案"的法律纠葛促使杰斐逊（Thomas Jefferson）创建弗吉尼亚大学。弗吉尼亚大学不仅是美国第一所真正意义上的州立大学，而且是美国高等教育与教会的第一次分离，从而与殖民地学院的宗教属性划清界限，此后各州纷纷对大学的世俗制度予以承认和效仿。因此，弗吉尼亚大学的创建是美国近代大学法人制度确立的标志。但北京大学的周详博士则提出另一种观点，"达特茅斯学院案"在保护私立大学

---

① 周详：《美国大学法人制度的创建》，首都师范大学出版社2016年版，第204—206页。
② ［法］托克维尔：《论美国的民主》（上卷），董果良译，商务印书馆1988年版，第274页。

法人身份和财产权两个方面具有特殊意义，理应是美国大学法人制度确立的根本标志。但这种观点有两点值得商榷：第一，大学法人制度在时间维度上可以划分为古典、近代和现代三个不同的阶段，倘若笼统地谈论大学法人制度将丧失该命题的深刻意涵；第二，学术界没有人会否认"达特茅斯学院案"的历史意义，更不会无视其对法人身份与财产权的保护作用，但衡量大学法人制度的根本指标应该是法人身份的确立与治理结构的形成，而不是对法人身份与财产权的二次确认。毕竟法人身份确立与治理结构形成才是大学法人制度的充要条件，而财产权只是必要非充分条件而已。况且财产权的确立或追认是私法人制度的核心，并非近代大学法人制度迫切需要解决的核心问题，其关键在于国家力量如何在规范性制度框架之下推动高等教育发展。如此分析，弗吉尼亚大学创建预示着大学管理权从教会转向州政府，即从宗教性走向世俗性正是古典大学法人制度迈向近代的不二法门。

如果说九所殖民地学院①的法人类型属于"慈善信托"的单一法律性质的话，那么近代以来美国大学的法律性质则逐步走向多元，其中公立大学的法律身份包括"政府机构""公共信托"和"宪法自治大学"三类，私立大学的法律身份仍是只有"慈善信托"一种。1802年成立的美国军事学院（The United States Military Academy，又称"西点军校"）、1845年建校的美国海军学院（The United States Naval Academy）就属于"政府机构"，这类学校通常受到联邦宪法、州宪法和州行政法等约束。创建于1817年的密歇根大学等高水平大学则属于"宪法自治大学"，它们是宪法授权成立的拥有较大自治权限的大学法人机构，从而成为与行政、司法以及立法平行的"第四部门"；其余的许多州立大学都属于"公共信托"，其实质就是对政府所有权的限制，1862年之后许多利用赠地基金而崛起的赠地学院就是其中的典型例证。② 也就是说，美国近代大学法人类型已经从

---

① 1636年的哈佛学院、1693年的威廉玛丽学院、1701年的耶鲁学院、1746年的新泽西学院、1754年的国王学院、1755年的费城学院、1765年的布朗学院、1766年的女王学院、1769年的达特茅斯学院。

② 伴随着南北战争的结束，奴隶制度被打破，政治、经济、社会以及教育等均进入一个发展的快速车道。就高等教育而言，1862年《莫雷尔法案》的颁布直接促成美国大学迎来继建国初期之后的第二次发展高潮，我们今天所熟知的得克萨斯大学（University of Texas）就是利用当时得克萨斯州政府拨给230万英亩土地创建的。请参见闵维方《美国大学崛起的历史进程与管理特点分析》，《山东高等教育》2015年第1期，第6页。

单一的"慈善信托"迈向"政府机构""公共信托""慈善信托"和"宪法自治大学"等多元化的法律身份。

董事会制度是美国大学法人制度的核心。从殖民地时期到近代，其整体的制度设计思路没有发生根本性变化，只是成员构成有所变化而已。我们可以说，董事会制度是英国大学的创造，但英国是学者主导的董事会治理，而美国则是外行主导的董事会治理，"外行董事会"是美国大学法人治理结构的核心。① 因为"外行董事会"不仅在州政府与大学之间发挥着"缓冲器"或"减压阀"的作用，同时在社会与大学之间扮演着"传声者"和"协调人"的角色。从组织功能上分析，前者是保护学术，后者是激活学术。在这一点上，美国高等教育专家布鲁贝克（Brubacher）认识得相当深刻："高等教育管理机构必须是由专家和院外人士两方面组成的，学术自治才会有效。没有前者，大学就会信息不准；没有后者，大学就会变得狭隘、僵化，最后就会与公众的目标完全脱节。"② 就组织模式来说，这一时期的哈佛大学和威廉玛丽学院基本延续了殖民地时期的董事会与监事会并存的"双院制"，而耶鲁大学、普林斯顿大学等大多数的私立大学和加州大学伯克利分校、伊利诺伊大学等公立大学则按照董事会"一院制"运行，虽然弗吉尼亚大学设置的是监事会，但其拥有通常由董事会行使的全部权力。③ 但无论何种形式，此时的美国大学治理模式均属于法人治理，由董事会作为大学的法定代表或者直接作为法人而存在，校长则作为董事会的代理人或执行人。④ 总体来说，美国州政府与大学之间并非垂直式的等级关系而是平行式的协调关系，这种府学关系决定了国家监督模式在美国的盛行。

美国公立高校的"外行董事会——法人"治理结构决定了美国政府在

---

① 美国公立大学董事会包括整个州立大学系统的董事会和一所大学或一所分校的董事会两种类型。我们在此仅对后者进行探讨。

② ［美］约翰·S. 布鲁贝克：《高等教育哲学》，王承绪等译，浙江教育出版社2001年版，第37页。

③ 欧阳光华：《从法人治理到共同治理——美国大学治理的历史演进与结构转换》，《教育研究与实验》2015年第2期，第55页。

④ 一个比较特殊的例子就是弗吉尼亚大学。杰弗逊认为大学是教师主导的"学术村落"，从而拒绝设立校长职位，而是由教师轮流担任主席与董事会共同治理学校。也就是说，弗吉尼亚大学在近一个世纪都没有校长，而是由教师轮流担任的教师主席与董事会共同治理大学。直到1904年，奥德曼出任弗吉尼亚大学第一任校长。请参见李立国《大学治理的转型与现代化》，《大学教育科学》2016年第1期，第24—40页。

人事制度、财产制度、评价制度以及监督机制等方面所拥有的权力极为有限。就人事制度而言，董事会成员的产生方式主要有任命制与选举制两种，而校长则由董事会来进行招聘、任命以及解聘，董事会和校长的选拔方式至今没有发生根本性变化。然而，不论州立大学还是私立大学，教师在当时始终被认为是与董事会签订雇佣合同的被雇佣者，这种状况直到1940年终身教授体制建立才得以缓解。[1] 就财产制度来说，美国公立高校的经费来源包括，政府投入、家庭投入、社会捐赠以及高校经营等多个方面，正是筹资渠道的多元化决定了美国高校在近代就享有事实上的法人财产权。此时美国公立高校的评价制度主要依靠内部质量评估，因为政府评价没有合法依据，而社会中介组织还未发展起来。就监督制度而言，学校设置审批、学位授予权审批以及财务审计和税收检查等方面要接受政府监督，董事会要接受来自出资者及其继承者、社会公众以及政府等多元主体的监督，校长则要向董事会负责，校长每年都要向董事会进行汇报并接受董事会的监督。[2] 由此来说，美国近代大学法人地位的多元化是对殖民地时期"慈善信托"大学法人性质的一次突破，而以"外行治理"为核心的大学法人制度发展到近代更加完善，成为大学与政府、大学与社会之间的一道"屏障"。这种独特的近代大学法人制度有力地展现出美国特有的"国家理性"。

通过分析，我们不难发现：第一，近代大学法人身份的多元化是美国高校的直观特点，这既与殖民地时期大学"特许状"授予主体的多元化有关，又与美国地方分权的教育体制相关，从而为美国现代大学的快速崛起和多样化高等教育结构的形成与拓展奠定法律基础。第二，"外行董事会"的法人治理结构是美国大学区别于英法德等大学的根本标志。这种大学治理结构和与之相关的配套制度植根于美国的慈善捐赠文化与大学自治传统。第三，美国大学法人制度的近代化进程明显体现出"本土创造"与"国家理性"的独特魅力。正如《1828年耶鲁报告》所提及的那样："我们的学院不是精准地模仿欧洲大学模式而形成的……欧洲将高等教育的好

---

[1] 1940年由美国学院协会（AAC）和美国大学教授协会（AAUP）联合发表声明：终身教职是实现学术自由和对外活动自由这一目标的手段，由于其提供充分的经济安全，对有能力的人构成了职业吸引力。

[2] 金保华、王英：《美国私立高校办学监督机制：类型、特征与启示》，《黑龙江高教研究》2013年第10期，第14页。

处集中在少数特权手中，但在我们国家从不允许任何一个地方存在文化君主。"①

五　近代四种大学法人模式的比较

大学法人制度的近代化进程与国家力量的崛起几乎同步，只不过是不同国家基于不同的历史背景与国家体制在运用国家力量时选择的价值取向与行动策略有所差异甚至大相径庭而已，如英国的"保守式"、法国的"激进式"、德国的"文化式"以及美国的"实用式"等都属于"国家理性"不同形式的表现，它们都在国家所认为的合理限度之内赋予大学法人资格及相应的法人权力。这就是世界各国、各地区现代大学制度的内核，也是其家族的共同"基因"——大学法人制度，② 如表 2-1 所示。

表 2-1　　　　　　　四种近代大学法人制度模式比较

主要维度＼典型模式	"大不列颠式"大学法人制度	"拿破仑式"大学法人制度	"洪堡式"大学法人制度	"美利坚式"大学法人制度
政治体制	君主立宪	君主专制	君主联邦	总统共和
国家定位	契约国家	政治国家	文化国家	法律国家
府学关系	国家保障模式	国家控制模式	国家促进模式	国家监督模式
法人性质	特许状法人	公务法人	双重法人	多元法人
治理结构	学院自治	双层集权	双元分权	外行治理
人事制度	学院	学部	州政府	董事会
财产制度	学院	学部	州政府	董事会
评价制度	内部质量评价	政府评价	国家考试制度	内部质量评价
监督机制	内部监督	巡查制度	督学制度	多元监督

---

① *The Yale Report of* 1828, New Haven: Hezekiah Howe, 1828, p. 20.
② 别敦荣:《现代大学制度的演变与特征》,《江苏高教》2017 年第 5 期，第 6—7 页。

整体来看,"国家理性"是一把"双刃剑"。在此实践框架之中大学与政府的关系确实可以得到一定程度的妥善处理。但这种"国家理性"通常是可遇而不可求的,况且也很容易沦为国家干预高等教育的合法化理由,从而它无法从根本上调整复杂的府学关系,也难以彻底兑现大学法人制度维护学术发展使命的承诺。法国保罗·热尔博的论述对我们深化认识颇有启发:"无论是多么民主的政治制度,都不能真正接受大学的全部自治……高压之下,大学也或多或少被迫接受了对其物质和精神独立的限制。而且,在 19 世纪和 20 世纪初的欧洲,由于各国政治、意识形态和社会的动荡,大学与政治权力所达成的任何妥协都是靠不住的。"[①] 所以说,近代大学法人制度的成就在于其完成了从"教会控制"向"国家主导"的近代化转型,国家强制力量对大学自治权力的潜在威胁又在"国家主导"向"市场主导"的现代化转型中得到纾解。

第三节 "市场机制":现代大学法人制度

如果说大学法人制度的近代化转型是一场关于"世俗化"的争斗,那么其现代化转型则是一场以"市场化"为主旋律的革新。现代大学法人制度的逻辑前提在于高等教育市场的"不完全性",这种特征在大学、政府与市场三者关系调整的历史发展过程中进一步衍生出现代大学法人制度的"曲折性"和"未完成性"的特点,其中"曲折性"是对其演进历程的一种描述,"未完成性"则是对发展前景的一种期待。虽说理论界对高等教育市场化既有赞成的主张,也有质疑的声音,亦有中立的观点,[②] 但二战之后尤其是 20 世纪 80 年代以来,将"市场机制"引入高等教育领域已经无可争议地成为美国、英国、日本等国家至关重要的高等教育政策,美国无疑是将高等教育市场机制发挥到淋漓尽致的典型。[③] 由此来说,我们可

[①] [法]保罗·热尔博:《欧洲近代大学与政府的关系》,杨克瑞、张斌贤译,《河北师范大学学报》(教育科学版) 2012 年第 5 期,第 37 页。
[②] 王旭辉:《高等教育市场化研究述评与研究展望》,《复旦教育论坛》2016 年第 2 期,第 58—64 页。
[③] 蒋凯:《美国、英国、澳大利亚高等教育市场的形成与发展》,《清华大学教育研究》2016 年第 2 期,第 15—23 页。

以从逻辑、历史与现实三个角度对现代大学法人制度加以阐释。

一 逻辑前提：高等教育市场的"不完全性"

"高等教育市场"就是通过市场方式来实现高等教育资源的合理、有效配置。自20世纪80年代以来，高等教育市场的现实基础是高等教育规模扩张、高等教育财政紧张、福利国家撤退以及国际组织推动等，[①] 而跨境高等教育的勃兴、知识商品的全球流动以及学术资本主义的盛行等则进一步证实高等教育市场化难以阻挡的现实力量与未来趋势。高等教育市场化的最终目的在于，通过竞争机制、目标管理、绩效考核等市场机制实现高等教育资源的合理配置，在根本上剑指现代大学法人制度建设、提升高等教育质量、增强全球竞争力。

从严格意义上来说，高等教育市场并非一个"完全市场"。毕竟它不是完全按照经济学意义上市场的价格杠杆、交易规则以及竞争机制等来运行的，它还要接受政治学意义上国家的法律规范、制度框架与运行秩序的宏观调控，更要兑现高等教育学意义上知识的公共属性、育人价值以及教学规律等的根本性承诺。即高等教育市场是一个大学、政府与市场三者权力相互博弈的复杂场域。正是由于高等教育场域的复杂性、知识商品的特殊性，高等教育市场是作为一个"准市场"或"不完全市场"而存在的。同时，作为商品的高深知识不同于生产流水线上的标准化产品，它们带有天然的不确定性或未完成性的特点，这就决定了以知识商品为核心的高等教育市场不可能是一个统一化、标准化的市场，必定是一个在相应的制度框架范围之内的自由市场。这不仅是我们对高等教育市场特殊性的一个基本判断，也是我们讨论现代大学法人制度的一个逻辑前提。

依此分析，高等教育市场的"不完全性"致使大学"法人化"与"市场化"之间形成一种微妙关系。正面来说，市场化呼唤法人化，法人化可以推动市场化，二者之间构成一种相互成就的内在逻辑关联。具言之，高校自治因素孕育着市场的灵活性，大学很容易针对市场变化及时做出调整，从而法人化有助于大学独立面向生源市场、科研市场和服务市场等社会需求。反过来，成熟的高等教育市场也将在很大程度上消解政府的权威，如经费来源渠道从单一走向多元，经费预算方式从"功能预算"转

[①] 蒋凯：《高等教育市场及其形成的基础》，《高等教育研究》2013年第3期，第16页。

向"目标预算",政府管理取向从"过程控制"迈向"结果评估",从而经营理念、竞争机制以及绩效导向等成为现代大学治理的底色。值得警惕的是,高等教育市场不同于一般意义上的市场,过度市场化将会牵制甚至损害大学的学术精神,从而对大学的法人地位造成致命打击。然而,固守象牙塔的大学法人也容易对高等教育市场化抱有天然的拒斥或抵触心理。这两种情形在高等教育实践中都有可能发生。这就是大学"法人化"与"市场化"之间的基本关系。

二 历史转折：现代大学法人制度的开拓

从历史的角度来看,现代大学法人制度的"市场化"进程从最初的一方压倒另一方开始逐步走向双方的和解,而20世纪70年代的石油危机和2008年的金融危机成为"市场化"转折中的两起标志性事件。具体而言,20世纪30年代至70年代,凯恩斯主义占据上风,国家权威压制了市场力量,高等教育虽有市场因素的渗透,但国家力量更居主导地位。20世纪70年代石油危机所带来的经济大萧条使得凯恩斯主义遭受质疑,从而以英国的哈耶克（Friedrich August Hayek）和美国的弗里德曼（Milton Friedman）为代表的新自由主义思潮顺势而起,且这种指导思想被英国撒切尔政府和美国里根政府奉为国家公共管理的圭臬,并伴随着经济全球化的推波助澜一跃成为西方经济学的主流,这昭示着市场力量开始抗衡国家权威。自此之后,经费削减、学费上涨、筹资渠道多元化、调整留学政策、大学法人化、建立第三方评估组织、创办海外分校等高等教育市场化改革真可谓是大刀阔斧。但好景不长,2008年爆发的全球金融危机将新自由主义过于强调"自由化""私有化""市场化"的弊端暴露无遗,全球化时代背景下的高等教育治理成为一个无法回避的重大课题,这为我们重新思考大学、国家、市场三者之间的关系及其各自的功能定位提供了现实的参照,从而"修正"的新自由主义开始进入人们的视野并重新获得拥戴。

高等教育市场化的两次转折促使高等教育在机构性质、治理结构以及发展理念等三个方面发生颇具颠覆性的变化,从而实现现代大学法人制度的发展与拓新。20世纪80年代的第一次转折使得自由竞争的市场机制进入高等教育领域,由此带来的结果是,高等教育民主化、普及化开始向纵深方向发展,进而敲响了高等教育垄断机制的丧钟。与此同时,公立高校的经营意识逐步增强，私立大学迅速崛起，绝对的公立大学和绝对的私立大学都将不复存在，即大学在性质上越来越成为一种"混合机构"。① 那么，如何在法律意义上界定并调整高校的办学行为就显得尤为必要，而如何建设现代大学法人制度更是成为一个亟待破解的时代课题。2008年之后的第二次转折促使高等教育治理结构产生变化，尤其是大学、政府与市场之间的关系发生结构性调整。高等教育市场化既不意味着高等教育私有化，② 也不意味着政府在大学治理中的"退场"。它试图在强调高等教育公共性的基础之上努力转变政府的传统角色与原有功能，其实质在于实现高等教育由政府控制到市场调控的积极转向。③ 这是现代大学法人制度框架内"三角关系"的又一次调整，市场力量俨然已经成为一种平衡政府权威与大学自治之间关系的重要杠杆。上述两次转折共同促成高等教育发展理念的转变——从"象牙塔"走向"动力站"。竞争性的科研经费、绩效评估与经费划拨挂钩成为政府间接管控高校的新手段，创业型大学、校企合作、产学研结合等投射出大学为经济社会发展提供原动力的重要功能，学生作为消费者的角色也越来越得到人们的认可。这一切均表明，高等教育已经从"卖方市场"（大学、政府）转向"买方市场"（政府、社会、学生等），即高等教育质量不再是垄断的、自诩的，而必须接受市场的检验与调控。这就是现代大学法人制度的精髓所在。

三 典型案例：美国市场机制下的大学法人制度

第二次世界大战之后至20世纪60年代初期，美国高等教育处于一个发展的黄金时期。但越南战争、学生运动和石油危机等重大事件迫使美国高等教育推行财政紧缩政策。④ 这就为市场力量强势介入美国高等教育提

---

① 何雪莲：《公私莫辨：转型国家高等教育市场化研究》，《比较教育研究》2012年第1期，第18—22页。
② 李盛兵：《高等教育市场化：欧洲观点》，《高等教育研究》2000年第4期，第111页。
③ 肖俊杰、谢安邦：《日本高等教育市场化改革的趋势、形式和启示》，《江苏高教》2010年第6期，第151页。
④ 单就联邦政府的科研经费而言，"联邦对大学研究资助的顶峰是在1968年，然后一直下降，直到1977年，再没回到相应的水平。从1969年到1975年，国防部对大学基础研究的实际资助下降了50%多"。请参见孙益《校园反叛——美国20世纪60年代的学生运动与高等教育》，《清华大学教育研究》2006年第4期，第77—83页。

供了时代背景与社会基础,从而自由竞争的市场机制成为动态调节美国高等教育结构的内在机理。美国纽约大学的亨利·汉斯曼(Henry Hansmann)教授曾对第二次世界大战之后欧洲大陆的大学发展如此评论:"令人惊讶的衰落。"① 美国大学则实现了"令人惊讶的崛起"。关于二者不同的历史命运,北京大学闵维方教授曾做过精准解读,"欧洲大陆高等教育的总体衰落在于,政府对大学控制和干预过多,它们虽然因为政府支持而获得了比较稳定的基本经费保障基础,但也因此而丧失了创新的能力和追求卓越的自我发展空间。相比之下,美国大学的优势在于,大学能够在政府和市场之间寻求一种平衡。也就是说,美国大学可以用这两种力量来抵消来自任何一方的不利干涉,从而获得了其他国家大学所没有的更大程度的自主权",② 即美国是高等教育市场机制最为发达、最为完善的国家。

从这个意义上说,美国高等教育的胜利是高等教育市场机制的胜利,是现代大学法人制度的胜利。正因如此,美国著名高等教育研究专家伯顿·克拉克非常客观地说:"在世界上几个主要先进国家的高等教育系统中,美国的系统是最缺乏组织的,几乎完全是一种相互自由竞争的市场。"③ 美国的高等教育市场主要包括资助对象由院校转向学生、提高学费水平、推动知识商品化、扩展营利性教育等。④ 但不容否认,美国自由竞争的市场氛围在营利性大学身上体现得最为明显。自20世纪80年代以来,美国有七家影响力最大的营利性高等教育机构陆续上市,如阿波罗集团(Apollo Group)、戴维瑞公司(Devry)、教育管理公司(Education Colleges)、克瑞林学院公司(Corinthian Colleges)、职业教育公司(Career Education)、斯瑞尔公司(Strayer)以及国际电信与电报集团教育服务公司(ITT Education Services)等。⑤ 当然,康奈尔大学(Cornell

---

① [美]亨利·汉斯曼:《高等教育中国家与市场的关系》,黄丽译,《北京大学教育评论》2005年第3期,第32—40页。
② 闵维方:《美国大学崛起的历史进程与管理特点分析》,《山东高等教育》2015年第1期,第11页。
③ [加]约翰·范德格拉夫:《学术权力——七国高等教育管理体制比较》,王承绪等译,浙江教育出版社1989年版,第117页。
④ 蒋凯:《美国、英国、澳大利亚高等教育市场的形成与发展》,《清华大学教育研究》2016年第2期,第15—23页。
⑤ 王勇:《浅析美国高等教育市场化——以营利性高校为视角》,《外国教育研究》2006年第8期,第43页。

University)、哥伦比亚大学（Columbia University）、纽约州立大学（State University of New York）和马里兰州立大学（University of Maryland）等非营利性大学也纷纷设立了一些营利性的市场运作机构。① 显然，这就是市场机制在美国高等教育中最直接的反映，但"完全市场化"并非本书探讨的重点。

市场机制在美国高等教育发展过程中最普遍、最成功的做法就是现代大学法人制度的确立。就法人地位而言，现代意义上的美国大学保留了美国近代大学作为"政府机构""公共信托""慈善信托"以及"宪法自治大学"等多元化的法律身份。就治理结构来说，"董事会—大学法人"的制度架构依然发挥着核心作用。也就是说，市场机制在美国大学中的治理结构、投入体制、人事制度、财产制度、评价制度以及监督机制上的运用均取得了显著成效。

在人事制度上，美国对大学教师的录用实行终身制和合同制两种方式，终身教职制度为维护学术自由提供了最起码的保障，而"非升即走"的合同制度又成为保持学术活力的重要法宝。因为终身教职仅是一种单向承诺，即只有大学对教师的承诺，而缺少教师对大学的承诺。那么，"非升即走"就成为教师接受同行评价、强化学术竞争、享受终身教职的前置性制度设计。

就财产制度而言，大学从联邦政府、州政府以及地方政府那里所获得的经费支持比重逐渐下降，从而大学与企业之间的合作越来越成为一种普遍事实，产品设计市场化、经费来源多元化、会计核算企业化等在美国大学也成为基本趋势。

就评价制度来说，"认证"是一种最常见的做法。美国的认证机构有两种：一种是对大学的认证机构，另一种是对专业的认证机构。通常情况下，政府建立数据库，并对各类数据进行常规收集，然后由第三方认证组织进行质量认证。除此之外，新闻媒体的评价及其结果也已经成为衡量大学办学质量的重要依据。始于1983年《美国周刊》（U.S. News）的大学排行榜是新闻媒体对大学学术声誉的一种评价。

从监督机制的角度来看，绩效问责（Performance Accountability）与

---

① 吴岩：《市场权力协调下的美国大学教师聘任制度改革及启示》，《外国教育研究》2011年第1期，第70页。

权力是相伴相随的，尤其在公立大学系统中表现最为明显，即大学在获得大学自治与学术自由权力的同时，必须接受政府监督、媒体监督以及大学内部监督。① 政府监督的主体主要是州政府而非联邦政府，它主要是通过高等教育委员会（State Higher Education Board）来实现对大学运行权力的制约与监督。高等教育委员会的建立、运行主要有两种方式：加利福尼亚州、伊利诺伊州、华盛顿州等采取的是"政府创建、社会管理"的监督方式，北卡罗来纳州、威斯康星州等则选择了"政府创建、政府管理"的监督方式。② 绩效问责制主要包括绩效预算（Performance Budgeting）、绩效拨款（Performance Funding）以及绩效报告（Performance Reporting）三种形式。③ 无论如何，这种问责制是企业问责制在大学系统中的折射，也是在自由竞争的市场机制背景下必然出现的制度衍生品。

2008年的全球金融危机对美国高等教育的冲击就是过分市场化所带来的直接后果，具体影响包括政府财政拨款下降、信贷紧缩、贷款利率大增、存款受损、投资受损、捐款减少、就业市场低迷、留学政策调整等诸多方面。④ 美国的大卫·科伯（David L. Kirp）在《高等教育市场化的底线》一书中不无忧虑地指出，疯抢精英学生、包装大学品牌、学术明星走穴、文科逐渐萎缩等现象是伴随高等教育市场化的产物。虽说市场在高等教育中占有一席之地，但它必须恪守界限，不能超越底线。⑤ 很明显，这是经济全球化这把"达摩克利斯之剑"的悬落，⑥ 并不意味着高等教育市场机制的失败，只不过是对高等教育市场化底线的一次警醒，毕竟美国高等教育依然代表着世界高等教育发展的成就与高度，美国依然拥有难以复制的现代大学法人制度。"美国的大学自治制度不是一个简单的制度，它

---

① 媒体监督和外行董事会监督已在前文加以论述，在此重点阐述政府监督。
② 樊钉、吕小明：《高校问责制：美国公立大学权责关系的分析与借鉴》，《中国高教研究》2005年第3期，第62页。
③ 王景枝：《美国公立高等教育绩效问责制的成效分析》，《高等工程教育研究》2011年第4期，第120页。
④ 喻恺：《全球金融危机对高等教育的影响和启示》，《高等教育研究》2009年第1期，第12—14页。
⑤ ［美］大卫·科伯：《美国高校招生中的"浮夸风"》，《全国新书目》2008年第21期，第57页。
⑥ 这是一个流传甚广的古希腊传说：狄奥尼修斯国王请他的朋友达摩克利斯赴宴，让其坐在用一根马鬃悬挂的一把利剑之下。"达摩克利斯之剑"意指一种危机状态或敲起警钟。

在一种特有的复杂结构中体现出来:'法人——董事会制度结构'是其核心结构,联邦教育分权体制和多权力中心的政治结构是其运行的政治基础,多元社会参与和市场机制为其提供了运行的经济基础和动力,高等教育行业自律与行业自治是其自我的完善,内部分权与教师参与巩固了其内在根据。"[1] 也就是说,美国高等教育领域中的自由竞争、绩效问责等市场机制仍值得我们借鉴学习。

---

[1] 和震:《美国大学自治制度的形成与发展》,北京师范大学出版社2008年版,封二。

第三章　公立大学法人制度的中国考察[①]

如果说现代大学制度建设是当前我国高等教育学界的一座皇冠，公立高校是我国高等教育腾飞的希冀，那么公立大学法人制度建设无疑就是这座皇冠上那颗最为璀璨的明珠。这一点，无论在事理上，还是学理上，抑或法理上都是可以证成的。

通过对世界大学法人制度发展史的梳理，我们可以发现：大学法人制度的发展进路与世界高等教育中心的转移路线基本是一致的。为什么会出现如此奇特的教育景观？这是因为大学法人制度是维护与推进大学发展理念的制度性支撑，也是不断变迁的大学理念的最为直观的制度性反映。从这个意义上说，大学法人制度建设既是一个世界性话题，也是我国亟待创新的一个领域，而公立大学法人制度建设则更是如此。因为公立大学不仅是我国高等教育系统的核心组成部分，而且承担着创建世界"双一流"的核心使命，从而建立相对完善的公立大学法人制度就显得尤为重要和迫切。事实上，目前我国公立高校出现的诸多乱象，归根结底是一种制度性危机，更准确地说，是大学法人制度的缺位或不健全而衍射出的全面危机。当制度运行处于紊乱或无序的时候，我们需要对制度本身进行历史性反思或检讨。在历史史实的基础上，我们可以着重从学理与法理两个方面对我国公立大学法人制度进行系统的逻辑辨明，为开启新一轮的大学法人制度改革提供相应的历史依据和逻辑原则。

---

① 此部分以"公立大学法人制度 70 年（1949—2019）：历史考察、现实审视与改革走向"为题发表在《清华大学教育研究》2019 年第 4 期，收录在本书时略有删改。

第一节 我国公立大学法人制度的历史演进

中国历史上第一部民法典草案是《大清民律草案》，它起草于1907年而完成于1911年。这部草案还未来得及推行，清政府就被推翻，遑论公立大学法人制度的产生。1922年，蔡元培先生发表的《教育独立议》可谓在当时历史背景下发出的对大学法人制度的价值吁求。尽管它没有上升至法律层面而形成较为系统的大学保护制度，但"经费独立""行政独立""思想独立""内容独立"等主张在当时颇具振奋人心之效，其在今天依然振聋发聩。必须承认的是，民国时期的公立大学（如改革中的北京大学、战火中的西南联大等）因各种机缘而拥有较大的独立空间，从而令今日学人为之感慨、为之缅怀。但历史不允许也不可能"开倒车"，我们唯有在历史咂摸中汲取制度力量，故我们重点分析1949年之后的公立大学法人制度。

中华人民共和国成立之后，我国公立大学法人制度发展进程中有两座无法逾越的丰碑：一座是1985年发布的《中共中央关于教育体制改革的决定》，另一座是2011年的《中共中央国务院关于分类推进事业单位改革的指导意见》。前者首次提出"扩大高校办学自主权"的命题，成为我国公立大学法人制度改革的独特话语，并为公立高校在日后成为事业单位法人做好充分的政策铺垫；后者则进一步明确公立高校作为事业单位的公益属性，从而公益二类的事业单位法人定位为开启新一轮的公立大学法人制度改革扫清了观念上的障碍。如此一来，我们可以以这两个标志性文件为界将我国公立大学法人制度演进划分为"没有法人地位""事业单位法人"以及"公益二类事业单位法人"三个历史阶段。

一 "没有法人地位"（1949—1984）

全国解放前夕，我国共有高等学校205所，其中公立大学124所、私立大学60所、教会大学21所。[①] 中华人民共和国成立初期，这些大学纷纷被接管或改造为公立高校。与此同时，巩固国家政权与大力开展工业建

[①] 赫维谦、龙正中：《高等教育史》，海南出版社2000年版，第31—32页。

设成为摆在党和国家面前的艰巨任务，培养与经济部门直接对口的专业人才成为当时的不二选择。经过 1952 年的院系调整之后，中国高等教育呈现出公立大学的单一化样态与工业化倾向。也就是说，在国内政治背景和世界政治局势的深刻影响下，我国历史性地选择了"苏联模式"，包括苏联的高等教育模式。"高度集权的计划经济体制和高度专业化的工业高等教育模式相结合，构成了苏联高等教育体制的基本特征。"[1] 这种模式最大的特点在于，高等教育系统的国家化、统一化和标准化。它能够迅速地贯彻、执行国家意志，也能够在短时间内为国家培养大量的专门人才，从而具有一定的历史合理性与必要性。但公立高校毫无法人地位可言也是不争的事实，尤其是"文革"十年，"以阶级斗争为纲"的高等教育达到登峰造极的境地。由此，作为大学发展灵魂——独立性与创造性的缺失成为人们心中挥之不去的一种情结与夙愿。直到 20 世纪 80 年代以后，教育改革的曙光才逐渐崭露出来，这恰恰是对苏联模式不断反思的结果。

苏联模式的"中国版本"就是"单位制"，它是当前高等教育改革与发展中无法回避的制度性历史遗留。一般来说，"单位制"是我国"自 1949 年以来为了管理公有体制内人员而设立的组织形式"，[2] 城市中的单位组织和农村中的人民公社都是该组织形式的具体表征。我们在此需要澄清一个基本认识：中国语境下的"单位"具有特殊的内涵，它"不是一般意义上的工作场所，也不同于西方具有明确的技术规范和程序规范的组织，以及以效率为根本原则和目标的厂商。它是在特定历史条件下，根据一系列具体的社会制度安排所形成的一种极具中国特色的'制度化组织'"。[3] 这种制度化组织的实质就是，国家通过行政权力与财产权力的"共谋"关系来实现政治稳定与社会秩序的一种工具或手段。[4] 进一步来说，"单位制"促使我国快速建立起一种集政治功能、经济功能和社会功能为一体的"总体性"或"整体性"结构，即"单位"是社会管理的最小单元，每个单元都是一个功能齐全的组织，我们用"麻雀虽小，五脏俱

---

[1] 展立新、陈学飞：《理性的视角：走出高等教育"适应论"的历史误区》，《北京大学教育评论》2013 年第 1 期，第 97 页。

[2] 周翼虎、杨晓民：《中国单位制度》，中国经济出版社 1999 年版，第 3 页。

[3] 揭爱花：《单位：一种特殊的社会生活空间》，《浙江大学学报》（人文社会科学版）2000 年第 5 期，第 73—80 页。

[4] 李路路、李汉林：《中国的单位组织——资源、权力与交换》，浙江人民出版社 2000 年版，第 20 页。

全"来形容它再恰当不过。一个显而易见的结果就是，单位与单位的横向联系相当松散，而单位与政府之间则保持紧密的纵向隶属关系，从而"政府办社会"的色彩表现得异常浓重，继而"国家—单位—个人"这种社会管理结构与资源分配方式的有机结合则使得个人依附于单位、单位依附于国家。毫不夸张地说，在计划经济体制与严格的户籍管理制度之下，如果一个人没有单位，那么其生存可谓难以为继，因为他既无法获得单位的庇佑，也没有任何流动的可能，个人的"依附性人格"由此产生，单位亦是如此。一个基本逻辑是，国家可以凭借政治威权对经济运行和社会资源实行全面的控制和垄断，单位组织对行政命令也就自然表现出被迫服从甚至积极靠拢的态度以谋求相应的"策略空间"，这种双向机制使得单位的"依附性人格"在强大的社会惯习中逐渐得以形塑。

在我国特定的历史背景下，公立高校是"单位制"的典型组织。可以说，公立大学"单位化"的直接后果就是"依附性人格"的形成，从而行政思维成为高等教育实践的主导性逻辑，教育规律反而被人为地置于教育视野之外或者是边缘。这种境遇在法律地位、管理方式、投入体制、人事制度、财产制度、评价制度以及监督机制等诸多方面都有着鲜明体现，这不过是集权政治体制、计划经济体制与单位组织制度在高等教育领域的衍生物而已。

在法律地位上，公立大学是政府的附属机构，从而没有独立的法律地位，它们无法独立地承担相应的法律责任。在管理方式上，政府对高校实行直接管理与严格管控，从高校设立、专业设置、人员任免，到学校管理、课程设置、教学安排，再到招生工作、文凭颁发、毕业分配等诸项事务无不掌握在国家的手中。[①] 值得一提的是，领导体制是大学管理方式的集中体现。尽管我国在这一时期尝试了多种大学领导体制，如校务委员会制（1949年10月—1950年4月）、校长负责制（1950年4月—1956年9月）、党委领导下的校务委员会负责制（1956年9月—1961年9月）、党委领导下的以校长为首的校务委员会负责制（1961年9月—1966年5月）、党委领导下的革命委员会负责制（1966年5月—1976年10月）等，

---

① 曹俊：《我国公立大学法人地位的困境溯源与定位分析》，《扬州大学学报》（高教研究版）2013年第4期，第12页。

但"党政主导"的大学底色并没有发生实质性变化,[1] 高校自主几乎无从谈起。

在投入体制上,这一时期我国公办高校的办学经费完全由国家财政支付,其中最主要的教育事业费的核拨方式按照"定额定员"[2] 的方法进行。在此基础上,采用"基数+发展"[3] 的方式划拨教育经费。尽管"基数+发展"的经费划拨方式易于操作,但它是以往年的支出结果为基础,且须遵循"专款专用,结余上缴"的经费使用原则,[4] 这就等于是默许甚至变相鼓励高校的资源浪费行为。这就是高校法人财产权缺失的直接危害之一。

在人事制度上,高校领导的任免和高校教师的聘用也均属于国家权力的范畴,毕竟这是国家维持政治秩序和社会稳定的重要手段。在财产制度上,由于高校的办学经费完全来自国家的财政拨款,从而所有资产都属于国有资产。高校既没有法人财产权,也没有自由支配办学经费的权力,从而高校与政府之间的"脐带"关系在此体现得淋漓尽致。在评价制度与监督机制上,政府扮演着"评价者""监督者"的角色,与"办学者""管理者"等一同构成了政府的多样化角色。按照社会学的解释,角色意味着权力。政府的多样化角色在形成权力高度集中的同时,也形成了权力监督的灰色地带。

客观地说,"单位制"是我国必然的历史选择,集权式的高等教育管理模式不仅符合了当时社会历史发展的需求,而且充分体现出集中力量办大事的制度优势。但从另一个角度来看,政府的直接管理与严格管控极大地束缚了公立高校的独立性与创造性,从而大学法人地位无从谈起,高等教育改革的呼声日益高涨。不得不说,公立大学"单位化"的根本特点是依附性,其直接后果是"依附性人格"的形成,这是我国大学制度改革进程中不容回避的根本难题。正如王建华教授所批判的那样:"公立大学的

---

[1] 张德祥:《1949 年以来中国大学治理的历史变迁——基于政策变革的思考》,《中国高教研究》2016 年第 2 期,第 29—36 页。
[2] 所谓"定额定员"就是按事业机构规模的大小或事业的需要合理地确定其各种人员编制,房屋和设备标准,行政和业务费用开支额度,器材的储备量。
[3] 所谓"基数+发展"就是当年学校的经费分配额度是以前一年所得份额为基础,考虑当年教育事业发展与变化的情况而确定教育经费的基本方式。
[4] 蔡克勇:《20 世纪的中国高等教育》(体制卷),高等教育出版社 2003 年版,第 312 页。

单位化是我国高等教育改革与发展中诸多难解问题的根本所在。"①

二 "事业单位法人"（1985—2010）

20世纪80年代以来，伴随着我国经济体制改革的启动，教育体制改革也开始被提上议事日程。这是因为，"随着市场经济的到来，封闭、僵化的高等教育体制的弊端日益凸显，传统的计划手段开始失灵"②，从而市场原则逐步进入高等教育领域，"事业单位法人"成为公立高校新的法律身份。该法律身份具有双重性质，既带有计划经济背景下"单位制"的历史烙印，又拥有市场经济条件下"自由竞争"的时代特点。这也就意味着，公立大学的"依附性人格"在一定程度上开始走向消解。这种变化直接得益于一系列高等教育法律、法规与政策的出台，背后折射出国家对公立高校的治理手段从"单位制"向"项目制"的重大转变，这正是政府不断适应高等教育外部环境及其变化而做出的基本政策调整。

1985年发布的《中共中央关于教育体制改革的决定》可谓我国高等教育改革进程中一股沁人心脾的清风，"当前高等教育体制改革的关键，就是改变政府对高等学校统得过多的管理体制，在国家统一的教育方针和计划的指导下，扩大高等学校的办学自主权"。该决定不仅直指"统得过多"的高等教育体制障碍，而且提出将"扩大高校办学自主权"作为冲破体制樊篱的根本出路。历史地看，这是我国初步启动大学法人制度建设的标志性文件。我们可以说，落实和扩大高校办学自主权与大学法人制度建设具有密切关系，它是中国语境下的一种特定表达方式。但是，"在国家与大学的关系之中，国家依然是权力的强势方，大学自主权的实现程度基本依赖于国家权力的让渡"③。我们对此必须保持清醒的认识，这正是中西方讨论大学法人制度的根本区别所在，也是掣肘我国大学法人制度改革的根源性因素。

为激发经济发展活力、推动经济体制改革，1986年颁布的《中华人民共和国民法通则》将法人分为"企业法人"和"非企业法人"两类，进而将"非企业法人"分为"机关法人""事业单位法人"和"社会团体法人"。很明显，高等学校是享有"事业单位法人"身份的组织，这无疑是

---

① 王建华：《第三部门事业中的现代大学制度》，博士学位论文，厦门大学，2005年。
② 解德渤：《专业教育的世界模式与中国抉择——以高等教育基本命题的分析与开拓为中心》，《复旦教育论坛》2016年第4期，第15页。
③ 刘虹：《大学治理结构的政治学分析》，《复旦教育论坛》2013年第6期，第17—22页。

一种巨大的进步。但又不得不承认,《民法通则》在当时主要是为了解决企业的法律身份,而高校的法人地位充其量是一种带有应景性质的法律赋予,且法人局限于民事法律关系的"刻板印象"使得我国公立大学在很长一段时间内是"不可诉"的,即大学法人的行政法律关系并没有得到认可。显然,这是一种误解。事实上,大学与政府的关系才是我国大学法人制度改革的根本所在。

1993年,中共中央国务院颁布的《中国教育改革与发展纲要》明确提出:"要采取综合配套、分步推进的方针,加快步伐,改革包得过多、统得过死的体制,逐步建立起与社会主义市场经济体制和政治体制、科技体制改革相适应的教育新体制。"此时,社会主义市场经济的形成与发展成为我国高等教育体制改革的宏观背景。关于大学的法律地位问题,其中如此表述:"在政府和学校的关系上,按照政事分开的原则,通过立法,明确高等学校的权利与义务,使高等学校真正成为面向社会自主办学的法人实体。"但从法律位阶上说,其远不如1995年的《教育法》。其中第三十一条规定:"学校及其他教育机构具备法人条件的,自批准设立或者登记注册之日起取得法人资格。学校及其他教育机构在民事活动中依法享有民事权利,承担民事责任。学校及其他教育机构中的国有资产属于国家所有。"1998年的《高等教育法》第三十条规定:"高等学校自批准设立之日起取得法人资格。高等学校的校长为高等学校的法定代表人。高等学校在民事活动中依法享有民事权利,承担民事责任。"也就是说,在市场经济条件下,《教育法》《高等教育法》都在名义上赋予公立大学"事业单位法人"的法律地位。这同时表明,我国公立大学法人制度建设已取得阶段性进展。

如果说从中央集权向地方分权是市场原则在教育领域中的具体运用,那么从"政府控制"到"大学自主"则是我国公立大学从"事业单位"到"事业单位法人"的重大变化。20世纪90年代,我国按照"共建、调整、合并、合作"的方针对高等教育宏观管理体制进行了重大调整——从"中央政府集中管理"转向"中央和省级两级政府管理",这标志着计划经济体制下部门办学的历史宣告结束,[①]"统一领导,分级管理"的新型高等

---

① 具体来说,此次高校调整前后共涉及900多所大学,其中有597所高校合并、组建为267所高校,国务院62个部门直接管理的近250所高校划转至省级政府管理,120所高校继续由中央部委管理。详情请参见胡耀宗《不同类属高校财政差异分析》,《中国高教研究》2011年第11期,第17页。

教育管理体制正式开启。伴随着高等教育宏观管理体制变革与分税制改革，高校的财政投入体制也由原来的中央财政投入转变为中央财政和地方财政分类投入。人事制度也逐步从原有"单位制"下的"身份管理"向"岗位管理"转变，从"终身制"向"聘用制"转变。[①] 同时，媒体评价、社会监督等也在21世纪之后迅速发展起来。除此之外，市场原则在公立高校内部也有着明显变化，后勤社会化、校办产业、绩效管理、标准化管理等都是"事业单位"向"事业单位法人"转变的典型例证，如此来看，在市场经济条件下，"单位制"所代表的"总体性"治理方式向"项目制"所隐喻的"分权式"治理方式转变，[②] 高校"跑项目"成为一种普遍现象。这也说明，"事业单位法人"是"自上而下"的政府分权原则与"自下而上"的市场竞争机制的融合产物，是"科层制"与"项目制"的制度结合，具有行政配置和自由竞争的双重属性，但仍以"科层治理"为主导。

自1999年"高校扩招"以来，公立高校法人地位的双重属性暴露出我国大学法人制度的弊端，为我们进行系统制度反思提供了历史机遇。2010年颁布的《国家中长期教育改革和发展规划纲要（2010—2020年）》提出的"完善中国特色现代大学制度"就是历史反思与面向未来的重大成果。在此，我们需要回答的核心问题是，"事业单位法人"能否疗治公立大学"单位化"的后遗症？"事业单位法人"能否促进公立大学回归"学术本位"？这都是值得深思的学术命题。

长期以来，我国公立大学并不具有真正意义上的独立性已是无可争辩的事实。在法律地位上，公立高校不再是"政府附属机构"，而是在教学、科研、对外交流等事务上享有一定自治权利的"事业单位法人"，但教育部门通过"红头文件"频频发号施令以贯彻政府意志的行径屡见不鲜。在治理结构上，党委领导下的校长负责制成为公立大学内部领导体制的历史选择，但政治权力、行政权力与学术权力的协调问题始终是大学内部治理的永恒主题。在人事制度和财产制度上，高校具有一定自主权，但上级主管部门在重大财务和重要人事任命上仍拥有主导权。[③] 在评价制度与监督

---

① 李立国：《高校人事制度改革的走向》，《光明日报》2014年6月3日第13版。
② 折晓叶、陈婴婴：《项目制的分级运作机制和治理逻辑——对"项目进村"案例的社会学分析》，《中国社会科学》2011年第7期，第126—148页。
③ 张端鸿：《中国公立大学法人治理结构研究——以A大学为例》，复旦大学出版社2014年版，第45—46页。

机制上，多元化的评价体系、监督机制逐步确立下来，但政府评价与政府监督才是公立高校最为关心的，也是最为敏感的。

这些无不说明，"单位制"所形塑的公立大学"依附性人格"并没有在新的法律身份下得到根本性扭转。在"事业单位法人"的法律框架内，公立大学仍被政府部门严格管控，大学"行政化"与"同质化"问题并没有得到彻底解决，反而在政府的"科层制"管理与"项目制"竞争的双重裹挟下大有愈演愈烈之势。就大学内部法律关系而言，公立大学与教师、学生之间不是简单的民事法律关系，更不能完全纳入行政法律关系的范畴，① 从而无论是庭审判决还是司法救济都是一件极其纠葛的事情，即大学立法技术仍是一个不小的考验。因此，"回归学术本位"与"完善法律技术"是我国公立大学法人制度的改革方向。

三 "公益二类事业单位法人"（2011年至今）

不客气地说，"无论与以市场化为取向的经济体制改革相比较，还是与以转换政府职能为目的的行政机构改革相比较，我国事业单位管理体制改革都带有明显的滞后性"②，而作为事业单位的我国公立高校的法人制度改革进程更是缓慢。可喜的是，2011年中共中央国务院发布的《关于分类推进事业单位改革的指导意见》所强调的"公益属性"与"市场原则"成为公立大学改革的基本方向，也成为大学制度改革"回归学术本位"与"完善法律技术"的重要契机，从而是我国公立大学法人制度改革进程中的又一座里程碑。

该指导意见提出我国事业单位分类改革的"三步走"发展战略——撤销整合、分类转换、分类改革。展开来说，第一步，"对未按规定设立或原承担特定任务已完成的，予以撤销。对布局结构不合理、设置过于分散、工作任务严重不足或职责相同相近的，予以整合"。这是从目的论的角度对事业单位进行的一次内部清扫。第二步，"按照社会功能将现有事业单位划分为承担行政职能、从事生产经营活动和从事公益服务三个类别。对承担行政职能的，逐步将其行政职能划归行政机构或转为行政机构；对从事生产经营活动的，逐步将其转为企业；对从事公益服务的，继

---

① 马怀德：《公务法人问题研究》，《中国法学》2000年第4期，第41—48页。
② 郑国安：《非营利组织与中国事业单位体制改革》，机械工业出版社2002年版，第45页。

续将其保留在事业单位序列、强化其公益属性"。这是从功能论的角度对事业单位进行的一次内部转设。第三步,"根据职责任务、服务对象和资源配置方式等情况,将从事公益服务的事业单位细分为两类:承担义务教育、基础性科研、公共文化、公共卫生及基层的基本医疗服务等基本公益服务,不能或不宜由市场配置资源的,划入公益一类;承担高等教育、非营利医疗等公益服务,可部分由市场配置资源的,划入公益二类"。这是从机构性质的角度对事业单位进行的一次内部划分。如此说来,如今我国公立高校属于"公益二类"的事业单位法人。那么,公立大学从"事业单位法人"到"公益二类"的事业单位法人将会发生哪些具体变化呢?

第一,在法律地位上,我国进一步强化了公立大学的"公益属性",这相当于在事实上默许了公立大学作为公法人的法人性质。长期以来,我国没有公法与私法之分,自然也就没有公法人与私法人之别,从而兼具双重属性的"事业单位法人"使得公立大学始终游移于公私之间,既具有典型的科层特点,又具有营利的市场倾向,这种模糊的法律地位给公立大学发展带来了诸多司法实践上的困扰。可以说,"公益二类"事业单位法人的法律定位在很大程度上赋予了公立高校以市场杠杆,消解了政府严格管控的合法根基,从而变相接受了公立大学的公法人地位。从这个意义上说,坚持公益原则、遵守市场规范成为公立大学的积极选择。

第二,在治理结构上,政府、市场与高校三者的角色开始发生结构性变化。2011年国务院发布的《关于建立和完善事业单位法人治理结构的意见》提出,"坚持管办分离""落实法人自主权""强化公益属性""加强监管"等治理原则。政府逐步从"划桨人"转变为"掌舵人"的角色,市场也开始在高等教育资源的优化配置中发挥重要作用,大学也将从原来的依附于政府、盲从于市场逐渐转变为独立而理性的育人机构。这说明,高等教育管理即将或者说正在发生从"行政管理"迈向"公共管理"的总体态势。当然,大学外部治理结构的变化也必将对内部治理结构产生很大的影响,"市场原则"的引入与运用可能将会强化以校长为首的行政管理团队的市场运营权,这一点在日本国立大学法人化改革中已得到证明。但我国公立大学内部管理体制改革的重要方向之一则是如何规制党政权力。

第三,在人事制度上,"脱钩""分类""放权""搞活"是事业单位人事制度改革的基本思路,也是我国公立大学人事制度改革的"关键词"。其一,逐步取消公立大学的行政级别,不再按照行政级别来确定工作人员的薪酬、待遇等；其二，建立符合"行政岗位"和"教师岗位"职业特点的人事制度，实行分类管理；其三，扩大公立高校在岗位设置、人员聘用、绩效工资以及项目经费等方面的管理自主权，并建立健全高校用人的自我约束机制；其四，在高校内部引入竞争激励机制，通过建立和推行聘用制度，搞活工资分配制度，从"编制管理"迈向"备案管理"，以建立充满生机、活力的用人机制。2016年11月，中共中央办公厅、国务院办公厅印发了《关于实行以增加知识价值为导向分配政策的若干意见》，"允许高校教师兼职兼薪"的新规正是高校人事制度改革的重要内容，但该政策也有较大的商榷空间。

第四，在投入体制和财产制度上，"公益一类"的事业单位属于"全额拨款"，即所有经费均来源于财政拨款，不能有自营收入；"公益二类"的事业单位属于"差额拨款"，即部分经费由财政负担，其余部分的经费则通过单位开展自营业务或接受社会捐赠等方式获得。如此，公立大学的教育经费来源主要由三个部分构成：国家财政拨款、学杂费收入和学校自筹经费。与此同时，目前我国公立大学实行的是两种并行的财务管理方式：一种是通过提供公益服务依法取得的事业性经费，按照"收支两条线"的方式进行管理；另一种是依法取得的经营性收入、捐赠性收入等必须用于公益事业发展，并纳入单位预算，统一核算、统一管理。这种"双轨制"的财务管理方式就是为高校"松绑"的体现。

第五，在评价制度和监督机制上，"简政放权"与"评价监管"是同步的。政府评价与政府监督的单一化模式将成为历史，社会评价与社会监督、自我评价与内部监督、政府评价与政府监督的三重问责机制将成为高等教育管理的新常态。从理论上说，公立大学一旦被划入"公益二类"的事业单位法人的范畴，这就意味着国家允许部分社会资本以适当的方式介入公立大学所承担的公益职能之中。这不仅有助于打破政府在大学评价与监督方面的垄断性权力，而且有利于培育出社会参与高校办学并进行社会评价与社会监督的合法化根基。与此同时，大学的自我评价与内部监督也日渐成熟起来，毕竟"大学自由"的根本前提在于"大学自律"。

根据上述分析，我们发现：公立大学法人制度改革的基本目标就是，真正建立起一个具有自我发展能力和自我约束机制的独立法人实体。不容否认，"公益二类"事业单位法人的法律定位已经表征出未来我国公立大学法人化改革的端倪。更严格地说，这种法律定位不仅是对公立大学"学术本位"的一次回归，更是从"法律技术"层面的一种完善，其潜在的改革意义与改革动向值得我们深入研究。不过，从目前学术界的研究成果来看，人们远远低估了"公益二类"事业单位法人给公立大学改革所带来的"扩散效应"与"外溢效应"。这种"扩散效应"最直接地体现在法律性质、治理结构、投入体制、人事制度、财产制度、评价制度与监督机制等全面的制度革新上，而"外溢效应"将表现为"市场原则"在推动我国公立大学法人制度改革的特殊功能上面，继而对现代大学制度建设以及"双一流"建设产生不可估量的作用。

不止如此，《民办教育促进法》中关于"营利性民办学校"和"非营利性民办学校"的分类管理政策已经落地。《民法总则》中也做出有关"营利性法人"和"非营利性法人"的类型划分，其中"非营利性法人"进一步细分为事业单位法人、社会团体法人、捐助法人以及社会服务机构法人四种。这指明了我国法人分类改革的基本思路，不仅扭转了民办高校"民办非企业法人"的历史尴尬，而且对公立大学法人制度改革具有一定的参考意义，也为启动公立大学法人制度改革奠定了心理基础与法律基础。从新的法人分类框架来看，我国公立大学属于"非营利性法人"中的"事业单位法人"，实际上它没有超越"公益二类"事业单位法人的法律规范。但无论从学理上还是法理上来分析，"公益二类"事业单位法人难以涵盖并适应所有公立大学的基本特点与发展诉求，仍具有制度改革的空间。

从历史发展的角度来说，我国公立大学法人制度改革经历了"事业单位"到"事业单位法人"再到"公益二类"事业单位法人的发展历程。在其背后折射出的是，高等教育管理模式从"政府权威"的"一元制管理"到"政府权力"与"大学自主"的"二元制管理"，再到"政府引导""市场调节""大学自主"的"三元制管理"的改革逻辑与实践进路。从深层次角度来看，我国公立大学从宏观政治背景"单位制"影响下的"没有法人地位"，发展到在经济体制改革大潮中象征性地赋予"事业单位法人"，再到今天在尊重高等教育发展规律基础上的"公益二类"事业单位法人。这是我国高等教育自改革开放以来取得的重大改革成果，而高等教育发展观的转变更是历史的馈赠，也必将成为未来改革的财富。

表 3-1 我国公立大学法人制度实践进路的历史比较

维度\类型	没有法人地位（1949—1984 年）	事业单位法人（1985—2010 年）	公益二类事业单位法人（2011—年至今）
法律地位	公立大学作为政府的附属机构而存在，几乎没有自主权限	公立大学的法人地位获得法律上的认可，但"名过其实"	公立大学依然在法律上享有法人地位，公益属性进一步凸显
治理结构	政府直接管理、严格管控	政府通过"扩大高校办学自主权"，调整大学与政府的关系	市场力量在高校治理中的作用开始显现，政府、市场与高校三者角色开始发生结构性变化
投入体制	公立高校的办学经费几乎完全来自政府的财政拨款，经费结构单一	公立高校的办学经费主要来自政府的财政拨款，部分来自社会捐赠与其他收入	公立高校的办学经费来源更加多元，政府财政拨款比重不断下降，市场运营收入不断增加
人事制度	"单位制"与"编制管理"使得高校的用人权限牢牢掌握在政府手中	"身份管理"逐步向"岗位管理"转变，"终身制"也开始向"聘任制"转变	公立高校在岗位设置、人员聘用、绩效工资以及项目经费等方面拥有较大自主权
财产制度	公立高校的一切财产归国家所有，高校几乎没有自主财权	高校仍不具备法人财产权，但在经费使用上有一定的松绑	高校仍不具备法人财产权，但在经费使用和管理上的权限进一步扩大
评价制度	政府评价	政府评价占据绝对主导权，社会评价与自我评价虽有所发展但仍居于次要位置	社会评价、自我评价与政府评价相结合，政府评价的主导权让渡于社会评价与自我评价
监督机制	政府监督	政府监督占据绝对主导权，社会监督与内部监督虽有所发展，但仍居于次要地位	社会监督、内部监督与政府监督相结合，政府监督的主导权向社会监督、内部监督倾斜

第二节　我国公立大学法人制度的基本特征

历史地看，我国公立大学在法律文本上经历了"没有法人地位"到"享有法人地位"的身份蜕变，这是我国高等教育发展史值得书写的重大成绩，也符合世界高等教育的发展趋势。但"单纯地赋予公立大学'法人'头衔不能在实践中为公立大学提供有效的救济途径"。[①] 从这个意义上说，我国高等教育发展的阶段性特征造就了如今我国公立大学法人制度的基本特征，同时成为大学法人制度改革的根本症结。

一　法人身份的"单一性"

"事业单位法人"是我国公立高校统一的法律标识，但单一的法人身份已经在事实上制约着不同类型公立高校的发展前景。毋庸置疑，我国拥有世界上最大的高等教育规模，也拥有世界上最大的公立高等教育规模。根据教育部最新公布的统计数据显示，2017年我国普通高校共2631所，其中公立高校1884所，比例超过70%，全国普通本专科在校大学生总规模2753.6万人，公立高校在学人数逾2125万人，比例约为77%。这是我国高等教育发展的基本国情。不容否认，我国部属重点高校、地方本科院校、高职高专院校等公办院校所肩负的使命不同，对大学自主的吁求程度与诉求内容也不尽相同，从而大学法人身份理应有所区别。但如今我国在法律上将如此规模庞大且类型各异的公办高校贴上了统一的法人身份标签——"事业单位法人"，这显然是不合适的。

这种单一的大学法人身份所造成的直接后果就是公立高校内部生态急剧恶化。在一个理想的生态系统中，"乔木""灌木"与"草皮"各安其位、各尽其责，而公立高等教育系统也莫过于此。"公益二类"的事业单位法人为公立高校启动市场运营、接受社会捐赠提供了一定的政策空间，但不同类型的公办院校在这场"同一起跑线"上的竞争，其实在一开始就注定是不公平的。从法律价值的角度来分析，公立高校单一法人身份的设

[①] 周详：《我国公立大学的法律属性与依法治教的推进》，《中国高教研究》2015年第11期，第13—18页。

定是出于统一管理、维持秩序的需要，没有尊重不同院校之间的基本差异，未免有"削足适履"之嫌。具言之，部属重点院校的"吸金能力"是一般院校所无法比拟的，新一轮的法律身份政策调整将使其在"品牌效应"的庇佑之下获得更加充裕的教育资源。相比之下，大批高职高专院校和地方本科院校很可能或正在面临着生存困顿，高等教育系统中的等级观念进一步被强化，从而"改名""升级"的内心冲动始终难以抑制，最终导致公立高校内部系统生态恶化。

如今我国正在迎接创新驱动的经济发展新时代，大学创新的必要前提就是大学自主、学术自由，公立大学法人化改革就是其中最为积极、最为长远的应对策略。如今我国正阔步迈向高等教育普及化阶段，普及化的基本要求就是高校类型多样化，而法律身份的多样化则是题中应有之义。我国坚持全面依法治国的帷幕已经拉开，《高等教育法》与《民办教育促进法》的修订已经显现出大学法人身份的多样化走向，而扩大与落实高校办学自主权的改革方向与公立高校的法人化改革更具有内在耦合的趋势。当前我国正肩负着建设高等教育强国的时代任务，这就迫切需要扫清单一法人身份的法律障碍。客观地说，大学法人身份的多样化并不能彻底解决公立高校面临的难题，但至少可以为不同类型高校的发展提供多种选择。

二 法人属性的"不完整性"

由于公立大学不同于一般意义上的法人机构，它往往被赋予特定的法人类型，从而有助于妥善处理大学与政府之间的法律边界问题，其根本目的在于防止政府权力对大学系统的肆意干预或僭越。即世界公立大学法人制度的基本经验是，大学在行政法律关系中的独立地位是教育法律法规最重要、最迫切的规定，其在民事法律关系中的独立地位不过是一种自然性或顺延性习得。然而，我国高等学校作为独立法人在发挥自身作用的同时被有形或无形的因素限制着，高等学校的独立法人资格并没有得到充分体现。[1]进一步来说，根据《教育法》与《高等教育法》的相关规定，我国公立大学只享有民法意义上的独立地位，并不具备行政法意义上的法人资

---

[1] 潘懋元、邬大光：《世纪之交中国高等教育办学模式的变化与走向》，《教育研究》2001年第3期，第3—7页。

格，充其量属于法律法规授权组织。这说明，我国公立大学法人属性具有"不完整性"特点。

这种单向度的大学法人属性容易造成政事不分、公私不明，从而政府控制大学、大学依赖政府的现象不足为奇。进一步来说，公立大学在行政法意义上法人属性的缺失导致的直接后果就是大学与政府之间治理边界的模糊化，这就为政府权力介入高校的具体办学实践提供了天然的滥权土壤。南京师范大学胡建华教授将长期以来我国大学与政府之间的关系特点形象地概括为"文件化办学"，意指文件已经成为维系大学与政府之间关系最常见的治理手段，[①] 反而相关法律法规处于"被边缘化"的尴尬境遇。这绝对是司空见惯又令人难以置信的教育状况，但事实正是如此——公立大学就是按照政府随时下达的各式各样的文件规定来开展教育教学活动。不得不说，这是政府权力不受约束在高等教育领域的典型体现，也是大学在行政法意义上独立地位缺失所承受的极大恶果。

可以说，"行政法律关系主要是行政机关和私人之间的法律关系。行政机关具有主权者所享有的权力、威望和财力，和私人之间处于不平等的地位……行政法的目的是要矫正这种不平等"[②]。"法律独立于政府之外，政府权力受法律的限制"[③]，这就是自然法的基本思想，[④] 其树立了法律而非政府作为最高权威的法治思维，这个思想在西方社会中历史悠久，在我国仍有很长的一段路要走。

三 法人地位的"外赋性"

我国公立大学法人制度的初步确立并非出自高等教育的自身诉求，而是经济体制改革背景下的附带性产品。自20世纪80年代以来，"扩大高校办学自主权"的整体步伐始终没有停歇（详见表3-2），从而成为我国高等教育领域改革的主旋律。这在较大程度上弥补了我国公立大学"不完整"法人身份的制度性缺陷。但严格地说，"法律法规授权组织"的法律

[①] 胡建华：《从文件化到法律化：改善大学与政府关系之关键》，《苏州大学学报》（教育科学版）2015年第4期，第4页。
[②] 王名扬：《美国行政法》（上），中国法制出版社2005年版，第44页。
[③] 同上书，第112页。
[④] 自然法强调的是法律所存在的自然秩序与客观基础，从而正义、人性、自由、平等、理性等成为其追求的核心价值。自然法学派也是当今世界法学界的主流，代表人物包括荷兰的格劳秀斯（Hugo Grotius，他被尊称为"自然法之父"）、法国的卢梭和孟德斯鸠以及英国的洛克等。

定位并没有从根本上解决公立高校在行政法意义上的法人地位问题。毕竟，我们所期许的"大学法人地位"与当前政府所倡导的"扩大和落实高校办学自主权"是两条完全不同的逻辑线索。① 因为前者的实践主体是高校，从而大学法人地位的获得具有明显的"内生性"特质，而后者的主体依然是政府，带有鲜明的"外赋性"特征。这既是我国公立大学法人制度建设面临的基本现实，也是开启我国公立大学"二次法人化"改革的基本面向。

我国公立大学法人地位的"外赋性"特点所带来的主要威胁就是，大学的独立法人地位是不稳当的，既然政府可以扩大高校办学自主权，当然也可以收缩高校办学自主权。这就引发出一个至关重要的命题：在中国语境下，大学自主权究竟来源于"自然法权"还是"国家授权"？很明显，这不是一个简单的教育问题，也不是一个简单的法律问题，其中更包含着复杂的政治因素。正因如此，"自然法权"与"国家授权"两种法源的交织与融合可能更符合我国公立大学的实际情况。进言之，我们并不反对"国家授权"的基本逻辑，我们反对的是不受法律规制的"政府权力"。这恰恰是我国现代大学法人制度改革中不得不面对的一种悖论："改革必须由政府领导和推动，但改革必须首先改革政府……这个'改革悖论'的解决，寄希望于政府'壮士断臂'的勇气和政府职能的转变"，② 但归根结底还要依靠法律的规制力量。

总体而言，我国公立大学"单一性"的法人身份是计划经济时代的制度遗留，公立大学法人属性的"不完整性"深深打上了市场经济转型发展的历史烙印，公立大学法人地位的"外赋性"则成为制约高等教育持续发展的制度性根源。可以说，我国公立大学法人制度的三大特征是高等教育领域"中国问题"的形成根源，也是区别于国外公立大学法人制度的特殊之处，从而也就成为建立与完善具有"中国特色"的公立大学法人制度的现实基础。

---

① 张应强：《我国高等教育改革的反思和再出发》，《深圳大学学报》（人文社会科学版）2016 年第 1 期，第 147 页。

② 张应强：《新中国大学制度建设的艰难选择》，《清华大学教育研究》2012 年第 6 期，第 34 页。

表 3 – 2　　我国公立高等教育系统"扩大高校办学自主权"一览

序号	时间	文件	权限
1	1985 年	《中共中央关于教育体制改革的决定》	1. 在计划外接受委托培养学生和招收自费生； 2. 有权调整专业的服务方向，制订教学计划和教学大纲，编写和选用教材； 3. 有权接受委托或合作，进行科学研究和技术开发，建立教学、科研、生产联合体； 4. 有权提名任免副校长和任免其他各级干部； 5. 有权具体安排国家拨发的基建投资和经费； 6. 有权利用自筹资金，开展国际教育和学术交流等
2	1986 年	《高等教育管理职责暂行规定》	1. 实行跨部门、跨地区联合办学，接受委培生和自费生，录取、处理和淘汰不合格学生； 2. 使用主管部门核定的年度事业经费，取得的收入用于发展事业、集体福利和个人奖励； 3. 自行择优选择设计施工单位，自行审定设计文件，调整长远和年度基建计划； 4. 由校长提名报请任免副校长，任免其他各级行政人员，聘任、辞退教师和辞退职工； 5. 评定教授、副教授的任职资格，审定授予硕士学位的学科、专业，增补博士生导师； 6. 调整专业服务方向，制订教学计划、教学大纲，选用教材，进行教学改革； 7. 自行决定参加科学研究项目的投标，承担其他单位委托的科学研究任务，面向社会开展技术服务和咨询，自行决定单独设立或与其他单位合办科学研究机构或教学、科学研究、生产的联合体，可以接受企业单位的资助并决定其使用重点； 8. 积极开展对外交流活动，决定出国和来华的学术交流人员，负责出国人员的政治审查

续　表

序号	时间	文件	权限
3	1992年	《关于国家教委直属高校深化改革，扩大办学自主权的若干意见》	1. 确定与调整专业方向，设置、调整本科专业，设置、调整与本科专业相近的专科专业； 2. 学校可在年度本、专科招生计划总数的25%以内，招收委托培养和自费生； 3. 学校可在年度本、专科招生计划总数的基础上增招5%的委托培养和自费生； 4. 调整在职研究生、定向研究生比例，适当招收委托培养、学校自筹经费和自费研究生； 5. 自行确定和调整校内科研机构和专职科研编制，创办科技产业实体，确定科研课题； 6. 举办继续教育及岗位培训等非学历教育，成人高等学历教育可增加20%计划外人数； 7. 审定生活用房及部分教学用房设计文件，适当调整建房标准，贷款解决急需基建项目； 8. 学校可提出年度学杂费、委培生、自费生等收费的标准，报国家教委核批； 9. 学校自主统筹安排使用学校的预算内事业经费和预算外经费； 10. 学校有权确定校内分配办法和津贴标准； 11. 选择不同用人制度和管理体制，确定人员构成比例，增设流动编制，设立企业编制； 12. 学校有权设置和调整专业技术职务岗位，自主进行评聘工作，自主聘请名誉教授； 13. 学校有权依据实际需要确定校内机构的设置及其人员的配备； 14. 学校可提名并考察副校长人选，学校有权任免副校级以下干部； 15. 党委书记和校长代行审批出国留学人员、副校长以下出国人员、来华讲学外籍人员； 16. 学校可直接录取来华留学生，可直接招收录取自费来华留学生，并规定其学费标准

续 表

序号	时间	文件	权限
4	1998 年	《高等教育法》	1. 制定招生方案，自主调节系科招生比例； 2. 依法自主设置和调整学科、专业； 3. 自主制定教学计划，选编教材，组织实施教学活动； 4. 自主开展科学研究、技术开发和社会服务； 5. 自主开展与境外高等学校之间的科学技术文化交流与合作； 6. 自主确定内部组织机构的设置和人员配备，评聘教师和其他专业技术人员的职务，调整津贴及工资分配； 7. 对举办者提供的财产、国家财政性资助、受捐赠财产依法自主管理和使用
5	2017 年	《关于深化高等教育领域简政放权放管结合优化服务改革的若干意见》	1. 完善高校学科专业设置机制 　（1）改革学位授权审核机制； 　（2）改进高校本专科专业设置； 2. 改革高校编制及岗位管理制度 　（3）积极探索实行高校人员总量管理； 　（4）高校依法自主管理岗位设置； 　（5）高校自主设置内设机构； 3. 改善高校进人用人环境 　（6）优化高校进人环境； 　（7）完善高校用人管理； 4. 改进高校教师职称评审机制 　（8）下放高校教师职称评审权； 　（9）改进教师职称评审方法； 5. 健全符合中国特色现代大学特点的薪酬分配制度 　（10）支持高校推进内部薪酬分配改革； 　（11）加强高校绩效工资管理； 6. 完善和加强高校经费使用管理 　（12）改进高校经费使用管理； 　（13）扩大高校资产处置权限； 7. 完善高校内部治理 　（14）加强党对高校的领导； 　（15）加强制度建设； 　（16）完善民主管理和学术治理； 　（17）强化信息公开与社会监督； 8. 强化监管优化服务 　（18）构建事中事后监管体系； 　（19）加强协调与指导； 　（20）营造良好改革环境

第三节 "事业单位法人"制度框架下的公立大学

我国公立大学在现行"事业单位法人"的总体制度框架下带有明显的法人身份"单一性"、法人属性"不完整性"以及法人地位"外赋性"的外部结构性特点,这为我们观照、评判当前我国公立大学法人制度的具体内容提供了基本视点。反之,公立大学法人制度具体内容的深入剖析也为我们进一步反思、探明公立高等教育的改革方向与实践思路提供了有力的事实支撑。

一 "次级法人"的法律地位

从组织结构的角度看,我国公立大学经历了"单位"—"事业单位"—"公益二类事业单位"的历史变迁。就法律身份而言,我国公立大学历经"无法人身份"到"事业单位法人"再到"公益二类"事业单位法人的基本演进。这自然反映出,伴随我国经济社会的转型发展与事业单位的分类改革,我们对公立大学法律性质的认识也开始逐步走向深化并做出相应调整。如今作为"公益二类"事业单位法人的公立大学被赋予了公益属性与市场属性。与之前"事业单位法人"的笼统表述相比,它不仅申明并强化了公立大学所肩负的公共职责,而且许可并引导公立大学以独立主体身份面向市场。这可谓我国公立大学法人制度改革进程中一个不小的进步。

但不得不承认,公立大学由于肩负着多元化的组织使命使其具有天然的复杂性,而我国公立大学必须坚守的政治底线又赋予了它以特殊的组织职能,二者的叠加效应在法律意义上的结果呈现就使我国公立大学的法人类型、法人性质变得愈加扑朔迷离,最终导致公立大学在法律地位上沦为"次级法人"。

就法人类型来说,我国公立大学在名义上一律属于"事业单位法人",但该法人类型遭到法学界的诸多非议,[①] 这种非议的焦点折射在高校身上可以这样表达:作为一个模糊而笼统的合成概念,事业单位法人可以安置

[①] 方流芳:《从法律视角看中国事业单位改革》,《比较法研究》2007年第3期,第3页。

数量庞大、类型各异、使命不同的公立大学的法律身份吗？显而易见，这个答案是否定的。尽管统一的法律身份在社会学或政治学意义上是不难理解的，但它在法学意义上却是有悖于法理的。值得欣慰的是，近年来我国推进的事业单位分类改革就是一种回归常理、尊重法理的"瘦身行动"，而《民法总则》的修订又为公立大学法人分类改革提供了有利参考，所以这不啻为面向未来高等教育普及化时代和法治化时代的一项"强身行动"。

从法人性质的角度看，作为事业单位法人的我国公立大学呈现出"既公又私""非公非私""私胜于公"的总体特点。首先，我国公立大学是典型的横跨民法和行政法两大法律部门的"双界性法人"，[①] 从而具有"既公又私"的特点；其次，我国公立大学不及一般企业享有"完全法人"地位，它不能完全独立地行使法人权利，也不同于政府机关及其附属机构，它不能完全听命于政府指令行事，从而带有"非公非私"的特点；最后，我国公立大学在民事法律关系中的独立地位并不能满足其在行政法律关系中特定的、迫切的需要，也难以解决大学与政府间因权力边界模糊而带来的诸多困扰，这是我国公立大学法人制度中"私胜于公"的真实写照。

进一步来说，"既公又私""非公非私"两大特点既体现出我国公立大学在法律意义上的复杂性，也策应了世界公立大学"公私模糊"乃至"公私交融"的基本发展态势。然而，在公立大学法人属性这一细节问题上，究竟是"私胜于公"还是"公胜于私"成为我国与世界其他国家的最大分歧。世界公立大学的通行惯例是"公胜于私"，即公立大学的公法人属性比私法人属性更占优势，从而它在公法意义上是一个人格独立的个体，这就意味着政府部门不得肆意干预高校办学，具有权力膨胀本能的政府力量受到法律上的有效遏制，最终达致捍卫大学自治传统的结果。然而，这一点在我国恰恰相反，我国公立大学的私法人属性远远超过其公法人属性，从而它的独立身份仅在私法意义上成立。其存在的潜在威胁就是，政府权力可以直接介入高校管理的方方面面，从而人们所憧憬与宣扬的"大学自主"不过沦为一种人为建构的"美好想象"而已。

正是由于"事业单位法人"的概念模糊和"公私法人属性"的基本分歧，当前我国公立大学的法律地位用"准法人""亚法人""不完全法人"

[①] 姚荣：《公立高校法人化改革的理论争议与制度抉择》，《北京教育（高教）》2016年第2期，第34页。

或"次级法人"来加以概括或许更为确切。从这个角度来说,未来我国公立高校法人制度改革的路径取向在于,法人类型的多元化、规范化与公法化。

二 "国家保障"的投入体制

投入体制是公立大学法律性质的重要观测点。从理论上说,教育经费来源结构的差异对大学的独立地位有着显著影响。如果说公立大学办学经费完全或绝大部分来自国家财政拨款,那么公立大学在法律意义上的独立地位将受到很大的局限,从而大学自主及其实现的有效程度完全取决于"国家理性",而公立大学教育经费来源结构的多元化则意味着政府的绝对权威在一定程度上走向消解。

根据《中国教育经费统计年鉴》的相关数据显示:我国公立高校办学经费具有体量大、增长快、来源广的总体特征。公立高校的教育经费自2009年的4134亿元增长到2014年的7680亿元,在短短的六年间增长幅度超过85%。单就经费来源而言,我国公立高校的教育经费主要包括公共财政预算的教育经费、政府征收用于教育的税费、企业办学中的企业拨款、校办产业和社会服务的收入、社会捐赠收入、学杂费等事业收入以及其他教育经费等。但细致分析,我们不难发现:公共财政预算的教育经费占公立高校办学经费总收入的"半壁江山",从2009年的52.54%到2014年的59.91%,在"4%"的教育经费投入目标首次实现的2012年这一比例更是达到63.24%。近年来,国家公共预算的教育经费占公立高等教育经费总投入比重总体维持在60%的水平,而社会捐赠收入、校办产业与社会服务收入占总投入的比例始终不足1%,如表3-3所示。

在可预见的未来,"公益二类"事业单位法人的法律定位并不会使公立大学在市场方面的表现有所改观。在后4%时代,国家公共财政预算的教育经费与学杂费等事业收入依然占据绝对的支配性地位。更为现实的是,2018年7月20日全国省市县乡四级新税务机构全部完成挂牌,即国税地税合并所带来的财税体制改革将重新调整和分配中央与地方的财权事权,由此所引发的部属高校与地方高校办学经费来源将发生重大变化。就此来说,现代大学法人制度建设离不开市场机制,更绕不过国家理性。

表 3-3　　2009—2014 年我国公立高校办学经费来源及其
结构变化情况（单位：万元）

年份	总收入	国家财政性教育经费					社会捐赠收入	学杂费等事业收入	其他教育经费
		公共财政预算的教育经费	政府征收用于教育的税费	企业办学中的企业拨款	校办产业和社会服务的收入	其他国家财政性教育经费			
2009	41342434.4（100%）	21722877.4（52.54%）	434290.8（1.05%）	130072.1（0.31%）	151339.0（0.37%）	—	244793.9（0.59%）	15712730.6（38.01%）	2946330.6（7.13%）
2010	49277312.9（100%）	26920594.3（54.63%）	673218.0（1.37%）	156746.8（0.32%）	107943.2（0.22%）	871266.2（1.77%）	284078.7（0.58%）	17117917.4（34.74%）	3145548.3（6.37%）
2011	62339342.2（100%）	37200863.8（59.67%）	928692.1（1.49%）	179221.7（0.29%）	173762.2（0.28%）	1270677.6（2.04%）	415321.0（0.67%）	18545550.2（29.75%）	3625253.6（5.81%）
2012	71060874.4（100%）	44938470.3（63.24%）	1171394.2（1.65%）	151854.8（0.21%）	185549.2（0.26%）	1584440.4（2.23%）	396425.7（0.56%）	18845947.5（26.52%）	3786792.3（5.33%）
2013	71963906.7（100%）	43521010.8（60.48%）	1022080.6（1.42%）	148691.7（0.21%）	163490.9（0.23%）	2373533.0（3.30%）	399095.5（0.55%）	20441706.1（28.40%）	3894298.1（5.41%）
2014	76806830.6（100%）	46018678.9（59.91%）	1006155.0（1.31%）	123939.6（0.16%）	197043.2（0.26%）	3301450.0（4.30%）	385716.6（0.50%）	21790147.4（28.37%）	3983699.9（5.19%）

注：（1）这里的公立高校包括公办普通高等学校（高等本科学校和高职高专学校），不包括成人高等学校；（2）公共财政预算的教育经费包括教育事业费拨款、基本建设拨款、科研拨款以及其他拨款等；（3）政府征收用于教育的税费包括教育附加费、地方教育附加费以及地方教育基金等。数据来源：根据 2010—2015 年《中国教育经费统计年鉴》的相关数据整理而成。

三　"权力集中"的治理结构

一般来说，法人治理结构的本质是基于所有权、经营权的"两权分离"而产生的一种委托代理关系以及由此衍生出的权利配置与运行机制。[①] 但大学的法人治理结构远远比公司治理结构或其他社会组织的治理结构复杂，它是由高等学校的管理权、办学权以及评价权的"三权分离"而引发的多重委托代理关系，通常包括外部治理结构和内部治理结构两个构成部分，且外部治理结构是检验大学法人地位的关键所在，而内部治理结构则

---

① 覃壮才：《中国公立高等学校法人治理结构研究》，北京师范大学出版社 2010 年版，第 21 页。

是对外部治理结构的组织回应。在"事业单位法人"的整体框架下，当前我国公立高校治理结构的核心特征是"权力集中"。

就外部治理结构而言，社会公众委托政府举办高等教育，各级政府委托高校具体办学，从而高校处于三者互动关系圈的核心，这是一种大学外部治理的理想状态。但遗憾的是，社会、政府和高校之间理想的委托代理关系被"社会缺位、政府强势、高校弱势"的基本现实所击败，从而政府在事实上处于中心位置，大学的独立身份遭到挑战。易言之，我国政府部门长期以来扮演着"全能型"角色，将公办高校的管理权、办学权以及评价权全部统揽于手中，这就好比是将"教练员""运动员"以及"裁判员"的多重身份集于一身。这或许有些不可思议，但却也是无可辩驳的事实。当前我国高等教育改革已经步入攻坚期与深水区，如果不从根本上破除传统行政管理模式的樊篱，那么高等教育治理体系和治理能力现代化的宏伟目标不过是一座遥不可及的海市蜃楼。可喜的是，从 2002 年起至今，国务院取消、调整和下放的高等教育行政审批项目共计 64 项，如表 3 - 4 所示。这明显体现出我国扩大高校办学自主权的总体趋势，尤其是近几年来我国在高等教育领域积极推进管办评分离进程，这也是对构建大学法人治理结构的政策回应与实践策略。

就内部治理结构而言，党委领导、校长负责、教授治学、民主监督是我国公立大学内部治理必须恪守的基本准则。分解来说，这四条准则内隐着三对必须妥善处理的关系：第一，决策权、执行权与监督权之间的关系如何处理？在当前我国大学内部权力配置的整体格局中，决策权与执行权居于主导地位且在学校层面有部分合流趋势，这种合流趋势虽可获得集体领导、集体决策优越性的理论支持，但它在实践中也为"问责"造成了制度性障碍，而由于信息不对称，以教代会为主要载体的监督权则处于边缘地位，从而使得决策是否科学、执行是否有效处于监督的真空状态。这是大学内部治理"权力集中"的第一重表现。第二，党政权力与学术权力之间的关系如何处理？这是大学内部治理的核心命题。在高校管理的传统实践中，学校的党政组织因其具有天然的权力自我膨胀的冲动而僭越学术事务的情况时有发生，从而学术权力走向式微。这是大学内部治理"权力集中"的第二重表现。第三，党委领导和校长负责之间的关系如何处理？这是大学内部治理过程中最具有艺术性的权力协调难题。毫不夸张地说，如何历史地、客观地、理性地看待和运行党委领导下的校长负责制，如何科学地、合理地、有效地将高校党委制度与大学法人制度融合起来，是我国高等教育研究领域最富实践价值的研究题目，也是最具挑战性的研究课题。① 进言之，我们需要谨慎对待且妥善处理好高校的党政关系，尤其是党委书记与校长之间的关系，否则学校的前途命运是堪忧的。这是大学内部治理"权力集中"的另一重表现。

由此来说，事业单位法人框架下的公立大学治理结构的总体特征就是"权力集中"，其中外部治理结构的权力集中在政府手中，而内部治理结构的权力则集中在党政手中。显然，以"权力集中"为典型特点的行政治理结构与以"权力配置"为基本特质的法人治理结构是截然不同的。从这个意义上说，我国公立大学距离建立和完善大学法人治理结构还有相当漫长的一段路程要走。

四 "事业编制"的人事制度

用人制度和分配制度是我国公立高校人事制度改革的两个重大方面，其中与用人制度紧密相连的是职务职称制度和晋升退出制度，与分配制度密切相关的是薪酬激励制度和考核评价制度。② 在两者之间，如何打破僵化的用人机制，建立"能进能出""能上能下""择优汰劣"的用人模式又是高校人事制度改革普遍关心的，也是阻力最大但又不得不正视的难题。那么，高校用人机制僵化的根源在哪里呢？

从法理上说，我国公立高校属于事业单位法人，理应具有相应的人事自主权。但实际上，长期以来政府是参照国家公务员对高校教师采取统一的事业编制管理。就本质而言，"编制"就是与我国宏观的"单位制"社会管理体制相匹配的一种组织成员管理制度，它往往是由政府部门来确定单位内部的人员数量、人员结构以及岗位分配等，从而带有浓重的政治色

---

① 康宁：《中国经济转型中高等教育资源配置的制度创新》，教育科学出版社 2005 年版，第 357 页。

② 需要说明的是，根据《关于深化高等学校人事制度改革的实施意见》第 7、10、11 条规定，高校人事管理包括对学校领导、管理人员、专任教师以及其他专业技术人员等的管理。大学校长以及党委书记的遴选与大学法人制度中的人事自主权紧密相关，但是在现行的法律法规和政策背景下，可以探讨与创新的空间非常有限。由于高校人事管理涉及主体众多、内容丰富，从而难以逐个加以分析。专任教师数量庞大且其用人机制是高校人事管理的核心，故本书在这里仅对专任教师的用人机制加以论述。根据教育部官方网站 2015 年教育统计数据显示：我国普通高校专任教师 1572565 人，其中民办高校专任教师 304817 人，即公立高校专任教师 1267748 人，占普通高校专任教师总人数的比例为 80.62%。

彩。如此说来，一个异常严肃的问题暴露出来："政府控制编制"与"法人人事自主"之间是否存在根本性矛盾？

毫无疑问，二者之间存在对抗性、不可调和的矛盾。对教师而言，"编制"就意味着某种固定身份，意味着该身份所带来的福利待遇。它俨然成为人们一旦获得就不愿轻易放弃的制度诱惑，从而"编制"衍化为"铁饭碗"的代名词，是"终身制"在中国另一种意义上的制度呈现，① 也不免成为部分教师消极怠工的制度温床。对高校而言，政府控制编制就意味着高校不能根据自身发展的实际需要来确定人员安排，② 从而陷入"想引进的人，进不来；想淘汰的人，裁不掉"的尴尬局面，这自然对提升高校的办学质量与学术水平造成了极大的制度性障碍。不仅如此，2007年颁布的《关于高等学校岗位设置管理的指导意见》还对高校岗位内部不同等级之间的结构比例做出了明确规定，③ 政府对高校管理的细致入微可见一斑。进一步来说，与事业编制紧密相连的薪资、福利、待遇等均由政府做出规定并由国家财政支出，即政府拨款与编制直接相关，与绩效几乎无关，从而难以激发大学的办学活力。

"事业编制"是计划经济时代的产物，它越来越难以适应市场经济背景下的教师人事管理工作。在新《劳动合同法》颁布之后，高校与教师之间的法律关系变得越加复杂。④ 当前的普遍做法是，教师的人事合同权掌握在学校手中，即大学校长要与各位教师每三年签订一次人事合同，实行全员聘任制。⑤ 聘任制的制度设计旨在淡化身份评审、强化岗位聘任、实行评聘分离，从而为"非升即走"或"非升即转"埋下伏笔。但其中有两点值得商榷：第一，在事业编制的总体框架下实行聘任制，这种制度设计

---

① 在美国，教职"终身制"是为教师自由探索知识、不受外界干预而提供的一种制度保护，是出于学术目的；在中国，教师"事业编制"是政府对高校教师进行宏观管控的一种管理方式，是出于管理目的。
② 周光礼：《"双一流"建设的三重突破：体制、管理与技术》，《大学教育科学》2016年第4期，第5页。
③ 2007年，人事部、教育部颁布的《关于高等学校岗位设置管理的指导意见》明确指出："二级、三级、四级岗位之间的比例为1∶3∶6，五级、六级、七级岗位之间的比例为2∶4∶4，八级、九级、十级岗位之间的比例为3∶4∶3，十一级、十二级岗位之间的比例为5∶5。"
④ 《中华人民共和国劳动合同法》在2007年6月29日第十届全国人民代表大会常务委员会第二十八次会议表决通过，其中第二条规定："国家机关、事业单位、社会团体和与其建立劳动关系的劳动者，订立、履行、变更、解除或者终止劳动合同，依照本法执行。"
⑤ 黄明东：《中、美、法高校教师法律地位比较研究》，武汉大学出版社2011年版，第288页。

未免有叠床架屋之嫌，且没有根治"事业编制就是终身制"的痼疾，即聘任制如此是不彻底的；第二，政府控制事业编制、学校控制人事合同，作为教师所归属的学院究竟扮演何种角色？政府控编不利于学术职业发展，学校控权同样不利于学术职业发展，从而学院在用人方面的权利与声音理应给予足够的尊重。

五 "公地悲剧"的财产制度

财产是法律人格存在的基本前提，[①] 而财产权的归属问题则是衡量一个组织是否具有独立法律人格的关键指标。在名义上，我国公立高校是具有法人资格的实体组织，从而具有一定的法人财产权。但作为"事业单位法人"的我国公立高校并不具备完整意义上的法人财产权。进一步来说，这种法人财产权只表现为名义"占有权"、有限"使用权"和部分"收益权"，而并不具有实质"所有权"和终极"处分权"。这一点在相关政策文件中都可以得到非常明显的佐证。[②] 新修订的《教育法》第三十二条亦做出明确的法律确认："学校及其他教育机构中的国有资产属于国家所有。"引申来说，我国绝大部分公立高校均是由各级政府创办的，其绝大部分的办学经费也是来源于政府的财政性投入，从而我国公立高校的财产权从根本上归属于国家所有，即我国公立高校一律实行"所有权"与"经营权"相分离的财产制度。

这种"两权分离"的财产制度容易造成英国加勒特·哈丁（Garrett Hardin）教授所提出的"公地悲剧"（The Tragedy of The Commons）。[③] "公地悲剧"给予我们的理论启示是，在产权模糊或产权抽象的情形下，"人人所有，人人没有""人人负责，人人无责"的问题就会暴露无遗。就我国公立高校而言，"国家所有"的财产所有权就是一种模糊产权或抽象产权，这就容易衍生出"有钱花不出去""年底突击花钱"以及"没钱就举

[①] 陈鹏、王雅荔：《基于公立高校法人财产权特殊性的贷款制度设计》，《陕西师范大学学报》（哲学社会科学版）2012年第6期，第148页。

[②] 《事业单位国有资产管理暂行办法》第五条规定："事业单位国有资产实行国家统一所有，政府分级监管，单位占有、使用的管理体制。"第二十五条规定："事业单位处置国有资产，应当严格履行审批手续，未经批准不得自行处置。"

[③] 英国哈丁教授提出"公地悲剧"的经典案例是，在一块公共草地上，每一个牧羊人都希望将私人利益最大化，从而不顾草地的生态承载力而扩大羊群规模，最终导致生态迅速恶化的悲剧。

债花"等种种怪象。

第一种情形属于"资源闲置"的范畴。一个非常形象且带有戏谑成分的说法就是,"打酱油的钱坚决不能买醋",即学校并不具备重新配置组织资源的基本权力。第二种情形属于典型的"资源浪费"现象,学校掠夺式的资源使用必然会造成无谓的资源浪费。即学校的组织成员并不关心资源使用效率问题,从而"事不关己,高高挂起"的旁落心态在此体现得淋漓尽致。第三种情形可以概括为"资源俘获"。按照相关法律规定,公立高校向银行借贷是不能将学校的土地、房产、教学设施等作为抵押的。但银行与高校通过"共谋"而依靠所谓"信用"将政府俘获,高校的巨额贷款最终由国家财政负责埋单。[①] 以上都是由于公立高校产权抽象而导致的"公地悲剧"。

如前所述,在现有的事业单位法人框架下,"资源闲置""资源浪费"以及"资源俘获"等现象无不暴露出公立大学单一财产模式的流弊。但从另一个角度思考,国家对公立大学财产所有权的掌握可以有效地防止国有资产流失,从而在最大程度上保证公立大学公共目的诺言的兑现,即如何在公立大学法人的分类框架下探索出多样化的财产模式,从而在大学"舒心"与政府"放心"之间寻求多个杠杆平衡点。不得不说,这是当前我国公立大学财产制度改革面临的颇为棘手的问题,也是我国公立大学法人制度改革无法绕过的难题。

六 "国家主导"的评价制度

评价、评估在我国是至关重要的一种教育行政手段,也是大学法人制度的一个剪影。早在1985年开始,我国就开始了高等教育评估的探索与实践。进入21世纪之后,我国历经声势浩大的本科教学水平评估(2003—2008年)、本科教学合格评估(2009—2014年)以及本科教学审核评估(2014—2018年)。[②] 可以说,国家对高等教育质量评估与监控具有毋庸置

---

① 李亚楠:《以"公地悲剧"理论解析高校过度举债》,《高教发展与评估》2011年第2期,第69页。

② "本科教学水平评估"主要是针对教育部批准设置研究生院的普通高等学校;"本科教学合格评估"主要是针对新建本科院校(包括民办院校);"本科教学审核评估"主要是针对参加"本科教学水平评估"获得"合格"及以上结论的高校和参加"本科教学合格评估"获得"通过"结论的新建本科院校。详情请参见吴岩《构建中国特色的高等教育质量保障体系》,教育科学出版社2014年版,第26—126页。

疑的合法性，这种合法性主要来源于国家是公立高等教育的举办者与资助者。同时，高等教育评估本身也具有不可否认的合理性，毕竟通过这几次大规模检阅，从根本上保障并提升了高校的基本办学水平与办学规范，从而在很大程度上疗治了因"高校扩招"带来的一些后遗症。也就是说，"以评促建、以评促改、评建结合、重在建设"的评鉴方针基本得以贯彻。

但在如此轰轰烈烈的评价之下，"取消高校教学评估"的声音也是不绝于耳。概括起来，这种声音无外乎以下四种情形：第一种，"劳民伤财说"。每个学校面对评估都不敢怠慢，都将之视为学校的"头等大事"，为迎接评估不惜耗费大量的人力、物力、财力，甚至可能会影响到正常的教学秩序。第二种，"造假闹剧说"。不少学校动员大量师生按照评估指标一项一项地造假。更讽刺的是，通过举办"迎评经验交流会"学习达标经验。这种有组织、有计划的"数据造假"必然会导致"信息失真"，试问，这般评估能够真正诊断学校的办学问题、评估学校的办学水平吗？第三种，"领导政绩说"。之所以学校不惜劳民伤财、积极集体造假，其背后就是一种急功近利的政绩观在作祟，是一种难以祛除的行政化在鼓噪，而并非以提升办学质量为根本追求。第四种，"单一指标说"。试图采用一套评价指标来衡量不同类型学校、不同专业的办学水平不仅是不合理的，而且有"削足适履"之嫌。退一步说，即便采用一套评价指标来衡量同一类型的学校、同一专业也是欠妥的，毕竟缺少弹性空间的评价指标将使得富有个性差异的学校、专业走向同质化。如此说来，一个异常严肃的学术命题与实践议题浮现出来：我们究竟是"按照大学理念办学"还是"按照评价指标办学"？

上述质疑与追问反映出的根本问题是什么呢？在"国家主导"的高等教育评估制度逻辑没有发生根本改变的前提下，无论是整体意义上的本科教学评估还是局部层面的专业评估与认证都终将被卷入一场"运动式"的大学狂欢与学术孤寂之中。不难理解，这里的"国家主导"体现在国家意志、国家机构、[①] 国家标准等方面。实事求是地说，在大学行政化的宏观背景下，"国家主导"的高等教育评估所引发的"泡沫效应"持续发酵并

[①] 2004 年 8 月，教育部高等教育教学评估中心的成立，这是具有独立法人资格的、国家级的教学评估机构。请参见吴岩《构建中国特色的高等教育质量保障体系》，教育科学出版社 2014 年版，第 44 页。

不断膨胀。尽管伴随着高等教育评估的常态化，这种因造假而引发的"泡沫"会逐步被挤出甚至被刺破，但由此而引发的后遗症并不会在短时间内消除。总的来说，我们并不否认国家评估在高等教育领域的重大意义，但如何从"国家主导"的高等教育评估演进至"国家指导"的高等教育评估就是一个评估思想与评估逻辑的根本性变革，从而加强培育第三方评估组织成为未来我国高等教育发展的重要方向之一，也是我国公立大学法人制度改革的重要保障措施。

七 "功能疲软"的监督机制

从理论上说，目前我国公立高校的监督系统包括外部监督系统和内部监督系统。外部监督系统主要指政府监督（以政府立法、政府评估和政府规制为主）和社会监督（以媒体监督、行业监督和公众监督为主）两大类，内部监督系统主要有党代会的组织监督、纪检、监察和审计部门的专职监督以及教职工代表大会的民主监督等形式（如图3-1所示）。概括来说，我国公立高校外部监督系统正处于完善之中，而内部监督系统则陷入一种"疲软"状态。

就外部监督系统而言，第一，以往的高等教育话题从未像今天这样受到电视、报纸、网络等媒体的密切关注，这使得社会媒体对大学的监督力量越来越不可忽视，而高校面对社会媒体所表现出的"危机公关"意识也愈加强烈。第二，许多与高等教育相关的社会中介组织蓬勃发展起来，这就使得行业监督的热度逐步升温。第三，公立高校的办学经费大部分来自纳税人，其办学状态自然需要向社会公开并接受公众监督。2014年颁布的《高等学校信息公开事项清单》就是高校面向社会公开相关事项的一份清单。[①] 更值得一提的是，互联网技术的迅猛发展催生了"自媒体"时代，这就进一步增强了公众监督意识、拓宽了公众监督渠道。第四，近年来各级政府部门综合使用立法、评估、规制等手段加强对高校在办学质量、选人用人、财务管理、收入分配、工程建设、物资采购等重大问题上的监督管理。

---

① 这份清单包括高校基本信息、招生考试信息、财务资产及收费信息、人事师资信息、教学质量信息、学生管理服务信息、学风建设信息、学位学科信息、对外交流与合作信息和其他信息等10个大类50条具体项目。

就内部监督系统而言,第一,公立高校党代会是非常设机构,一般是每五年召开一次全体大会,其监督权的行使属于听取工作报告式的事后监督,从而监督意义及其成效并不显著。①第二,纪检部门、监察部门和审计部门往往属于校党委会和上级有关部门的下设机构,从而内部监督的存在前提被消解。进一步来说,监督效力通常体现在学校职能部门与院系组织上,其对党委与校长的监督基本走向名存实亡,这从根本上折射出制度设计的漏洞。第三,由于信息上的不对称,教职工代表大会的民主监督不免沦为"制度狂欢"背后的"集体沉默"。

我国公立高校现行监督机制"功能萎靡"折射出大学法人制度不健全的本质。实际上,公立高校最敏感、最紧张的外部监督形式就是政府监督,毕竟政府是高等教育资源的主要提供者和分配者,从而与资源配置弱相关抑或无关的其他外部监督形式在监督体系中往往扮演着"陪衬"的角色。这说明,当大学与政府之间的关系不能以法律形式廓清各自权责边界的时候,当大学的独立法人地位并未真正获得的情况之下,政府监督对大学的控制力就如同政治权威一般那样奏效,甚至不少高校为此而"不遗余力"地造假。与外部监督相同,公立大学内部监督系统的"疲软"与大学治理结构"依附性"的组织设计有着莫大关联。进一步来说,大学组织内部没有建立起法人治理结构,决策权、执行权、监督权仍集于一身,最终使得所谓"监督"不过是"有限度"或"不完全"监督,象征意义远超于其实质意义。

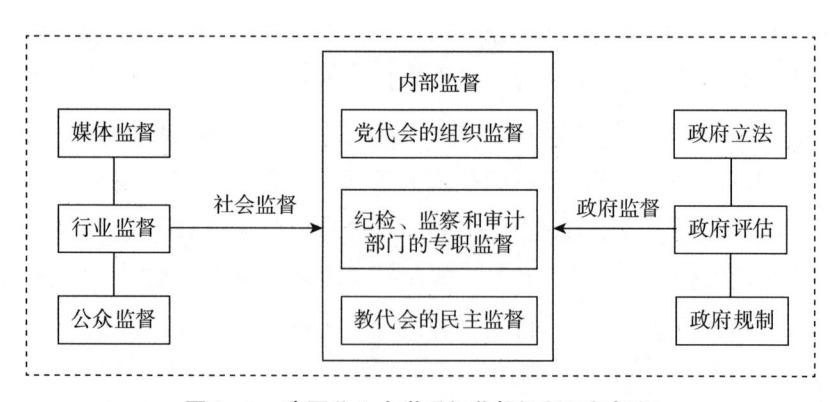

图3-1 我国公立大学现行监督机制运行框架

---

① 张端鸿:《中国公立大学法人治理结构研究——以A大学为例》,复旦大学出版社2014年版,第189页。

综上所述，在现行的事业单位法人制度的整体框架下，我国公立大学处于"次级法人"的法律地位，这种法律地位主要源于和体现为"国家保障"的投入体制、"权力集中"的治理结构、"事业编制"的人事制度、"公地悲剧"的财产制度、"国家主导"的评价制度以及"功能萎靡"的监督制度。这既是我国公立大学法人面临的基本现状，也是我国《高等教育法》试图破解的根本难题。

表 3-4　国务院取消、调整和下放高等教育行政审批项目目录

《国务院关于取消第一批行政审批项目的决定》（国发〔2002〕24 号）
2002 年 11 月 1 日印发（取消审批 10 项）

序号	名称	依据	决定
1	高等学校聘请其他国家或地区的政要、知名人士、高级公务员以外的人士为名誉教授、客座教授的审批、备案	《国家教委办公厅关于当前聘请名誉教授问题的通知》（〔87〕教师管厅字 008 号）	取消
2	中小学校长培训机构资格认定	《中小学校长培训规定》（教育部令第 8 号）	取消
3	直属企业设立、合并、变更、终止等事项的审核	《中华人民共和国企业法人登记管理条例》（国务院令第 1 号）	取消
4	全国劳动模范免试进入成人高校学习的审批	《教育部关于印发〈2000 年全国各类成人高校招生规定〉的通知》（教学〔2000〕4 号）	取消
5	具有招收保送生资格的高等学校的审批	《国家教委关于印发〈普通高校招收保送生的暂行规定〉的通知》（〔88〕教学字 002 号）	取消
6	具有招收艺术特长生资格的高校的确定	《国家教委高校学生司关于同意清华大学等六校招收艺术特长生的通知》（教学司〔1996〕43 号）	取消
7	高等学校招收高水平运动员和著名运动员免试入学的审批	《国家教育委员会关于部分普通高等学校试行招收高水平运动员工作的通知》（〔87〕教学字 008 号）	取消

续　表

序号	名称	依据	决定
8	可招收小语种（非通用语种）的高等学校的确定	《国家教委高校学生管理司同意北京外国语学院非通用语种单独招生的复函》（〔89〕教学字003号）	取消
9	公费培养的大专以上在校生、未达到服务期的毕业生申请自费出国留学的核准	《国家教委印发关于自费出国留学有关问题的通知》（教留〔1993〕81号）	取消
10	各省（区、市）考试机构申请在本地区独立开办面向社会的非学历考试的审批	《国家教委办公厅关于全国高等教育自学考试指导委员会办公室（国家教委高等教育自学考试办公室）与国家教委考试中心合并及有关问题的通知》（教人厅〔1994〕23号）	取消

《国务院关于取消第二批行政审批项目和改变一批行政审批项目管理方式的决定》（国发〔2003〕第5号）

2003年2月27日印发（取消审批12项，自主管理5项）

序号	名称	依据	决定
11	对实施高等教育学历文凭考试试点省份的资格审批	《国家教育委员会关于同意吉林、福建、陕西、四川、广东五省进行高等教育学历文凭考试试点的批复》（教成〔1996〕10号）	取消
12	教育部直属高校校园规划审查	《国家计划委员会、国家基本建设委员会、财政部关于试行加强基本建设管理几个规定的通知》（计计〔1978〕234号）	取消
13	教育部直属高校重大项目和限制类项目之外自筹资金建设项目的初设审查	《国家计划委员会、国家基本建设委员会、财政部关于试行加强基本建设管理几个规定的通知》（计计〔1978〕234号）	取消
14	教育部直属高校勘察设计研究院管理事项审核	《建设部建设工程勘察设计企业资质管理规定》（建设部令第93号）	取消

续 表

序号	名称	依据	决定
15	高等学校在本科专业目录内设置、调整核定的学科门类范围内的本科专业审批	《教育部关于印发〈高等学校本科专业设置规定〉的通知》（教高〔1999〕7号）	取消
16	教育部在京直属高校零星基建审核	无设定依据	取消
17	教育系统机电产品进口登记及向外经贸部转报国家机电配额商品、特定商品进口申请表核准	《机电产品进口管理办法》（国家经济贸易委员会、对外贸易经济合作部令第1号）	取消
18	教育系统公开发行股票的申请审核	《股票发行与交易管理暂行条例》（国务院令第112号）；《国务院关于进一步加强证券市场宏观管理的通知》（国发〔1992〕68号）	取消
19	教育系统有关出版单位及高等学校出版社的年度选题计划审批	《国家教育委员会、新闻出版署关于印发〈关于高等学校出版社加强管理深化改革的若干意见〉的通知》（教备〔1995〕11号）	取消
20	高等学校接受享受中国政府奖学金的外国留学生审批	《高等学校接受外国留学生管理规定》（教育部、外交部、公安部令第9号）	取消
21	外国公司设立面向多所高等学校且不以外国公司或外国人名字命名的奖学金审批	《教育部关于高等学校与外国公司在教育领域开展科技合作若干问题的通知》（教外综〔2000〕51号）	取消
22	部分特殊专业及特殊需要的人员以外高等学校应届毕业生就业计划核准	《国务院办公厅关于印发教育部职能配置内设机构和人员编制规定的通知》（国办发〔1998〕108号）	取消
23	高等教育规划教材建设审批及优秀教材推荐	《国务院办公厅关于印发教育部职能配置内设机构和人员编制规定的通知》（国办发〔1998〕108号）	自主

续 表

序号	名称	依据	决定
24	国家民委所属院校公派出国留学人员审批	《关于发布若干出国留学人员工作管理细则的通知》([87]教外综字679号)	自主
25	国家民委所属院校重点实验室审批	《国务院关于发布〈高等教育管理职责暂行规定〉的通知》(国发[1986]32号)	自主
26	国家民委所属院校普通高等教育重点科研项目审批	《国务院关于发布〈高等教育管理职责暂行规定〉的通知》(国发[1986]32号)	自主
27	国家民委所属院校重点学科审核	《国家教委关于做好评选高等学校重点学科申报工作的通知》([87]教研字023号)	自主

《国务院关于第三批取消和调整行政审批项目的决定》(国发[2004]第16号)
2004年5月19日印发(取消审批15项)

序号	名称	依据	决定
28	在京教育机构设立无线电台(站)审核	《中华人民共和国无线电管理条例》(国务院令第128号)	取消
29	自费出国留学中介服务机构跨省开展业务活动审批	《自费出国留学中介服务管理规定》(教育部、公安部、国家工商行政管理局令第5号)	取消
30	具有研究生单独命题考试资格的高等学校确定	《关于印发招收攻读硕士学位研究生管理规定及其实施细则的通知》(教学[1996]24号)	取消
31	具有研究生推荐免试入学资格的高等学校确定	《关于印发招收攻读硕士学位研究生管理规定及其实施细则的通知》(教学[1996]24号)	取消

续 表

序号	名称	依据	决定
32	省级对实施高等教育学历文凭考试试点学校的资格审批	《国家教育委员会关于同意吉林、福建、陕西、四川、广东五省进行高等教育学历文凭考试试点的批复》(教成〔1996〕10号)	取消
33	普通高等学校毕业生就业调整改派计划审批	《国家教育委员会关于做好1996年全国普通高等学校毕业生就业工作的意见》(教学〔1995〕19号)	取消
34	外国公司设立以外国公司或外国人名字命名的奖学金审批	《教育部关于高等学校与外国公司在教育领域开展科技合作若干问题的通知》(教外综〔2000〕51号)	取消
35	学校校舍、教室命名审批	《国家教育委员会关于学校校舍、教室命名的有关规定的通知》(教办〔1997〕18号)	取消
36	教育部直属高等学校聘请外国文教专家单位资格审核	《国家外国专家局、外交部、公安部关于实行、聘请外国文教专家单位资格认可办法的通知》(外专发〔1992〕170号)	取消
37	高等学校聘请外籍和港澳台政要、知名人士、高级公务员为名誉(客座)教授审批	《教育部关于高等学校进一步做好名誉教授聘请工作的若干意见》(教人〔2003〕1号)	取消
38	因公赴港澳就读、任教、合作研究人员资格审核	《关于印发〈关于对因公赴香港、澳门就读、任教、合作研究人员的暂行管理规定〉的通知》(教外港〔2000〕60号)	取消
39	中外合作办学机构颁发外国学历、学位证书的资格审批	《国家教育委员会关于发布〈中外合作办学暂行规定〉的通知》(教外综〔1995〕31号)	取消
40	学校招收外籍学生和港澳台学生资格审批	《高等学校接受外国留学生管理规定》(教育部、外交部、公安部令第9号)	取消

续　表

序号	名称	依据	决定
41	国家民委所属院校举办成人高等教育函授、夜大资格审批	《关于普通高等学校函授、夜大办学资格审批和专业备案工作的通知》（教成〔1992〕17号）	取消
42	国家民委所属院校普通高等教育年度本科专业目录内设置、调整审批	《教育部关于印发〈高等学校本科专业设置规定〉的通知》（教高〔1999〕7号）	取消

《国务院关于第四批取消和调整行政审批项目的决定》（国发〔2007〕33号）
2007年10月9日印发（无高等教育行政审批取消项目）

《国务院关于第五批取消和下放管理层级行政审批项目的决定》（国发〔2010〕21号）
2010年7月4日印发（无高等教育行政审批取消项目）

《国务院关于第六批取消和调整行政审批项目的决定》（国发〔2012〕52号）
2012年9月23日印发（取消审批1项，告知性备案1项，下放审批2项）

序号	名称	依据	决定
43	高等学校设立、撤销、调整研究生院审批	《国务院关于发布〈高等教育管理职责暂行规定〉的通知》（国发〔1986〕32号）	取消
44	举办国际教育展览审批	《国务院对确需保留的行政审批项目设定行政许可的决定》（国务院令第412号）	告知备案
45	自费出国留学中介服务机构资格认定	《国务院对确需保留的行政审批项目设定行政许可的决定》（国务院令第412号）	下放
46	高等学校副教授评审权审批	《国务院对确需保留的行政审批项目设定行政许可的决定》（国务院令第412号）	下放

《国务院关于取消和下放一批行政审批项目等事项的决定》（国发〔2013〕19号）
2013年5月15日印发（取消审批2项）

序号	名称	依据	决定
47	中外合作办学机构以及内地与香港特别行政区、澳门特别行政区、台湾地区合作办学机构聘任校长或者主要行政负责人核准	《中华人民共和国中外合作办学条例》（国务院令第372号）	取消

续 表

序号	名称	依据	决定
48	高等学校部分特殊专业及特殊需要的应届毕业生就业计划审批	《国务院办公厅关于保留部分非行政许可审批项目的通知》(国办发〔2004〕62号)	取消

《国务院关于取消和下放一批行政审批项目的决定》(国发〔2013〕44号)
2013年11月8日印发(取消审批2项)

序号	名称	依据	决定
49	省级人民政府自行审批、调整的高等职业学校使用超出规定命名范围的学校名称审批	《国务院办公厅关于国务院授权省、自治区、直辖市人民政府审批设立高等职业学校有关问题的通知》(国办发〔2000〕3号);《国务院对确需保留的行政审批项目设定行政许可的决定》(国务院令第412号)	取消
50	民办学校聘任校长核准	《中华人民共和国民办教育促进法》	取消

《国务院关于取消和下放一批行政审批项目的决定》(国发〔2014〕5号)
2014年1月28日印发(取消审批3项,下放审批1项)

序号	名称	依据	决定
51	利用互联网实施远程高等学历教育的教育网校审批	《国务院对确需保留的行政审批项目设定行政许可的决定》(国务院令第412号)	取消
52	国家重点学科审批	《教育部关于加强国家重点学科建设的意见》(教研〔2006〕2号);《教育部关于印发〈国家重点学科建设与管理暂行办法〉的通知》(教研〔2006〕3号)	取消
53	高等学校设置和调整第二学士学位专业审批	《国务院对确需保留的行政审批项目设定行政许可的决定》(国务院令第412号)	取消
54	高等教育自学考试专科专业审批	《国务院关于发布〈高等教育自学考试暂行条例〉的通知》(国发〔1988〕15号)	下放

续 表

序号	名称	依据	决定
55	高等学校博士学科点专项科研基金审批	《高等学校博士学科点专项科研基金管理办法》(财教〔2002〕123号)	取消
56	高等学校新农村发展研究院审批	《教育部、科技部关于开展高等学校新农村发展研究院建设工作的通知》(教技〔2012〕1号)	取消

《国务院关于取消和调整一批行政审批项目等事项的决定》(国发〔2014〕50号)
2014年10月23日印发(无高等教育行政审批取消项目)

《国务院关于取消和调整一批行政审批项目等事项的决定》(国发〔2015〕11号)
2015年2月24日印发(无高等教育行政审批取消项目)

《国务院关于取消非行政许可审批事项的决定》(国发〔2015〕27号)
2015年5月10日印发(取消审批3项)

序号	名称	依据	决定
57	高等学校赴境外设立教育机构(含合作)及采取其他形式实施本科及以上学历教育审批	《国务院办公厅关于保留部分非行政许可审批项目的通知》(国办发〔2004〕62号);《高等学校境外办学暂行管理办法》(教育部令第15号)	取消
58	省级自学考试机构开考高等教育自学考试本科专业审批	《高等教育自学考试暂行条例》(国发〔1988〕15号)	取消
59	孔子学院(课堂)设置及年度项目审批	《教育部关于印发〈孔子学院总部机构设置以及教育部对外汉语教学发展中心机构调整方案〉的通知》(教人函〔2007〕12号)	取消

《国务院关于第一批取消62项中央指定地方实施行政审批事项的决定》(国发〔2015〕57号)
2015年10月11日印发(取消审批2项)

序号	名称	依据	决定
60	高等学校境外办学实施专科教育或者非学历高等教育审批	《高等学校境外办学暂行管理办法》(教育部令第15号)	取消

· 120 ·

续 表

序号	名称	依据	决定
61	校外学习中心（点）审批	《现代远程教育校外学习中心（点）暂行管理办法》（教高厅〔2003〕2号）	取消

《国务院关于第二批取消 152 项中央指定地方实施行政审批事项的决定》（国发〔2016〕9 号）
2016 年 2 月 3 日印发（取消审批 3 项）

序号	名称	依据	决定
62	高等学校自学考试专科专业审批	《国务院关于发布〈高等教育自学考试暂行条例〉的通知》（国发〔1988〕15 号）	取消
63	港澳台本科在读学生转读内地（祖国大陆）普通高等学校本科生的审批	《关于普通高等学校招收和培养香港特别行政区、澳门地区及台湾省学生的暂行规定》（教外港〔1999〕22号）	取消
64	对教育部实施的高等学校设置尚未列入《普通高等学校本科专业目录》的新专业审批的初审	《教育部关于印发〈普通高等学校本科专业目录（2012 年）〉〈普通高等学校本科专业设置管理规定〉等文件的通知》（教高〔2012〕9 号）	取消

第四节 《高等教育法》修订前后的公立大学法人制度

《高等教育法》不啻为我国高等教育领域的"宪法"。它从总体上确立了高等教育事业发展的基本法律规范，从而对高等教育实践具有方向性、原则性指导意义。从1998 年《高等教育法》的颁布到2015 年《高等教育法》的修订，时隔17 年，我国高等教育发展的内外部环境发生了巨大的变化，这就要求高等教育的法律规范必须及时做出与之相适应的甚至是带有预见性的调整。毫不夸张地说，公立大学法人制度是《高等教育法》修订前后的"重中之重"。我们有必要深入思考：1998 年《高等教育法》中的公立大学法人制度是何种面貌？2015 年《高等教育法》中的公立大学法人制度又是何种图景？在法律修订前后，公立大学法人制度的法律成果与未竟任务分别又是什么？这就为我们深刻透视公立大学法人制度的基本法律事实与未来改革进路提供了有力的法律依据。

一　1998 年《高等教育法》中的公立大学法人制度

无须讳言，1998 年的《高等教育法》在很大程度上指导了我国大众化时代的高等教育实践。尽管说该部法律从着手起草到通过审议历时十余年，[①] 其中在公立大学法人制度上也不乏可圈可点之处，但它毕竟脱胎于计划经济时代、高等教育精英化阶段以及立法思想"问题化"时期，即囿于当时的历史条件、教育水平以及立法思想等多方面的因素，《高等教育法》对高等教育发展过程中的一些深层次矛盾并没有做出积极、正面的法律回应。

就法律地位而言，我国公立大学享有法人资格，但限于民事范畴，即在事实上属于私法人（尽管我国没有公私法人之分，但公立大学的确又属于私法人性质）。这一点在 1998 年《高等教育法》第三十条中有着明确规定："高等学校自批准设立之日起取得法人资格"，"高等学校在民事活动中依法享有民事权利，承担民事责任"。其中颇为吊诡的是，《高等教育法》在法律部门中属于行政法法律部门，其核心在于合理界定并妥善处理大学与政府之间的关系，即行政法律关系而非民事法律关系。如果我们只是单纯地强调公立大学在民事活动的法人地位，就等于是变相拒绝了公立大学在行政法律关系中的独立地位，这就意味着公立大学与政府之间的关系并非平等的法律关系，从而增加了公立大学由于行政干预而时刻潜在的办学风险。不得不说，私法人制度设计是我国公立大学法人制度中的历史遗留问题。

就治理结构而言，我国公立大学坚持的是"党委领导、校长负责、教授治学、民主监督"的治理结构。1998 年《高等教育法》第三十九条确立了"党委领导、校长负责"的领导体制，第四十二条明确了学术委员会在学术事务上的基本职责，第四十三条确认了以教职工代表大会为核心的民主监督制度。应该说，治理结构是大学法人制度的核心观测点，《高等

---

① 包万平、李金波：《〈高等教育法〉的制定、完善及未来面向》，《中国高教研究》2016 年第 8 期，第 36 页。

教育法》对我国公立大学的内部治理结构做出了明确的规范，至于外部治理结构并未做出明确规定，即政府与大学之间的关系界定问题仍未纳入法律视野，而是通过选拔党政干部的方式将国家意志介入或嵌入内部治理结构之中。这就意味着，建立大学法人治理结构的前提在于明确大学外部治理关系，否则内部治理结构不仅容易遭受行政力量的钳制，而且容易抹杀多样化的内部治理模式生发的内在力量。如此说来，1998年《高等教育法》所确立的"十六字大学治理"总体框架不会发生变化，但在明确府学关系的前提下推进大学法人治理结构则成为一种不可逆转的趋势。

就投入体制而言，我国公立大学实行的是"以财政拨款为主""以其他经费为辅"。这一点在1998年《高等教育法》第六十条中予以明确规定："国家建立以财政拨款为主、其他多种渠道筹措高等教育经费为辅的体制，使高等教育事业的发展同经济、社会发展的水平相适应。"从积极角度来说，国家与地方政府持续加大对公立高等教育的经费投入是政府力量的体现，同时是高等教育重要性的表征，即公立大学的绝大部分办学经费来源于财政拨款，这着实是一件令人欣喜的事情。因为它从根本上解决了公立大学办学经费的后顾之忧，尤其是在高等教育迅猛发展的今天，一所高校庞大的办学经费可谓"富可敌国"，从而府学关系从未像今天如此之紧密。但从另一个角度来看，在大学与政府之间相对独立的法律关系并不明朗的情况下，经费的过度依赖往往会成为公立大学独立人格丧失的根源，从而外部行政意志可以轻易地贯穿整个大学内部组织且毫无阻拦，如此就会将大学行政化的难题引向一个无以复加的深渊。因此，如何运用法律规范来形塑"国家理性"仍是我国公立大学法人制度在投入体制之维面临的历史难题。

就人事制度而言，我国公立大学是在事业编制的整体框架下实行教师聘任制、教育职员制和职务聘任制的分类人事制度。《高等教育法》第三十七条确立了高校在人事制度安排上坚持实际、精简和效能的三项原则，第四十八条明确规定对高校教师实行教师聘任制，第四十九条明确规定对高校管理人员实行教育职员制，而对高校教辅人员及其他专业技术人员实行（专业技术）职务聘任制。从形式上来说，高校教师实行聘任制，在一定程度上体现了高校在选人用人上享有较大自主权，但归根结底公立大学在人事制度安排上仍属于事业编制，这就从侧面反映出政府规制的力量如同一张隐秘存在却又挥之不去的网。易言之，在政府控编的情况下，公立大学普遍推行的是"编制"与"聘任"相结合的双重制度，虽通过"聘任"实现了对"编制"的部分突破，但不免有"戴着镣铐跳舞"的意味。从这个意义上说，在事业编制不变的情况下，1998 年《高等教育法》所规定的"聘任制"不可避免地在现实中沦为聘任合同幌子之下的"终身制"。这充分暴露出政治考量与法律规范之间的内在冲突，而它恰恰是我国公立大学法人制度改革必须正面解决的"硬骨头"。

就财产制度而言，我国公立大学并不具备完整的法人财产权。根据 1998 年《高等教育法》第三十八条规定："高等学校对举办者提供的财产、国家财政性资助、受捐赠财产依法自主管理和使用。"也就是说，我国公立大学只享有财产的管理权和使用权，而财产所有权、处分权均掌握在国家或地方政府手中。当公立大学并不具有财产所有权的时候，"公地悲剧"难免会屡屡上演，前文已有论述，不再赘述。此外，这种单一的产权模式能否适应数量众多、类型各异的公立大学呢？这一点也是令人生疑的。实事求是地说，大学法人地位的获得与确立并非某种固定模式，可能是几种制度的组合，但法人财产权无疑是不同制度组合中不可或缺的"核心元素"。因此，如何在制度改革预期与心理承受范围之间寻找一个恰当的平衡点，成为考验我国公立大学法人制度改革智慧的核心所在，也是我国公立大学法人制度改革能否取得成功的关键所在。

就评价制度与监督机制而言，我国公立大学均需要接受国家或地方教育行政部门以及其他相关部门的评估与监督。1998 年《高等教育法》第四十四条明确规定："高等学校的办学水平、教育质量，接受教育行政部门的监督和由其组织的评估。"第六十五条还规定："高等学校的财务活动应当依法接受监督。"我们可以从中解读出：政府评价、政府监督的意味非常浓重，这与计划经济时代"政府包办"的惯性思维不无关系，但同时折射出政府角色、政府话语在我国公立大学中的强势地位与作用。与此同时，高校自评与内部监督、社会评价与社会监督的弱势与缺失进一步助长了政府"积极行政"的冲动，消解了高校"自治自理"的可能。但在事实上，"消极政府"对高等教育系统的有效运行也许并不是一件坏事。

整体来看，1998 年《高等教育法》为推进我国高等教育事业发展提供了基本的法律规范。更为重要的法律意义在于，它首次赋予了我国公立大学以法人地位。但由于各方面的局限，1998 年《高等教育法》只是应景性地赋予高校法人地位，从而在大学法人制度上存在诸多亟待完善的地方。

况且我国法律属于成文法，法律条文的滞后性是难以克服的弊端，如果不及时予以修订，将极大地增加高等教育制度的运行成本。具体来说，在大学与政府之间相对独立的法律关系尚未明确的情况下，法人地位只能偏于私法人之隅，从而导致"私有余而公不足"的尴尬境遇，继而在治理结构、投入体制、人事制度、财产制度、评价制度以及监督机制等方面也难以释放出应有的制度力量与法律效力，这是历史烙印在大学法人制度上的投射与遗存，有待做出符合法理的、适应时代的法律修订。

二 2015年《高等教育法》中的公立大学法人制度

随着我国高等教育大众化的深入推进，我国的高等教育在办学理念、办学规模、办学质量以及管理体制等诸方面都发生了巨大变化，但是体制障碍、法律滞后、制度缺失等问题在21世纪以来越来越明显地暴露出来。如何为高等教育改革的"快车"赋予新动能、调整新方向、制定新规约就成为《高等教育法》修订中的核心问题。《高等教育法》自2013年9月5日向社会公开征求意见至2015年12月27日全国人大常委会表决通过历时两年有余，[①] 共计修订7处内容，具体内容请参见表3-5。可以说，这些法律条文的变化是对过去17年高等教育改革经验的萃取，是对过去17年高等教育改革问题的治疗，也是对未来高等教育改革方向的憧憬。它无疑将对我国未来高等教育变革具有风向标式的重大法律意义，同时为我国公立大学法人制度改革提供最直接的法律依据。

就法人地位而言，2015年《高等教育法》第三十条的法律表述承继了1998年《高等教育法》第三十条的表达方式："高等学校自批准设立之日起取得法人资格"，"高等学校在民事活动中依法享有民事权利，承担民事责任"。这等于是再次默许并确认了公立大学在私法层面上的独立身份，然而新修订的《高等教育法》并没有明确政府部门在高等教育活动中的"权力清单"与"责任清单"，从而变相拒绝了公立大学在公法层面上的独立地位。我们不无遗憾地说，1998年《高等教育法》中"私有余而公不足"的历史遗留问题依然没有在新修订的法律中得到体现。如果这一根本性难题不彻底解决的话，那么当前我国"双一流建设"的新征程也会因为

[①] 包万平、李金波：《〈高等教育法〉的制定、完善及未来面向》，《中国高教研究》2016年第8期，第36页。

"行政化""运动式""形式化"等老问题而变得前途叵测。

就治理结构而言，2015年《高等教育法》继承了1998年《高等教育法》关于"党委领导、校长负责、教授治学、民主监督"的大学治理方针。其亮点之处在于，更加明确高校学术委员会享有的五项职责，从而为教授治学提供了坚实的法律保障。相比于1998年《高等教育法》，2015年《高等教育法》在高校学术委员会法定的审议学科建设、专业设置、教学与科研计划方案，评定教学与科研成果两项职责的基础上，增加了调查、处理学术纠纷，调查、认定学术不端行为，审议、决定有关学术发展、学术评价、学术规范的其他事项三项职责。需要注意的是，最后一项职责属于兜底性条款，即高校学术委员会享有与学术事务相关的一切职权，这从法律上强化了教授在大学内部治理体系中的重要作用。但公立大学外部治理体系的相应规约，尤其是对政府权力的规制问题仍未被纳入此次法律修订的视野之中。

就投入体制而言，我国公立大学确立了"谁举办谁投入""受教育者分担"和"多种渠道筹措"的三元经费投入体制。2015年的《高等教育法》第六十条明确规定："高等教育实行以举办者投入为主、受教育者合理分担培养成本、高等学校多种渠道筹措经费的机制。"与1998年《高等教育法》相比，2015年《高等教育法》关于投入体制的表述有两点不同：第一，"以财政拨款为主"转变为"以举办者投入为主"，毕竟民办大学并非以财政拨款为主，这只是一次法律意义上的矫正；第二，"二元经费"投入体制转变为"三元经费"投入体制，即增加了"受教育者合理分担培养成本"的新规，这就为滞胀多年的公立大学学费上涨开拓了上升空间。从公立大学法人制度改革的视角来看，办学经费来源多元化有利于确立并巩固公立大学的法人地位。但需要注意的是，过度依赖财政拨款并非明智之举，提高大学学费也只是权宜之计，积极开拓多种经费筹措渠道方为公立大学获得独立地位的长久之计。

就人事制度而言，2015年《高等教育法》与1998年《高等教育法》的具体表述没有任何区别，继续推行教师聘任制、教育职员制和职务聘任制的分类人事制度。无论从学理上来说还是从法理上分析，推行分类人事制度都是正确的，尤其是教师聘任制在公立大学早已成为一种法律事实，也已落地成为一种教育常态。但为什么"想引进的人引不来""想淘汰的人裁不掉"的问题依然屡屡发生，聘任似乎成为"例行公事"的一纸合同而缺乏实质性的法律约束？前者是一种政治博弈，院系层面存在"逆向淘汰"或"精英淘汰"的基本逻辑。①虽说表面上违背了达尔文进化论的生物学逻辑，但在根本上却符合了政治学逻辑。后者是一种社会遗存，"编制"成为"职业稳定""福利待遇"的代名词，所以聘任制并不能消解人们对"编制"的迷恋。在没有重大过错的情况下，即便是等闲之人或平庸之辈也无法被淘汰出局。这就是法律规范与政治现实、社会事实之间存在的矛盾与冲突。这也说明法律并非解决如今中国公立大学问题的"万能钥匙"，唯多管齐下、稳步推进方显初效。

就财产制度而言，2015年《高等教育法》与1998年《高等教育法》在具体表述上没有任何区别："高等学校对举办者提供的财产、国家财政性资助、受捐赠财产依法自主管理和使用。"但2015年《高等教育法》投入体制中关于"受教育者合理分担培养成本"的修订实际上对财产制度造成了直接影响。就公立大学财产制度而言，我们有必要追问以下两个问题：第一，公立大学对受教育者缴纳的培养成本是否享有自主管理和使用权限？这虽在事实上成立，但并未在法律条款中体现出来。由于在行政法中"法无规定即禁止"，这一点在现实中确实有违法之嫌。第二，我国公立大学现行的财产制度是国家所有的单一产权模式，如何落实大学的法人财产权呢？如今国家对公立大学的财政性资助、大学的学费以及捐赠财产等均属于国有资产，这在《行政事业单位国有资产管理办法》第二条有着明显体现。②如此说来，根据多样化的法人类型选择多元化的产权模式，这应该是未来我国公立大学法人制度改革的基本趋势与总体方向。

就评价制度和监督机制而言，2015年《高等教育法》的亮点在于评价制度的改变，同时关于监督机制的具体表述也发生了相应的变化。2015年《高等教育法》第四十四条规定明显淡化了政府评价与政府监督的作用，强化了高校自我评价以及第三方的专业机构评估，及时公开评价结果以接

---

① 目前许多高校在引进顶尖人才的时候，都会经校学术委员会或院学术委员会审议，但这些顶尖人才可能会因为种种理由而被淘汰出局，这就是在大学场域中最常见的一种"逆向淘汰"或"精英淘汰"。

② 《行政事业单位国有资产管理办法》第二条明确规定："行政事业资产是指由行政事业单位占有、使用的、在法律上确认为国家所有、能以货币计量的各种经济资源的总和。包括国家拨给行政事业单位的资产，行政事业单位按照国家政策规定运用国有资产组织收入形成的资产，以及接受捐赠和其他经法律确认为国家所有的资产。行政事业资产的表现形式为：流动资产、长期投资、固定资产、无形资产和其他资产。"

受社会监督。我们从中可以发现：大学与政府、社会的关系在法律中已经发生了微妙的变化，即从"大学被评"到"大学自评"，开始着重培育大学的自律精神；从"政府包办"到"政府委托"，逐步塑造政府的国家理性；从"社会旁落"到"社会参与"，引入大学治理的社会力量。

这就为积极推进高等教育领域"管办评分离"和"放管服改革"的新政扫清了法律障碍。① 可喜的是，大学与政府的关系正在某些领域发生着"静悄悄的革命"。

总体而言，2015年《高等教育法》是为推进我国高等教育发展而做出的适应性调整，也是为引领我国高等教育未来而做出的前瞻性修订。最为关键的是，2015年《高等教育法》修订的背后释放出一个高等教育管理领域法律思想发生积极转向的利好信号：政府在高校管理中的绝对权威在评价制度、监督机制等方面开始走向消解，逐步呈现出"行政管理"让位"公共管理"、"单位管理"转向"法人治理"的改革端倪。我们有理由相信，这场"静悄悄的革命"终将会从部分领域走向全面推行，从法律规范迈向教育实践。

三 《高等教育法》修订的法人制度成果与未竟任务

《高等教育法》修订是我国高等教育发展历程中不可绕过的重要事件，其中既取得了丰硕的法律成果，也遗留了未竟的法律任务。法律成果主要体现在法律技术和法律思想两个方面，这是高等教育实践与国家理性发凡的结果。未竟任务主要体现在大学法人的多元选择与政府权力有效规制两个方面，留待改革时机成熟之时，2015年《高等教育法》未竟的法律任务将得到进一步的解决。

从1998年《高等教育法》到2015年《高等教育法》，涉及修订的法律条文7处，其中与公立大学法人制度直接相关的法律条文有3处，涵括公立大学法人制度的4个维度，具体请参见表3-6。进一步来说，2015年《高等教育法》在公立大学的法人地位、人事制度以及财产制度3个维度上的具体表述没有任何变化，而在治理结构、投入体制、评价制度以及监督机制4个维度上的具体表述发生了重大变化，即进一步扩大与明确高校

---

① 胡向东：《新修订之〈高等教育法〉评说》，《决策与信息》2016年第2期，第126—127页。

学术委员会的职责，要求受教育者合理分担培养成本，强化高校自我评价与第三方评估，加大社会参与和社会监督的力度。但归根结底，法律思想的变化才是这次法律修订最大的法律成果，即政府进一步扩大和落实高校办学自主权，并逐渐将大学从政府的直接管控思维之中解放出来，这也是我国公立大学法人制度改革的希冀所在。但如何对我国公立大学多元化的法人类型做出科学划分，如何在法律层面真正地对政府权力做出有效规制，这仍是有待进一步探索和实践的两项重大课题。

第一，多元化的法人身份成为我国公立大学法人制度改革的前提与核心。历史经验与域外经验都告诉我们："一刀切"的高等教育改革思路必将会以失败而告终，公立大学法人制度改革也是如此，从而多元化法人类型成为最为积极而稳妥的选择。就这一点来说，我们可以在《高等教育法》第七条找到明确的法律依据："国家按照社会主义现代化建设和发展社会主义市场经济的需要，根据不同类型、不同层次高等学校的实际，推进高等教育体制改革和高等教育教学改革，优化高等教育结构和资源配置，提高高等教育的质量和效益。"显然，"事业单位法人"这个统一的法人身份标签并不能满足不同类型公立大学多元化、差异化的法律身份诉求。尽管2015年《高等教育法》承继了1998年《高等教育法》赋予公立大学法人地位的说法，但并未明确公立大学的法人身份，更遑论多元化的法人身份。

第二，对政府权力的有效规制是我国公立大学"二次法人化改革"的关键所在。尽管2015年《高等教育法》已经释放出政府为大学松绑的信号，但如何运用法治思维真正将高校从政府的严格管控之中解放出来，是我国公立大学法人制度改革亟待破解的根本性难题。从理论上说，公立大学管理变革绝不是走建立集权化控制系统的传统老路，也绝不是将利益中心和绩效标准直接移植到公立大学管理之中。[1] 前者是企图将公立大学继续置于政府的襁褓之中，实际是扼杀了大学的独立性，也就抹杀了其创造性。后者是将公立大学抛掷于完全的市场环境之中，实际是忽视了公立大学的公共性，也就否定了其特殊性。毫不夸张地说，这两种极端的改革思路都会将大学置于死地。但又不容否认的是，长期以来，中国大学的主导

---

[1] ［美］罗纳德·G. 埃伦伯格：《美国的大学治理》，沈文钦等译，北京大学出版社2010年版，第68页。

思想仍然在"注解"着马克斯·韦伯对传统中国的两个论断：官僚化的大学制度和实用性的价值取向。① 就此而言，现代大学法人制度的实质就是借助系统的制度设计达成大学独立法人地位的夙愿，其基本操作方式无外乎两种：其一是"政府的自我革命"，其二就是"市场的相对制衡"，但这两种改革思路最终都要上升至法律层面，最终将政府权力关到制度的笼子之中，实现对政府权力的有效规制。

根据上述分析，我们可知：我国大学法人制度改革必须经历"国家理性"的阶段，并与市场手段共同推进我国高等教育的现代化进程。如果仔细分辨，我们不难发现："国家理性"是具有层次之分的，"Rule by Law"和"Rule of Law"是两种不同的高等教育治理境界。前者是一种运用法律手段的高等教育治理规则，其中政府很可能处于权力监督的真空状态，从而很难排除政府朝令夕改或恣意干预高校办学的潜在危险。后者则是一种融入法律思维的高等教育治理规则，所有的教育主体都被置于法律框架之下，任何一个主体都不能僭越法律规定的权限范围。历史告诉我们：政治权威在为大学提供发展空间的同时又限定了其发展空间。唯有合理的法律秩序才能给予大学一个有序而广阔的发展通道，从而使各个主体各安其位、各尽其责，国家或政府也不例外。将大学的各项事务均纳入法治轨道，所谓"行政命令"都将丧失权力介入的任何可能，所谓"特事特办"也将丧失权力寻租的任何可能。这既是我国公立大学法人制度改革的良好愿景，也是中国公立大学迈向"双一流"的根本的制度路径。

表3-5　　　　　《高等教育法》修订前后法律条款的变化

文件 维度	1998年《高等教育法》	2015年《高等教育法》
教育目的	第四条："高等教育必须贯彻国家的教育方针，为社会主义现代化建设服务，与生产劳动相结合，使受教育者成为德、智、体等方面全面发展的社会主义事业的建设者和接班人。"	第四条："高等教育必须贯彻国家的教育方针，为社会主义现代化建设服务、为人民服务，与生产劳动和社会实践相结合，使受教育者成为德、智、体、美等方面全面发展的社会主义建设者和接班人。"

---

① 侯定凯：《中国大学的理性之路》，华东师范大学出版社2009年版，第8页。

续 表

文件 维度	1998年《高等教育法》	2015年《高等教育法》
教育任务	第五条:"高等教育的任务是培养具有创新精神和实践能力的高级专门人才,发展科学技术文化,促进社会主义现代化建设。"	第五条:"高等教育的任务是培养具有社会责任感、创新精神和实践能力的高级专门人才,发展科学技术文化,促进社会主义现代化建设。"
价值取向	第二十四条:"设立高等学校,应当符合国家高等教育发展规划,符合国家利益和社会公共利益,不得以营利为目的。"	第二十四条:"设立高等学校,应当符合国家高等教育发展规划,符合国家利益和社会公共利益。"
高校设立	第二十九条:"设立高等学校由国务院教育行政部门审批,其中设立实施专科教育的高等学校,经国务院授权,也可以由省、自治区、直辖市人民政府审批;设立其他高等教育机构,由国务院授权的有关部门或者省、自治区、直辖市人民政府审批。对不符合规定条件审批设立的高等学校和其他高等教育机构,国务院教育行政部门有权予以撤销。" "审批高等学校的设立,应当聘请由专家组成的评议机构评议。" "高等学校和其他高等教育机构分立、合并、终止,变更名称、类别和其他重要事项,由原审批机关审批;章程的修改,应当报原审批机关核准。"	第二十九条:"设立实施本科及以上教育的高等学校,由国务院教育行政部门审批,设立实施专科教育的高等学校,由省、自治区、直辖市人民政府审批,报国务院教育行政部门备案;设立其他高等教育机构,由省、自治区、直辖市人民政府教育行政部门审批。审批设立高等学校和其他高等教育机构应当遵守国家有关规定。" "审批设立高等学校,应当委托由专家组成的评议机构评议。" "高等学校和其他高等教育机构分立、合并、终止,变更名称、类别和其他重要事项,由本条第一款规定的审批机关审批;修改章程,应当根据管理权限,报国务院教育行政部门或者省、自治区、直辖市人民政府教育行政部门核准。"
治理结构	第四十二条:"高等学校设立学术委员会,审议学科、专业的设置,教学、科学研究计划方案,评定教学、科学研究成果等有关学术事项。"	第四十二条:"高等学校设立学术委员会,履行下列职责:(一)审议学科建设、专业设置,教学、科学研究计划方案;(二)评定教学、科学研究成果;(三)调查、处理学术纠纷;(四)调查、认定学术不端行为;(五)按照章程审议、决定有关学术发展、学术评价、学术规范的其他事项。"

续表

文件维度	1998年《高等教育法》	2015年《高等教育法》
监督机制	第四十四条:"高等学校的办学水平、教育质量,接受教育行政部门的监督和由其组织的评估。"	第四十四条:"高等学校应当建立本学校办学水平、教育质量的评价制度,及时公开相关信息,接受社会监督。" "教育行政部门负责组织专家或者委托第三方专业机构对高等学校的办学水平、效益和教育质量进行评估。评估结果应当向社会公开。"
投资体制	第六十条:"国家建立以财政拨款为主、其他多种渠道筹措高等教育经费为辅的体制,使高等教育事业的发展同经济、社会发展的水平相适应。"	第六十条:"高等教育实行以举办者投入为主、受教育者合理分担培养成本、高等学校多种渠道筹措经费的机制。"

表3-6　《高等教育法》中的公立大学法人制度

制度维度	1998年《高等教育法》	2015年《高等教育法》	公立大学法人制度
法律性质	第十一条:"高等学校应当面向社会,依法自主办学,实行民主管理。" 第三十条:"高等学校自批准设立之日起取得法人资格。高等学校的校长为高等学校的法定代表人。""高等学校在民事活动中依法享有民事权利,承担民事责任。"	第十一条:"高等学校应当面向社会,依法自主办学,实行民主管理。" 第三十条:"高等学校自批准设立之日起取得法人资格。高等学校的校长为高等学校的法定代表人。""高等学校在民事活动中依法享有民事权利,承担民事责任。"	公立大学法律性质并无变化,只具有民事法律关系中的法人资格,在事实上是私法人

续 表

制度维度	1998年《高等教育法》	2015年《高等教育法》	公立大学法人制度
治理结构	第三十九条:"国家举办的高等学校实行中国共产党高等学校基层委员会领导下的校长负责制。" 第四十二条:"高等学校设立学术委员会,审议学科、专业的设置,教学、科学研究计划方案,评定教学、科学研究成果等有关学术事项。" 第四十三条:"高等学校通过以教师为主体的教职工代表大会等组织形式,依法保障教职工参与民主管理和监督,维护教职工合法权益。"	第三十九条:"国家举办的高等学校实行中国共产党高等学校基层委员会领导下的校长负责制。" 第四十二条:"高等学校设立学术委员会,履行下列职责:(一)审议学科建设、专业设置,教学、科学研究计划方案;(二)评定教学、科学研究成果;(三)调查、处理学术纠纷;(四)调查、认定学术不端行为;(五)按照章程审议、决定有关学术发展、学术评价、学术规范的其他事项。" 第四十三条:"高等学校通过以教师为主体的教职工代表大会等组织形式,依法保障教职工参与民主管理和监督,维护教职工合法权益。"	公立大学内部治理结构依然是"党委领导""校长负责""教授治学""民主管理"。变化的地方在于,进一步明晰了学术委员会的职责。但大学与政府之间的关系仍未得到法律上的界定
投入体制	第六十条:"国家建立以财政拨款为主、其他多种渠道筹措高等教育经费为辅的体制,使高等教育事业的发展同经济、社会发展的水平相适应。"	第六十条:"高等教育实行以举办者投入为主、受教育者合理分担培养成本、高等学校多种渠道筹措经费的机制。"	"受教育者合理分担培养成本"成为法律事实

续表

制度维度	1998年《高等教育法》	2015年《高等教育法》	公立大学法人制度
人事制度	第三十七条："高等学校根据实际需要和精简、效能的原则，自主确定教学、科学研究、行政职能部门等内部组织机构的设置和人员配备；按照国家有关规定，评聘教师和其他专业技术人员的职务，调整津贴及工资分配。" 第四十八条："高等学校实行教师聘任制。""高等学校教师的聘任，应当遵循双方平等自愿的原则，由高等学校校长与受聘教师签订聘任合同。" 第四十九条："高等学校的管理人员，实行教育职员制度。高等学校的教学辅助人员及其他专业技术人员，实行专业技术职务聘任制度。"	第三十七条："高等学校根据实际需要和精简、效能的原则，自主确定教学、科学研究、行政职能部门等内部组织机构的设置和人员配备；按照国家有关规定，评聘教师和其他专业技术人员的职务，调整津贴及工资分配。" 第四十八条："高等学校实行教师聘任制。""高等学校教师的聘任，应当遵循双方平等自愿的原则，由高等学校校长与受聘教师签订聘任合同。" 第四十九条："高等学校的管理人员，实行教育职员制度。高等学校的教学辅助人员及其他专业技术人员，实行专业技术职务聘任制度。"	公立大学的人事制度在法律表述上没有发生任何变化。直到今天，公立大学的人事制度改革都是高等教育综合改革中的"重头戏"，是"编制"与"聘任"之间的多重博弈
财产制度	第三十八条："高等学校对举办者提供的财产、国家财政性资助、受捐赠财产依法自主管理和使用。""高等学校不得将用于教学和科学研究活动的财产挪作他用。" 第六十五条第一款："高等学校应当依法建立、健全财务管理制度，合理使用、严格管理教育经费，提高教育投资效益。"	第三十八条："高等学校对举办者提供的财产、国家财政性资助、受捐赠财产依法自主管理和使用。""高等学校不得将用于教学和科学研究活动的财产挪作他用。" 第六十五条第一款："高等学校应当依法建立、健全财务管理制度，合理使用、严格管理教育经费，提高教育投资效益。"	公立大学的财产制度在法律表述上无变化。高校拥有财产管理权、使用权与收益权，即享有有限的法人财产权

续 表

制度维度	1998年《高等教育法》	2015年《高等教育法》	公立大学法人制度
评价制度	第四十四条："高等学校的办学水平、教育质量，接受教育行政部门的监督和由其组织的评估。"	第四十四条："高等学校应当建立本学校办学水平、教育质量的评价制度，及时公开相关信息，接受社会监督。""教育行政部门负责组织专家或者委托第三方专业机构对高等学校的办学水平、效益和教育质量进行评估。评估结果应当向社会公开。"	公立大学的评价制度在法律表述上发生实质性变化——评价主体从政府转向社会
监督机制	第四十四条表述（同上）。第六十五条第二款："高等学校的财务活动应当依法接受监督。"	第四十四条表述（同上）。第六十五条第二款："高等学校的财务活动应当依法接受监督。"	从政府监督走向多元主体监督

第四章 公立大学法人制度的境外模式[①]

学校之外的事情比学校内部的事情更重要，它们制约并说明校内的事情。我们不能随意地漫步在世界教育制度之林，就像小孩子逛公园一样，从一堆灌木丛中摘一朵花，再从另一堆中摘一些叶子，然后指望将这些采集的东西移植到家里的土壤中便会拥有一棵有生命的植物。[②]

——艾萨克·康德尔（I. L. Kandel）

第一节 公立大学法人制度的德法经验与中国启示

德国和法国是大陆法系的典型代表。完善的《民法典》使得各自的法人制度走向成熟，这成为德国和法国公立大学法人制度较为完备的法律背景。除此之外，两国发达的公立高等教育系统也成为其公立大学法人制度迈向成熟的基本教育现实。加之，德国和法国拥有强有力的国家力量，两国的公立大学法人制度均带有鲜明的"公法人"色彩。这些与我国公立大学法人制度改革走向都具有颇多相似之处，故分析德法经验对我国高等教育改革具有较大的启示意义。

一 多元法人类型：德国公立大学法人制度

德国大学主要包括综合性大学（University）、应用科学大学（University of Applied Sciences）、高等艺术与音乐学院（College of Arts and Music）

[①] 此部分以"公立大学法人制度的域外实践与中国镜鉴——以两大法系为考察中心"为题发表在《中国高等教育评论》2019年第1期，收录在本书时略有删改。

[②] [美]艾萨克·康德尔：《教育的新时代——比较研究》，王承绪等译，人民教育出版社2001年版，第7页。

以及职业学院（Career College）四种类型，约430所高校。截至2014年，德国综合性大学129所（其中包括6所师范大学、17所神学大学）、应用科学大学212所、高等艺术与音乐学院53所，职业学院只存在于部分联邦州，且规模较小，① 其中公立大学有300所左右。从历史上看，德国早在1794年的《普鲁士国家民法通则》中就规定，公立大学既是国家机构，同时也是享有自治权的社团组织，这种对公立大学双重法律地位的规定延续至今。1896年颁布的《德国民法典》（1900年正式实施）中，"公法人"包括公营造物、公法社团②和公法财团三种类型。德国公立大学法人身份始终没有脱离该分类框架。

德国公立大学法人身份的变化勾勒出不同历史背景下其公立大学的基本图景。在20世纪60年代以前，在洪堡的大学理念的影响之下，德国公立大学作为"公法社团"的身份更被人们推崇，从而作为"社员"存在的教授的权力可谓空前，即呈现一幅"学者共和国"的公立大学图景。这一景象在20世纪60年代"大学民主化"的浪潮之下发生巨变，德国公立大学作为"公营造物"的属性得到张扬，"公共性"的价值与"使用者"的权利得到重视，教授不再是校务的决断者，其他的一些学术人员与行政人员也获得了参与大学治理的权利，从而公立大学的整体图景由强调教授治校的"学者共和国"转向倡导共同治理的"群组大学"。1976年德国联邦议会通过的《高等教育总纲法》延续了公立大学作为"公营造物"和"公法社团"双重法人身份的表述方式，"高等学校是公法社团法人，同时也是国家机构，国家有权在本法规定的范围内对学校事务进行管理"。1985年修订的《高等教育总纲法》第58条对公立大学的双重法律地位进一步加以确认。③ 20世纪80年代之后，德国公立大学的法人身份再次发生震动：1988年《大学基准法》规定公立大学可以采取"公法财团"的法人身份。1998年《高等教育总纲法》第58条表述也修订为："高等学校是公法社团法人，同时也是国家设施，或以其他法律形式设立，且在法律范

---

① 时凯、刘钧：《德国高校分类与办学模式的研究》，《黑龙江高教研究》2015年第7期，第61—62页。

② 在德国，"公法社团"可以进一步细分为，"地域性公法社团""身份性公法社团"（如律师协会、医生协会）、"物质性公法社团"（如波登湖社团）、"经营性公法社团"（如工商业协会）和"联合性公法社团"（如保险公司协会）。请参见周友军《德国民法上的公法人制度研究》，《法学家》2007年第4期，第141页。

③ 夏之莲：《外国教育发展史料选粹》（下），北京师范大学出版社1999年版，第147页。

围内享有自治权。"① 这就从法律上赋予各州一定的自主权,"公法社团"成为一种大学法人的备选类型。2002年修订的《下萨克森邦大学法》明确了下萨克森邦大学的"公法财团"法人身份,2010年的《高等教育总纲法》明确了法兰克福大学的"公法财团"法人身份。② 至此,德国公立大学的"公法社团"身份走进现实。"公法人"身份的全部放开为公立大学提升办学效率奠定了坚实的法律基础,强调市场参与的"学术企业给付体"成为公立大学的新图景。③ 整体来看,德国公立大学拥有一条从"学者共和国"发展到"群组大学"再到"学术企业给付体"的总体脉络。

与法人身份相适应的是德国公立大学多元化的法人制度安排。首先,一部分公立大学保留了原来的"双重法人"身份,以柏林州、不来梅州、梅克伦堡—前波莫恩州这三个州为代表,从而其公立大学法人制度也具有一定的"双重性":这类大学事务可分为"固有事务"和"委办事务",当处理教学、科研等高校"固有事务"的时候,公立大学属于"公法社团",享有学术自治的权力;当处理人事、财务等国家"委办事务"的时候,公立大学属于"国家机构",接受州政府的直接管辖和监督。④ 其次,一部分公立大学采用了"公法社团"身份,以萨克森州、下萨克森州和萨克森—安哈尔特州三个州为代表。"双重法人"与"公法社团"在投入机制上都明显体现出国家供养大学的色彩,它们在内部治理结构上也体现出一致性,均是由大学理事会(决策监督机构)、校长委员会(行政管理机构)和大学评议会(学术决策机构)构成,只不过相比"双重法人","公法社团"法人在人事、财务上具有更大的自主权而已。最后,一部分公立大学采取了"公法财团"的身份,以黑森州为典型代表。这类学校的在组织、人事、财务、学术、基建等各个方面的自治权达到顶峰,其治理结构主要包括财团董事会(重大咨询机构)、大学理事会(决策监督机构)、校长委员会(行政管理机构)和大学评议会(学术决策机构),其

---

① 董保城、朱敏贤:《国家与公立大学之监督关系及其救济程序》,载湛中乐《大学自治、自律与他律》,北京大学出版社2006年版,第34页。
② 胡劲松:《德国公立高校法律身份变化与公法财团法人改革》,《比较教育研究》2013年第5期,第1—8页。
③ 姚荣:《公私法域的界分与交融:全球化时代公立高等学校法律地位的演进逻辑与治理意涵》,《复旦教育论坛》2016年第4期,第25页。
④ 周光礼:《教育与法律:中国教育关系的变革》,社会科学文献出版社2005年版,第21页。

在投入机制上不仅可以获得政府固定的财政拨款,还可以接受社会捐赠以及拓展其他筹资渠道。① 上述三种类型的大学法人都需要接受来自由校外精英所组成的校务咨询监督委员会的外部监督与评价。总体而言,德国在欧洲大学自治的"成绩单"上,组织自治和学术自治的表现还算可以,而人事自治和财务自治的表现则有些牵强,如表4-1所示,这与德国公立大学法人制度设计是紧密相连的。

表4-1　　　　　欧洲27国大学自治的"成绩单"②

排名	国家	组织自治	财政自治	人事自治	学术自治	平均得分
1	英国	100	89	96	94	94.75
2	爱沙尼亚	87	90	100	92	92.25
3	芬兰	93	56	92	90	82.75
4	爱尔兰	81	66	82	100	82.25
5	丹麦	94	69	86	56	76.25
6	挪威	78	48	67	97	72.50
7	拉脱维亚	61	80	92	55	72.00
8	卢森堡	31	91	87	74	70.75
9	奥地利	78	59	73	72	70.50

---

① 胡劲松:《德国公立高校法律身份变化与公法财团法人改革》,《比较教育研究》2013年第5期,第1—8页。

② 欧洲大学协会(European University Association,EUA)是欧洲参与成员最多、影响最为广泛的大学协会,其拥有来自47个国家的850所大学成员。EUA通过自治计分卡在"组织自治""人事自治""财务自治"和"学术自治"四个维度进行计分衡量各国大学自治状况。原本EUA是对四个维度分别进行排序,笔者将四个方面合并在一起,绘制了欧洲大学自治的这份成绩单。尽管说四个维度对大学自治的影响不同,但我们至少可以从总体上透视欧洲大学自治的整体情况,而不至于陷入"只见树木不见森林"的认识陷阱之中。相关信息可参见Thomas Estermann《欧洲大学自治》,韩梦洁译,《中国高教研究》2016年第4期,第77—84页。

续 表

排名	国家	组织自治	财政自治	人事自治	学术自治	平均得分
10	瑞士	55	65	95	72	69.50
11	瑞典	55	56	95	66	68.00
12	葡萄牙	80	70	62	54	66.50
13	波兰	67	54	80	63	66.00
14	立陶宛	75	51	83	42	62.75
15	冰岛	49	43	68	89	62.25
16	德国①	74	46	59	68	61.75
16	捷克共和国	54	46	95	52	61.75
18	荷兰	69	56	73	48	61.50
19	比利时	76	70	59	40	61.25
20	匈牙利	59	71	66	47	60.75
21	意大利	56	70	49	57	58.00
22	斯洛伐克	45	70	54	56	56.25
23	西班牙	55	55	48	57	53.75
24	塞浦路斯	50	23	48	77	49.50

① 欧洲大学自治协会分别统计了德国的黑森州（公法财团）、北莱茵—威斯特伐利亚（双重法人）和勃兰登堡（双重法人）三个区域的大学自治分数。为更直观地展现德国大学自治的整体状况，笔者通过计算四个维度上的平均分数对其进行排序。相关信息可参见 EUA. University Autonomy in Europe. http：//www.university‐autonomy.eu/2017.06.20。

续 表

排名	国家	组织自治	财政自治	人事自治	学术自治	平均得分
25	法国	59	45	43	37	46.00
	土耳其	33	45	60	46	46.00
27	希腊	43	36	14	40	33.25

二 特殊公务法人：法国公立大学法人制度

法国国家教育、高教与科研部（也就是我们所称的"教育部"）发布的官方统计数据显示，截止到2015年，法国本土与海外设立的高等教育机构包括：72所综合大学（均为公立）、111所大学技术学院、高等师范学院4所、工程师学校261所、商校191所、建筑学院22所、高等艺术文化学院241所、30所教师教育学院、2378个高级技师培训班、445个大学校预备班、护理学校（大学除外）423所、社会职能预备学校221所、其他大学类型高校27所、其他类专业学校218所。由此，我们足以看出法国高等教育系统类型的复杂性，但就学校性质而言，其以公立大学为主，私立院校比例较低。

就法国公立大学自治的"成绩单"来说，其组织自治、人事自治、财务自治和学术自治均低于大多数欧洲国家，处于欧洲27国的末尾位置。这从根本上缘于法国公立大学"公法人"中的"特殊公务法人"制度设计。法国的行政主体包括国家、地方团体和公务法人三种，其中公务法人可进一步划分为行政公务法人、社会公务法人、工商业公务法人以及科学文化和职业公务法人四种，其中科学文化和职业公务法人适用于高等学校。[1]故有学者认为，法国公立大学法律地位层次分明，法人—公法人—公务法人—科学文化和职业公务法人。[2]

法国公立大学的"特殊公务法人"及其法人制度设计是历史积淀下的产物。1968年对法国公立大学法人制度的再次确立与发展而言是不平凡的

---

[1] 王名扬：《法国行政法》，中国政法大学出版社2003年版，第128—129页。
[2] 王敬波：《高等教育领域的行政法问题研究》，中国法制出版社2007年版，第28页。

一年。受 1968 年"五月风暴"学生运动的猛烈冲击,法国议会被迫通过《高等教育方向指导法》(又称"富尔法案")。该法案明确规定了"自治""参与"和"多科性"的三项基本原则,致使法国公立大学法律地位从传统的"行政性公务法人"转向"特殊的公务法人",奠定了大学自治的合法基础;教师、学生以及校外人员等利益相关者开始参与大学的内部治理;取消"学部"建制而组建"教学与研究单位",旨在实现"多学科"或"跨学科"的交流与融合。这同时意味着法国公立大学与政府之间的行政隶属关系发生松动,《先贤祠索邦巴黎第一大学章程》在其"序言"中明确:"多学科的、尤以社会专业学见长的巴黎第一大学(先贤祠索邦大学)是具有科学、文化和职业性质的公立机构。"[①] 但需要注意的是,1968 年《高等教育方向指导法》仅仅是一个方向性指导,它并没有对法国公立大学法人制度做出具体的法律规定,这种原则性的规定一直到 1984 年《高等教育法》(也称《萨瓦里法》)才得以明确化与具体化。《高等教育法》第 20 条规定:"科学、文化和职业公立大学享有法人资格,在教学、科学、行政及财务方面享有自主权。"2007 年颁布的《大学自治与责任法》进一步扩大校长权力,大学自治的权力由传统的学部层面上移至校级层面,这不可避免地引发了学校与院系之间的、现代与传统之间的内在矛盾。2013 年的《高教与研究法草案》有削弱校长权力的基本动向,并试图通过把科学委员会、教学与大学生活委员会合并为学术委员会的方式来增强学术权力,[②] 目的在于实现学校权力的"学术回归"。

法国的"特殊公务法人"在具体的公立大学法人制度上也具有一定的特殊性。就外部治理结构而言,1984 年《高等教育法》创立了公立大学与政府之间的"行政合同"关系,2007 年《大学自治与责任法》则标志着"行政合同"开始具有法律效力,并成为规范公立大学外部治理关系的重要方式,其在调整府学关系上发挥着重要作用。在内部治理结构上,法国公立大学总体上实行的是校务委员会领导下的校长负责制,其中校务委员会属于决策机构,科学委员会属于咨询机构,教学与大学生活委员会属于执行机构,如图 4-1 所示。[③] 不过如前文所述,法国高等教育改革的趋势

[①] 张国有:《大学章程》(第二卷),北京大学出版社 2011 年版,第 190 页。
[②] 周继良:《法国大学内部治理结构:历史嬗变与价值追求——基于中世纪至 2013 年的分析》,《教育研究》2015 年第 3 期,第 139 页。
[③] 黄明东:《中、美、法高校教师法律地位比较研究》,武汉大学出版社 2011 年版,第 296 页。

是收缩校长权力、回归学术权力。在投入机制上，法国公立大学以政府投入为主导，但具体的财政投入往往以学校的预期目标为前提，且通过"行政合同"的形式明确体现出来。在人事制度上，法国公立大学教师参照公务员进行相应管理，但他们又享有较为广泛的学术自由和言论自由，从而被纳入"特殊公务员"的系列。在财产制度上，一切公立大学财产均属于公产。① 在评价制度上，法国采用的是政府主导的评价模式。在监督机制上，它亦是以政府监督为主。《高等教育法》第48条对国家的监督职责做出规定："一切高等学校均要接受国民教育行政总督学在行政管理方面的监督，所有学校都要接受财务检查，学校账务账目要接受审计法院的法律监督。"如此说来，法国"特殊公务法人"与德国的"双重法人"具有相似之处，"公务性"是对"公共性"的反映，而"特殊性"则是对"学术性"的尊重。

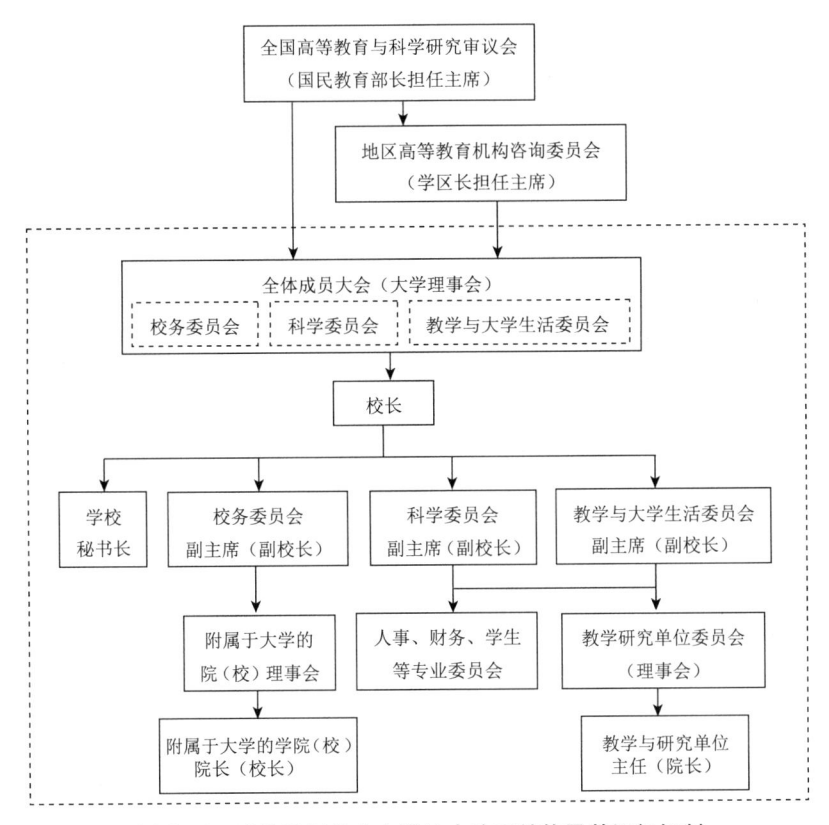

图4-1 当前法国公立大学法人治理结构及其运行机制

---

① 刘永林：《我国公办高等学校法人治理结构研究》，中国政法大学出版社2015年版，第32页。

三 德国和法国公立大学法人制度的中国启示

（一）大学法人制度框架下的"分类放权"与"分层放权"

德国和法国较为成熟的公立大学法人制度对我国高等教育改革具有极大的借鉴意义。其中最直接的启发意义就在于，如何在大学法人制度的整体框架下扩大和落实我国高校的办学自主权。德国将大学事务具体区分为学校的"固有事务"和国家的"委办事务"，其中"固有事务"的决策权力归学校所有，而"委办事务"的决策权力归国家所有，即德国大学在公立大学法人制度框架下采取"分类放权"的思路。法国大学的人事权和财权主要掌握在国家手中，组织自治权掌握在学校顶层"校务委员会"手里，学术自治权则掌握在"教学与研究单位"（原来的"学部"）手中，即法国大学在公立大学法人制度框架下采取"分层放权"的思路。这也就意味着，我国在扩大和落实高校办学自主权的道路上，首先要厘清权力的性质与归属问题，即哪些权力属于学校，哪些权力属于国家，哪些权力是共同拥有，以避免"该放权的没放权，不该放权的却放权"的尴尬境遇；其次要分清权力下放的承接主体，即哪些权力下放至地方政府，哪些权力下放至学校层面，哪些权力下放至院系层面，以达到"该掌权的拥有权力，不该掌权的权力不膨胀"的基本目标。只有解决上述两个前提性问题，我国公立大学的办学自主权才可能在"分类放权"与"分层放权"中得以扩大和落实，也方能走出长久以来的高等教育"放乱收死"的恶性循环。

（二）恰当运用"行政合同"规制大学与政府之间的关系

拥有权力的同时就意味着对权力的规制，尤其是需要对大学与政府之间的关系做出明确的界定与规制。这不仅是确立和完善公立大学法人制度的关键所在，也是我国扩大和落实高校办学自主权的核心所在。坦率地说，规制大学与政府之间关系的路径大致包括两条：第一条路径是成文的法律规定，它有助于从宏观角度对大学与政府之间的关系加以明晰，但具体到每一所学校的时候，这种笼统表述的"无力感"就会显露无遗。这就呼吁第二条规制路径——"行政合同"（Administrative Contract）的出现，它是将民事法律关系中的"合同"形式引入行政法律关系的一种法律创造，也是对第一种规制方式的实践救济。每一所公立大学都可以与主管的政府部门通过签订"行政合同"的方式明确各自在一定时期内所享有的基本权利和应履行的基本职责。在行政合同期限内，大学依法依规办学，逐步加强大学自律能力；政府依法依规行政，尽量减少对大学的干预。如此，"行政合同"既可以实现国家的教育目标，又可以避免行政化作风的蔓延。

（三）回归"学术本位"是大学法人制度设计的根本所在

无论是政府层面的"权力下放"还是对大学与政府的"权力规制"，无论是呼吁"大学自治"还是强调"大学自律"，其都是在为完善公立大学法人制度而努力，归根结底是为践履"学术本位"的大学诺言而努力。这一点在德国和法国公立大学身上体现得非常明显：德国从过去的"双重法人"发展到如今"双重法人""公法社团""公法财团"法人身份多元化，一个总体的改革趋势就是公立大学的自治权备受推崇。虽说"洪堡时代"已然无法复归，但是在"洪堡精神"的荫庇之下学术自由的理念被较为完整地保留下来。就法国公立大学法人制度而言，"从行政公务法人"到"特殊公务法人"身份的变化是对公立大学学术使命的重新认识，而校长的权力从不断扩大到逐步削弱的演进过程折射出公立大学学术权力开始走向复归的态势，即公立大学法人制度是保护学术组织、实现学术自由的一道制度屏障，这道屏障一旦崩溃，那么大学自治与学术自由也将变得脆弱不堪。

整体来说，德国公立大学的"多元法人类型"与法国公立大学的"特殊公务法人"均属于大陆法系框架下大学法人制度的典型代表，它们都对我国公立大学法人制度改革具有深刻意义。我国公立大学法人制度改革的现实路径在于通过"分类放权""分层放权"扩大和落实高校办学自主权，其核心问题在于通过"行政合同"进一步规范与调整大学与政府之间的法律关系，其根本宗旨则在于回归"学术本位"。

第二节 公立大学法人制度的英美经验与中国启示

英国和美国同是英美法系的典型代表，但它们的公立大学法人制度各具特色。英国是世界上最早以法律形式确立大学法人制度的国家，至今仍享有欧洲其他国家无法比拟的大学自治权，而美国则在英国法人制度的基础上实现了本土化创造，并取得了世界性的胜利。当前英国和美国大学的世界声誉早已无可争议地证明了大学法人制度框架之下的大学自治是一种弥足珍贵的大学品质，因此无论是英国还是美国的公立大学法人制度都值得我们进行深入挖掘，从而为我国开展卓有成效的公立大学法人制度改革提供镜鉴。

一 公共法人：英国公立大学法人制度

尽管英国大学法人制度的雏形可以追溯至中世纪时期，但真正以法律形式赋予大学法人地位还是16世纪的事情。1571年，伊丽莎白一世（Elizabeth I）颁布了第一部大学法案——《1571年牛津、剑桥大学法案》，它正式承认了牛津大学和剑桥大学的法人地位，这也是世界历史上第一部以法律形式规定大学法人地位的法案。[①] 英国著名学者拉什戴尔（H. Rashdall）在1895年出版的《欧洲中世纪大学史》中如此评论道："人们经常感到奇怪的是，一直到1571年，这两所古老大学才被正式法人化。这一事实是英国看待法人问题的观念发生变化的有趣例证。从建校早期开始，英国大学就运用了法人的所有权利。这两所大学早期的特许状都没有宣称给它们以法人的权利……但中世纪早期的律师从没有质疑过。"[②] 也就是说，英国大学在早期的办学实践中就已经拥有了完整法人权利，但大学法人制度真正从"习惯法"到"制定法"的转变当属英国的重大贡献。

在英国语境下，大学公私属性的探讨会令人无所适从。因为英国对"公"与"私"的理解与其他国家稍有不同，"公"并非"公立""公办"的意思，而更多带有"公共"的意味。也就是说，英国的大学法人制度并不像德国和法国具有明确的公法人制度与私法人制度之分，其关键在于英国大学"公"与"私"的边界并非泾渭分明，大多数情形是"公私交融"。正如格雷斯·威廉姆斯（Gareth Williams）所指出的那样："英国大学是拥有合法独立性和财产权的自主机构，其独立性和财政权分别由皇家特许状和议会法保证。英国大学肯定是公共政策框架的一部分，而这使它们成为公共机构。"[③] 即绝大多数英国大学属于"公共机构"，在英国行政

[①] 洪源渤：《共同治理——论大学法人治理结构》，科学出版社2010年版，第1页。
[②] 转引自李昕《公立大学法人制度研究》，中国民主法制出版社2017年版，第97页。
[③] ［葡］佩德罗·泰克希拉等：《理想还是现实——高等教育中的市场》，胡咏梅等译，北京师范大学出版社2008年版，第290页。

法上被称为"公共法人"（Public Corporation）。①

作为"公共法人"的英国大学在法人划分上是比较复杂的，从而在大学法人制度上也是有所差异的。就法人地位而言，英国大学包括因获得皇家特许状而取得法人身份的大学（也被称为"特许状法人"）、通过议会法案而获得法人地位的大学（也被称为"议会法人"）②、经登记注册为公司形式而获得法人地位的大学（也被称为"公司法人"）三种类型。就治理结构而言，"特许状法人"大学基本采取的是"学者自治型"或"学院自治型"的治理模式，"议会法人"大学通常采取的是"学者主导型"的治理模式，而"公司法人"大学适合采取的是"企业经营型"治理模式。一般来说，英国前两类大学的校长通常带有荣誉性质，副校长是学校管理的实际负责人，在人事、财务、学术等方面拥有一定的权力，而第三类大学校长的权力则被赋予了居于战略地位的权力。就投入机制而言，英国大学并不是由政府直接拨款进行资助，而是通过专门的"高等教育基金委员会"（Higher Education Funding Council，HEFC）这个非政府组织的中介机构进行经费分配，从而成为大学在一定程度上独立于政府的一种独特的制度设计。在人事制度和财产制度上，英国大学均享有高度的自治权力，如表4-1所示，在欧洲27国的大学自治光谱中处于"强光区"且自治程度最高，位居欧洲第一位，如表4-2所示。在评价制度和监督机制上，英国高等教育质量保障署（Quality Assurance Agency for Higher Education，QAA）和高等教育基金委员会对高校进行高等质量评估和相关审计，社会民间组织对大学的评估与监督也蓬勃发展起来，尤其是在2003年以后，QAA启动了"院校审核"（Institutional Audit）的自评与自检模式，从而形成了"多元参与"的评估与监督模式。总体而言，英国公立大学法人制度的特色有两点：第一，公立大学作为"担保的企业非营利有限公司"的法人类型创造；第二，"高等教育基金委员会"作为财政拨款的中介组织发

---

① 王名扬：《英国行政法》，北京大学出版社2007年版，第68—70页。
② 这类学校以多科性技术学院、教育学院以及其他地方学院为主，实际上它们在起初并没有被赋予法人资格，基本是由地方政府进行管辖，办学经费也由地方政府资助，且没有学位授予权。在财政危机的宏观背景之下，英国颁布了《1988年教育改革法》。在该方案的影响之下，多科性技术学院等学校的管辖权由地方政府转移到中央政府的手中，且一律被赋予法人资格，成为自治机构。

挥着"缓冲器"的作用。①

表4-2　　　　欧洲27国大学自治光谱及英国所处的位置

弱					中									强				
希腊	法国	土耳其	塞浦路斯	西班牙	斯洛伐克	意大利	匈牙利	荷兰	捷克共和国	德国	冰岛	立陶宛	波兰	葡萄牙	瑞典	瑞士	奥地利	卢森堡	拉脱维亚	挪威	丹麦	爱尔兰	芬兰	爱沙尼亚	英国

二　学术法人：美国公立大学法人制度

截止到2013年，美国拥有学位授予权的高等院校共有5069所，其中公立高校1686所，私立非营利性高校1770所，私立营利性高校1453所。正是美国高等教育系统具有多样性特点，这就使得我们以任何一种固定模式来定性美国公立大学的企图都将面临破产，我们在分析美国公立大学法人制度这一问题上也不例外。可以说，美国公立大学一直以来采取的都是法人化的组织方式，"大学法人"在美国往往被称为"学术法人"。就公立大学法人类型而言，美国学术法人包括"国家机构""公益信托机构"和"宪法自治大学"三种类型，其中属于"国家机构"的大学归联邦政府部门，其自治权非常有限；属于"公益信托机构"的大学往往接受州政府或地方政府的信托旨在实现公共目的，具有较大的自治权；"宪法自治大学"的自治权最大，甚至被视为独立于州立法、行政与司法的"第四部门"，其享有的自治权可想而知。

但需要注意的是，"宪法自治大学"的自治权限并非绝对意义上的，其自治程度通常取决于各州宪法上的规定及其司法解释。在美国的50个州之中，有35个州赋予该州范围内的公立高校以"宪法自治大学法人"的法律地位，其中14个州的公立高校享有广泛意义上的宪法自治权力，如加利福尼亚（California）、爱达荷（Idaho）、内华达（Nevada）、南达科他（South Dakota）、北达科他（North Dakota）、亚拉巴马（Alabama）、佐治亚（Georgia）、路易斯安娜（Louisiana）、密歇根（Michigan）、明尼苏达（Minnesota）、密苏里（Missouri）、蒙大拿（Montana）、犹他（Utah）以及

---

①　"担保的企业非营利有限公司"被新加坡所效仿，"高等教育基金委员会"被我国的香港地区所借鉴。

俄克拉荷马（Oklahoma），另有21个州的公立大学享有较大程度上的宪法自治权力，如科罗拉多（Colorado）、新墨西哥（New Mexico）、亚利桑那（Arizona）、密西西比（Mississippi）、阿拉斯加（Alaska）以及夏威夷（Hawaii）等。①

毫无疑问，不同类型的公立大学法人适用不同的大学法人制度。美国大学崛起的公开秘密是大学自治，但真正将这种自由风气赋予美国大学的则是"法人——外行董事会"制度。北京师范大学张斌贤教授更是一针见血地指出："如果说，学术法人制度是殖民者从欧洲得到的最有价值的遗产，那么，董事会控制学术法人的制度则是北美殖民者最富天才的创造。"② 公立大学董事会成员大多是凭借政治身份进入的，而非高等教育管理经验或对高等教育的责任感。③ 尽管公立大学的治理结构各有不同，但董事会作为公立大学与州政府之间的"缓冲器"或"减压阀"，这就是美国公立大学法人制度的核心设计与特色安排，同时这也是其与其他国家的大学董事会的根本区别所在。

作为配套性的制度设计，美国公立大学的投入体制也不难理解，属于"国家机构"大学的办学经费基本来自联邦政府，"公益信托"和"宪法自治大学"的办学经费来源多样，但仍以政府拨款和政府资助为主，约占办学经费的60%，如表4-3所示。即便如此，"州立大学的财政状况都非常严峻。不仅州里提供的基金不足，联邦政府的资助也比过去减少了，钱主要用资助或贷款的方式拨给了学生，而不是给了大学"④。这就使得公立大学一方面走向市场，另一方面通过提高高等教育质量获得更多学生的青睐，从而获得更多的财政资助。尤为需要关注的是，各州政府通过"高等教育协调委员会"（如得克萨斯州）或"高等教育管理委员会"（如田纳西州）的中介组织对各公立大学的财政经费进行分配，这与英国的高等教育基金委员会具有异曲同工之效，在公立大学与州政府之间发挥着"缓冲器"的作用。

---

① 陈文干：《美国大学与政府的权力关系变迁史研究》，浙江大学出版社2015年版，第110—111页；周志宏：《学术自由与大学法》，蔚理法律出版社1989年版，第108—111页。
② 张斌贤：《艰难的创业：美国高等教育早期历史的特征与成因》，《高等教育研究》2015年第11期，第77—82页。
③ 李昕：《公立大学法人制度研究》，中国民主法制出版社2017年版，第111页。
④ ［美］大卫·科伯：《高等教育市场化的底线》，晓征译，北京大学出版社2008年版，第139页。

表 4-3　　　2007—2013 年美国公立高校生均教育经费构成
及其比重（单位：美元）

年份	学校数量	生均学费	生均政府拨款	生均政府资助与合同收入	生均私人捐赠与合同收入	生均投资收入	生均其他收入	生均总经费
2013	1618	4076.12 (20.34%)	6274.43 (31.31%)	5488.59 (27.39%)	874.37 (4.36%)	336.87 (1.68%)	2990.31 (14.92%)	20040.69 (100%)
2012	1618	3880.91 (19.93%)	6166.61 (31.67%)	5562.91 (28.57%)	804.99 (4.13%)	172.76 (0.89%)	2884.31 (14.81%)	19472.49 (100%)
2011	1613	3589.55 (18.22%)	6105.97 (30.99%)	5663.02 (28.74%)	782.98 (3.97%)	446.24 (2.26%)	3116.72 (15.82%)	19704.48 (100%)
2010	1611	3535.80 (17.65%)	6444.43 (32.18%)	5530.49 (27.61%)	819.77 (4.10%)	370.31 (1.85%)	3327.39 (16.61%)	20028.19 (100%)
2009	1610	3553.39 (17.90%)	7448.30 (37.53%)	5532.90 (27.88%)	——	——	3311.63 (16.69%)	19846.22 (100%)
2008	1605	3361.54 (17.07%)	7628.98 (38.73%)	5075.79 (25.77%)	——	——	3631.50 (18.43%)	19697.81 (100%)
2007	1605	3260.07 (17.08%)	7106.46 (37.24%)	4851.55 (25.42%)	——	——	3864.55 (20.26%)	19082.63 (100%)

数据来源：美国国家教育数据中心公布的 2007—2013 年生均教育经费统计数据。

在人事制度上，"国家机构"的大学教师属于"政府雇用人员"，其相当于我们所说的"公务员"；"公益信托"和"宪法自治大学"的教师通常适用的是在终身教职框架下的聘任制，与之相适应的就是"非升即走"制度和"职后评审"政策。[①]"非升即走"就是在聘期结束的时候未能晋升或者未能达到学校的要求，就必须另谋出路，从而通过这种方式将那些不合格者淘汰，这是终身教职制的一种配套性制度。从另一个角度看，"设计终身教职制的初衷是想给予学者个体以思考那些不可思议的问题……但事实并非总是如此……那些拥有终身教职的教师首先就是僵化的

---

① 杨丽君：《美国大学教师聘任制改革及对我国的启示》，《江苏高教》2011 年第 4 期，第 153—154 页。

重要来源"。① 这也就是为什么美国自20世纪90年代开始推行终身教职职后评审政策的原因。

在财产制度上,"国家机构"的大学财产归联邦政府所有,高校享有的财产权极为有限;"公益信托机构"的大学财产归州政府所有,但高校仍享有较为充分的财产权利;"宪法自治大学"的财产则归学校法人所有,享有完整意义上的法人财产权。美国大学评价制度是其公立大学法人制度中独具特色的内容。正如美国杜伊（Edwin D. Duryea）所言:"学术法人制度衍生的一个重要结果是,产生了一种高等教育独立于政府却对它负责的基本观念,这是最终成为美国高等教育中不断谋求院校机构自治与公众问责（Accountability）之间保持平衡的思想前提。"② 如此来说,"19世纪末兴起的各种高等教育自愿性的行业协会,在制定标准、认证与专业评估方面"③,扮演的恰恰是"公众问责"的角色。具体来说,美国的高等教育认证委员会（Council for Higher Education Accreditation,简称CHEA）成立于1996年,至今已有20多年的历史,它是美国最具权威性的对各大认证机构进行认证的行业协会组织。④ 在监督机制上,"国家机构"的大学需要接受联邦政府的直接管理和监督;"公益信托机构"受州政府和公民的信托,需要接受的主要是政府监督和社会监督;"宪法自治大学"属于高度自治组织,以自我监督和社会监督为主。

总的来说,美国公立大学法人制度具有三大特色:第一,在治理结构上的"外行董事会制度";第二,在人事制度上的"终身教职制";第三,在评价制度上的"认证制度"。绝不夸张地说,这三大制度共同支撑起美国百余年来不朽的高等教育发展历史。

---

① ［美］罗纳德·G. 埃伦伯格:《美国的大学治理》,沈文钦等译,北京大学出版社2010年版,第59页。
② Duryea, E. D., *The Academic Corporation: A History of College and University Governing Boards*, New York: Flamer Press, 2000, p.55.
③ 和震:《美国大学自治制度的形成与发展》,北京师范大学出版社2008年版,第216页。
④ 目前美国的高等教育认证体系已经比较完备,美国联邦教育部和美国高等教育认证委员会属于"元认证组织",具体的认证组织包括:全国性的院校认证机构有11家,如圣经学院认证协会（Accrediting Association of Bible Colleges, AABC）,区域性的院校认证机构有6家,如新英格兰院校协会（New England Association of Schools and Colleges, NEASC-CIHE）,专业认证机构有66家,如加州（教育专业）认证委员会（California Committee on Accreditation, COA）。详见张琳琳《美国高等教育认证制度研究》,东北师范大学出版社2007年版,第14—19页。

三 英国和美国公立大学法人制度的中国启示

（一）努力实现公立大学法人制度的多样化

尽管英国和美国属于普通法传统，其大学法人制度的形成背景与法律观念也具有一定的特殊性，但其大学法人制度的设计思路与制度功能完全可以为我国所借鉴和吸收，尤其是多样化的公立大学法人制度，即为每一所类型不同、使命不同的学校提供与其相适应的大学法人制度，使其享有不同的法人权利。英国为公立大学设计了"特许状法人""议会法人"和"公司法人"三种不同的法人身份及其制度，美国为公立大学设计了"国家机构""公益信托机构"和"宪法自治大学"三种不同的法人身份及其制度。那么，我们是否应该为我国公立大学提供多种类型的法人身份及其配套制度以应对高等教育普及化时代的来临呢？

（二）积极借鉴大学法人类型的创造性设计

英国公立大学法人包括三种类型，但"特许状法人"和"议会法人"都属于英国在特定历史背景下的法人类型产物，难以与我国大学法人分类对接起来，但"公司法人"（全称为"国家担保的企业非营利有限公司"）则是一种极富创造性的法人类型设计，它巧妙地将"国家""市场"与"大学"三股力量凝聚起来——"国家担保""市场运营"以及"大学公益"，并完整地体现在一种法人类型之中。它已经在伦敦政治经济学院取得成功，也已经在新加坡国立大学和南洋理工大学这两所顶尖国立大学落地生根。但倘若在我国顶尖的研究型大学之中推行的话，我们仍需抱有谨慎的态度，毕竟顶尖大学校长变成CEO在我们内心是难以接受的，与我们的社会文化也是相冲突的，更是对我国建设高等教育强国的国家意志构成了潜在威胁，反倒是我国的公办高职高专院校更加适合采取这种法人类型。美国公立大学法人亦包括三种类型，但"公益信托机构"和"宪法自治大学"都属于在美国分权体制之下而产生的公立法人分类，所以它们与我国公立大学法人制度改革的政治背景和总体趋向都大相径庭，反而是"国家机构"的法人类型不仅与德国的"国家设施"或"公营造物"具有极大共鸣，而且它与我国军事类院校的法人地位也非常吻合。由此来说，英国的"公司法人"和美国的"国家机构"对完善我国公立大学法人分类具有积极意义。

（三）合理设置大学与政府之间的缓冲机构

概览英国和美国公立大学法人制度设计，我们将会发现两国均在大学与政府之间设置了具有缓冲性质的组织机构，其目的在于减少外部权威对大学组织的直接冲击。譬如，英国原先的"高等教育拨款委员会"，《1988年教育改革法》之后变更的"高等教育基金委员会"就是在财政拨款方面为保护大学自治凿出的一道"护城河"。美国的"公立大学董事会"基本上将政府干预大学办学的可能性降到最低限度，从而使得公立大学与州政府之间保持一定的距离，从而发挥着"缓冲器"或"减压阀"的制度功能，而以社会中介组织身份出现的"高等教育协调委员会"或"高等教育管理委员会""高等教育认证机构"则在财政拨款、质量评估等方面成为大学与政府之间的一道"防火墙"。我们不禁联想到：我国公立大学与政府之间存在这种"护城河""防火墙""缓冲器"或"减压阀"吗？应该说，目前我国无论在至关重要的治理结构上还是在投入机制上这种缓冲机构都是缺失的，未来也不大可能获得实质性突破，因为我们不可能将"党委"改造为"董事会"，即便是另外建立"董事会"（如汕头大学）或者"理事会"（如南方科技大学）抑或"校务委员会"（如上海科技大学）也比较难以发挥缓冲功能，拨款中介组织也难以发育。不过，近年来的第三方评估组织在我国开始蓬勃发展起来，尚可发挥一定的缓冲作用，其发展前景值得期待。

第三节 日本和中国台湾地区公立大学法人制度探索及其启发

日本和我国台湾地区同属于大陆法系，它们在国立大学法人制度方面均展开了长期的实践探索。日本自2004年正式推行国立大学法人化改革，至今已进入第三个建设周期（每六年一个周期）。我国台湾地区自20世纪80年代就开始酝酿国立大学法人化改革，但改革方案迟迟没有落地。应该说，日本和我国台湾地区在国立大学法人化改革方面既积累了一些改革经验，也存在一些改革分歧或不足，故可以作为我国公立大学法人制度改革的重要参考系。

一 独立行政法人：日本国立大学法人化改革

20世纪90年代，日本国立大学法人化改革面临着三大背景：第一，日本的财政压力越来越大，削减庞大的政府公职人员数量成为一种合理选择，故国立大学法人化改革属于日本行政改革链条上的重要一环。第二，日本高等教育从1964年到1992年的28年完成了从大众化阶段向普及化阶段的过渡。普及化时代的到来对高等教育提出了多样化的诉求，然而政府主导的单一的管理方式并不能做出有效回应，反而开始捉襟见肘，从而国立大学法人化改革成为应对高等教育普及化的一种必然选择。第三，以"撒切尔主义"和"里根主义"为代表的新自由主义在国际上游荡、弥漫，尽量减少政府干预、推崇自由市场经济的思想成为日本国立大学法人化改革的指导思想。

日本国立大学法人化改革经历了异常曲折的改革道路。国立大学法人化改革发轫于1997年桥本龙太郎首相任内提出的"独立行政法人"。尽管该制度是在借鉴英国政署制度（Agency）[①]的基础上发展起来的，但也引发了日本学术界的诸多争议，故暂时被搁置。在1997年至1999年国立大学"私法人化"的声浪一度颇高，但这种改革方案将会使文部科学省丧失对国立大学的管辖权，故未被采纳。1999年以后，"独立行政法人"再次成为日本国立大学的改革方案，但是将"独立法人"与"行政机构"这两种身份结合起来一并赋予大学，又会抹杀国立大学的特殊性，故有待做出进一步的改进。2003年，日本开始以法律形式赋予国立大学以"国立大学法人"身份并最终确立下来，即"国立大学法人"是在"独立行政法人"的整体框架之下的，是国立大学在"政府再造运动"之中一种特殊的法律表现形式，属于"特殊公法人"的范畴。2016年之后，建设高附加值的特色大学成为加速日本国立大学法人化改革的新举措，从而86所国立大学开

---

① 英国政署改革始于撒切尔夫人上台（1979年）之后的政府改革计划，最著名的当属1988年提出的"改进政府管理：续阶计划"（Improving Management in Government：Next steps），这可谓机关法人化的开端，也是新公共管理运动的重要体现。详见李昕《公立大学法人制度研究》，中国民主法制出版社2017年版，第32—34页。

始出现一定程度的分化。① 也就是说,日本的国立大学法人化改革经历了"独立行政法人"—"私法人"—"独立行政法人"—"国立大学法人"—"国立大学法人分化"的演变历程。

学术界对日本国立大学法人化改革动向进行了密切关注,并对法人化前后的变化形成了如下认识:在法律地位上,国立大学由"政府附庸"走向"独立法人",办学定位也由"知识共同体"走向"知识经营体";在投入体制上,政府划拨给国立大学的运营费交付金每年削减1%,政府将削减的这部分日常经费补助金转为"竞争性经费";在外部治理结构上,政府与大学之间的关系由"行政隶属关系"走向"委托代理关系";在内部治理结构上,学校增设"经营协议会"(负责学校经营事务)与"教育研究评议会"(负责教学研究事务),与"理事会"(最高决策机构)共同成为日本国立大学的管理机构。在内部治理结构的调整下,校长权力得到强化,教授权力有所削弱;在人事制度上,教师由"公务员身份"走向"非公务员身份",② 引入公开招聘制度和聘期制度,校长的身份则从"协调者"迈向"经营者""责任者",③ 而选拔校长的机构也由"评议会"转为"校长选考委员会",最后由文部科学大臣来任命校长,从而人事制度更具有弹性;在财产制度上,国立大学财产仍归国家所有,但国立大学仍享有一定的财产自主权,在财务制度上取消"国立大学特别会计准则",开始援引"独立行政法人会计标准",④ 采用"运营费交付金"和"自己创收的收入"两种处理方式;⑤ 在评价机制上,自我评价与第三方评价成

---

① 目前这些大学被分为三类:世界水平大学、面向特定研究领域的大学和区域性大学。根据三组功能分类的改革要求,东京大学、京都大学、名古屋大学、东京工业大学等16所大学为第一组;筑波技术大学、东京医科齿科大学、东京外国语大学、东京学艺大学等15所大学为第二组;余下的岩手大学、秋田大学、山形大学等55所大学为第三组。详细请参见施雨丹《21世纪以来日本高等教育的改革与发展——访日本广岛大学高等教育研究开发中心主任丸山文裕》,《世界教育信息》2016年第13期,第5—6页。

② 吴琦:《日本国立大学法人化改革中的人事制度改革》,《外国教育研究》2003年第9期,第5—7页。

③ 胡建华:《"国立大学法人化"给日本国立大学带来了什么》,《高等教育研究》2012年第8期,第96页。

④ 田爱丽:《现代大学法人制度研究——日本国立大学法人化改革的实践和启示》,上海教育出版社2009年版,第84页。

⑤ [日]天野郁夫:《日本国立大学的财政制度:历史性展望》,陈武元译,《中国高等教育评论》2012年第3期,第173页。

为国立大学法人化之后的制度性选择,[①]"国立大学法人评价委员会"对大学教学、研究、经营等方面的考核结果将成为文部科学省分配办学资源的重要依据;在监督机制上,行政监督仍占据主导地位,尤其是法人化改革后,国立大学校长的权力非常大,从而由文部科学省、文部科学大臣任命的"监事"的作用就显得至关重要。

日本国立大学法人化改革过程中暴露出的问题主要集中在治理结构、投入机制和评估制度等方面。第一,校长权力过大,监督力度有待加强,同时学院教授会的权力也比较大,可与学校决策抗衡,这种"哑铃形"大学内部治理结构的协调机制有待完善;第二,固然通过削减政府财政拨款的方式可以激发国立大学面向市场的办学热情与独立人格,但毕竟国立大学属于"国家供养大学",政府责任需要纳入高等教育政策框架之中;第三,政府将削减"经费补助金"转为"竞争性经费",这是导入高等教育市场竞争机制的重要体现,[②] 但是,这不仅加大了大学之间的"贫富差距",而且让一些基础学科的发展面临前所未有的窘境;第四,国立大学法人评价委员会的年度评估、中期评估使大学疲于应付,但评估结果与政府拨款挂钩,又不得不为,从而对大学发展造成一定的潜在威胁;第五,评估是以各国立大学制订的中期计划与最终结果之间的达成度为依据来进行的,从而学校调低目标以提高达成度的现象也不足为奇。上述不仅是日本国立大学法人化改革进程中需要回答的问题,也是我国公立大学法人制度改革需要慎重思考的问题。

二 行政法人:我国台湾地区"国立"大学法人化改革

截至 2016 年 12 月,我国台湾地区(以下简称"台湾")共有 158 所高等院校,其中"国立"大学 49 所,公立大学 2 所(台北市立教育大学和台北市立体育学院),私立大学 107 所。回顾台湾 30 余年来公立大学法人化"马拉松式"的讨论历程,我们在感慨台湾公立大学法人化改革进程中谨慎态度的同时也能感受到因台湾民主制度而带来的"拉锯之战":早在 1983 年,台湾修订"大学法"时就试图将公立大学公法人化,但未能

[①] [日]金子元久:《日本国立大学法人的评价机制》,《北京大学教育评论》2009 年第 3 期,第 76—83 页。

[②] 崔玉洁、谷峪:《日本高等教育市场化述评》,《外国教育研究》2012 年第 2 期,第 29—37 页。

成行。1986年,台湾大学的学生发起大学改革运动,再次喊出"公立大学公法人化"的口号。1987年11月,台湾"立法院"专门就"公立大学法人化与大学人事财政自主"的议题举行听证会。1989年,33名"立法委员"联名提议在"大学法修正案"中将公立大学规定为"公法人"。1997年之后,"大学法修法委员会"成立,研究并拟定公立大学公法人化的相关法律条文。2002年11月,台湾"行政院"为再造行政组织而推出"行政法人",从而"教育部"重新修订"大学法修正草案",且专门增列"行政法人国立大学"内容。2005年1月18日审议的"大学法修正草案"第五条明确规定:"公立大学得为公法人",其背后隐含的公立大学法人身份就是"行政法人"。2008年,台湾"迈向顶尖大学策略联盟"举办以"大学法人化"为议题的高等教育论坛,专门讨论法人化改革可能遭遇的问题。2011年"行政法人法"第二条对"行政法人"做出明确规定:"本法所称行政法人,指国家及地方自治团体以外,由中央目的事业主管机关,为了执行特定公共任务,依法律设立之公法人。"这就预示着台湾公立大学未来的改制方向就是"行政法人",其与原来的"行政机关"截然不同,如表4-4所示。但遗憾的是,2011年"大学法"对公立大学公法人化"只字未提",从而改革再次落空。

表4-4 行政机关与行政法人比较

类型 维度	行政机关	行政法人
法律属性	政府的附属机关 部分政府任务之法定分配(委任)	独立的法人机构 部分政府任务之移转(委办)
重大决策	政府	董事会/理事会
人事自主	以《公务员法》等人事法规聘用,教师具有公务员资格	自定人事规章,以专业要求聘用,教师不具有公务员资格
财务自主	受预算法、审计法的约束,每年编列预算,送立法院审查	拟定财务规划书向董事会汇报
行政自主	必须配合上级机关之命令行事,监督机关同时行使"适法性监督"与"适当性监督"	免除政治干预,监督机关仅能"适法性监督"不得为"适当性监督"

续表

类型 维度	行政机关	行政法人
监察审计	每年编制会计决算报告送监察机关审计	设监察会（人），以健全会计制度，公开营运状况

资料来源：根据王玉芳发表的《政府与大学关系之调整——试析台湾公立大学行政法人化》（《教育学术月刊》2011年第9期，第32页）一文及相关资料整理而成。

台湾公立大学的法人化诉求是20世纪80年代大学民主运动的延续，直至2001年台湾当局推出"政府再造运动"之后，公立大学行政法人化的改革方向才算是基本确定下来。[1] 非常明显的是，台湾公立大学"行政法人"改革方案是效仿德国"公法人制度"与日本"独立行政法人制度"的结果，但由于面临的改革争议较大，故2003年"台湾大学法修正草案"中的"行政法人"制度设计至今没有取得实质性进展。就制度设计而言，台湾公立高校法律性质的基本走向是从"行政机关"走向"行政法人"；在治理结构上，拟设董事会或理事会，并扩大校长权力，落实校长负责制，[2] 大学内部治理由"参与型"走向"经营型"；在投入机制上，依然以财政投入为主，但拨款额度依据评鉴结果而定；在人事制度上，学校享有人事自治权，推行"老人老办法，新人新办法"的双轨制人事制度，[3] 这就在很大程度上减少了改革的阻力，与此同时，推行弹性薪资制度，引入绩效工资[4]；在财产制度上，实行二元产权制度，即学校的原始财产仍属"国有"，但学校营运和社会捐赠所得归学校所有，积极推行"校务基金制度"，学校可以自行制定经费收支管理办法，而不再直接参与政府的预算、结算系统，但需要接受审计监督；在评鉴制度上，由"教育部"和

---

[1] 王玉芳：《政府与大学关系之调整——试析台湾公立大学行政法人化》，《教育学术月刊》2011年第9期，第31—32页。

[2] "校务会议为校内最高决策会议，形成校长有责无权，校务会议成员众多，议事效率不高，学术专业责任难以建构，校长由校内教师遴选结果，形成派系对立，影响校园安定，大学内部运作体系失衡，难以提升教学研究之品质……"转引自姚金菊《转型期的大学法治》，博士学位论文，中国政法大学，2005年，第23页。

[3] "老人老办法，新人新办法"是指，原来的大学教师属于公务人员，而新进的大学教师属于非公务人员，随着大学教师的自然退出而实现完整意义上的教师聘任制。

[4] "台湾大学法修正草案"第10条新增规定："教师、研究人员之待遇，除参照'教育部'所规定之标准支给外，并得就教学、研究、服务或辅导成绩优异、深具发展潜力之教师与研究人员另为支给；其支给办法由大学校务会议通过，经校长核定后实施。"

各大院校成立的"财团法人高等教育评鉴中心基金会"专门负责台湾地区的大学评鉴工作;在监督机制上,"教育部"从"行政直属"的监控走向"目标绩效"的监督,通过校务公开加强公众监督或社会监督。① 这就是台湾公立大学"行政法人"制度设计的整体图景。

应该说,台湾公立大学公法人化改革的讨论已经 30 余年,2003 年"大学法修正案"关于公立大学"行政法人"的改革方案因争议太多而在 2011 年遭到删除,直到今天都没有定论。在过去的 30 多年间,公立大学与台湾当局关于大学法人化的态度发生了逆转。台湾成功大学赖明诏校长如此说道:最初是公立大学对法人化改革很热切——希望获取更多的大学自主权,但台湾当局反应很冷淡。如今是台湾当局对大学法人化的态度较为积极,② 反而是公立大学退而却步了。③ 其中的原因颇值得玩味。应该说,台湾公立大学针对法人化改革态度转变的背后折射出的是未竟解决的疑虑与没有定论的争议。归纳起来,这些疑虑或争议不外乎以下几点:④ 第一,在治理结构上,大学董事会制度真的可以兑现大学自治的诺言吗?人们对此仍抱有较大的怀疑;第二,在治理模式上,究竟是采用经营模式还是参与模式,经营模式会不会损伤公立大学的公益属性?第三,在投入机制上,公立大学法人化之后,高等教育办学经费会不会像日本一样不断被削减?第四,在人事制度上,"老人老办法,新人新办法"会不会造成大学内部管理的困扰?第五,在财产制度上,公立大学法人化之后,"二元式"的产权制度究竟能否落实,这是否能够彻底解决公立大学财产权的问题?第六,在监督机制上,目前台湾公立大学内部并没有一个常设的监督机构来监督校长或校务会议的决策与执行。与上述具体的争议相比,台湾学术界对公立大学推行"行政法人"制度尚存在重大疑虑,毕竟台湾公立大学"行政法人"改革方案就是以日本"独立行政法人"为原型的,日

---

① 沈妍伶:《台湾公立大学法人化改革及其争议研究》,硕士学位论文,宁波大学,2013 年,第 34—38 页。
② 2006 年,台湾"教育部"推动 5 年 500 亿新台币的迈向顶尖大学计划,其中的前提条件就是大学必须变法人化。但时至今日,台湾公立大学法人化改革仍犹豫不定。笔者于 2016 年 4 月 8 日在与台湾师范大学杨国赐教授和台湾教育大学系统总校长吴清基教授的交谈中发现,他们对台湾公立大学法人化的前景都不抱乐观态度。
③ 迈向顶尖大学策略联盟:《大学法人化——发展国际一流大学及顶尖研究中心》序,台湾大学出版中心 2009 年版,第 5 页。
④ 沈妍伶:《台湾公立大学法人化改革及其争议研究》,硕士学位论文,宁波大学,2013 年,第 41—43 页。

本国立大学法人化改革尚处于实验阶段,其实验效果仍有待时间检验。[①]也就是说,台湾公立大学法人化的内部分歧、谨慎姿态、疑虑心理以及观望态度交织在一起,从而使得公立大学法人化改革方案迟迟未能落地。

三 日本和我国台湾地区公立大学法人化改革的几个启示

(一) 大学法人化是否意味着财政投入的缩减

毫不避讳地说,"各国在大学法人化的过程中,面临最大的问题是政府推动大学法人化隐藏的目的之一,是要逐渐减少对大学经费的辅助,这与大学发展的目标是相冲突的。"[②] 这就告诫我们,大学法人化绝不是削减高等教育财政投入的遁词。人们总是误以为日本国立大学法人化就是财政投入缩减的一个典型案例,但事实上,日本政府自2004年开始每年削减1%的财政拨款,这些削减的经费转为"竞争性经费",即总量并没有大幅缩减,只不过学校之间、学科之间的贫富差距不断加大。[③] 这才是我们应该关注的重点所在。就我国公立大学法人制度改革而言,我们应该做到以下四点:第一,保证经常性财政拨款的持续性增长,以免引发改革中不必要的疑虑和阻力;第二,适当设置竞争性经费项目,以引导不同类型公立大学服务于国家的重大发展战略;第三,鼓励高校自主筹措经费,旨在强化高校对政府的独立意识与对社会的服务意识;第四,慎重考量不同学校、不同学科之间的贫富差距,在学校层面注重高等教育经费的二次分配,在学科层面加强对人文社会科学的经费支持力度。

(二) 大学法人化是否意味着校长权力的扩张

无论是日本国立大学法人化的改革实践,还是我国台湾地区公立大学法人化的改革方案,由于市场运营的需要,校长的权力都得到了极大扩张。那么,大学法人化与校长权力扩张之间是否存在必然的因果关系呢?

[①] 许育典、李佳育:《从大学的法律地位探讨大学自治的落实:以大学法人化为核心》,(台湾)《当代教育研究季刊》2014年第1期,第197页。

[②] 面向顶尖大学策略联盟:《大学法人化——发展国际一流大学及顶尖研究中心》,台湾大学出版中心2009年版,第4页。

[③] 像筑波大学这样的高水平研究型大学,现在也面临着这样的问题,但它不能直接从银行借钱,因为高校无法提供担保,最坏的情况就是接受政府某种形式的救助。而在大多数情况下,学校的通行做法是控制招聘新人,比如新潟大学。详细请参见金子元久、窦心浩《日本国立大学法人的课题与改革动向——金子元久教授专访》,《苏州大学学报》(教育科学版)2016年第2期,第95—100页。

从理论上说，大学法人化的目的是使大学从政府管控中解放出来，从而为大学自治和学术自由开辟道路。进一步来说，大学法人化是为了学术权力而非校长权力而生的，校长权力的扩张是在市场运营方面的扩张而非毫无节制的权力膨胀，它最终仍是为学术权力而服务的。就我国而言，校长权力扩张不宜盲目效仿，如何规范与规制校长权力的使用、如何扩大和落实学术权力的使用才是更为迫切且颇具本土特色的问题。当前，我国扩大和落实高校办学自主权绝不是简单地将权力下放至学校，更不是迂回地将各项权力统揽于校长手中。

（三）大学法人化是否意味着大学市场化

法人化并不能与市场化完全等同。更准确地说，法人化的实现方式有多种，市场化仅仅是其中的一种而已，只不过在当今社会，市场化成为法人化最直接的实现方式。日本国立大学治理结构中设置的"经营协议会""竞争性经费"在高等教育领域中的导入、根据评估结果来确定拨款额度的"绩效管理"等都属于市场化的表现，台湾公立大学法人化改革方案中的"经营协议会""绩效管理""评鉴制度"等也都属于市场化因素。但一定谨记的是，高等教育市场化的前提是"公益性"，在"公益性"的基础上推行"市场化"，通过"市场化"推进"法人化"的步伐，毕竟市场在现代社会中已经成为调整政府与大学之间关系的有效杠杆。

表4-5　　　　　世界主要国家和地区的公立大学法人制度

序号	国家或地区	法律性质/法人类型	治理结构	投入体制	人事制度	财产制度	评价制度	监督机制
1	德国	双重法人	大学理事会、校长委员会和大学评议会	政府投入为主	掌握在州政府手中	掌握在州政府手中	政府主宰模式，包括政府评价、自我评价	校务咨询监督委员会
		公法社团	大学理事会、校长委员会和大学评议会	政府投入为主	掌握在州政府手中，学校权限扩大	掌握在州政府手中，学校权限扩大	自评主导模式，包括自我评价、政府评价	校务咨询监督委员会
		公法财团	财团董事会、大学理事会、校长委员会和大学评议会	政府投入、社会捐赠以及其他筹资渠道	学校法人拥有更多自主权	掌握在法人手中，财团董事会根据章程自主决定财产使用	二元并立模式，包括政府评价、社会评价	校务咨询监督委员会

· 161 ·

续 表

序号	国家或地区	法律性质/法人类型	治理结构	投入体制	人事制度	财产制度	评价制度	监督机制
2	法国	特殊公务法人	校务委员会领导下的校长负责制	政府投入为主	掌握在国家手中,教师属于特殊公务员	一切的学校财产均属于公产	政府主宰模式,国家教育评估委员会	国民教育行政总督学
3	英国	特许状法人	学者自治型治理模式	政府投入,由高等教育基金委员会分配	掌握在学校手中,教师是雇员	一切的财产归学校法人所有	多元参与评估模式	多元参与监督机制
		章程法人	学者主导型治理模式	政府投入,由高等教育基金委员会分配	掌握在学校手中,教师是雇员	一切的财产归学校法人所有	多元参与评估模式	多元参与监督机制
		公司法人	多元共治型治理模式	政府投入,由高等教育基金委员会分配	掌握在学校手中,教师是雇员	一切的财产归学校法人所有	多元参与评估模式	多元参与监督机制
4	美国	国家机构	联邦政府直接管理	政府投入,联邦政府直接拨款	掌握在联邦政府手中,教师是政府雇员	掌握在联邦政府的手中	政府主导评价模式	(联邦)政府主导监督机制
		公益信托机构	董事会领导下的校长负责制	多元投入,通过中介组织进行经费分配	学校掌控,终身教职制下的聘任制	掌握在州政府手中,高校有一定财产权	中介认证模式,高等教育认证委员会,包括院校认证和专业认证	(州)政府监督(董事会)、社会监督
		宪法自治大学	董事会领导下的校长负责制	多元投入,通过中介组织进行经费分配	学校掌控,终身教职制下的聘任制	学校拥有完整的法人财产权		自我监督、社会监督
5	日本	国立大学法人	校长负责制下的委员会制	多元投入、市场经营,政府每年减少1%	学校掌控,属于非公务员型	掌握在国家手中,高校有一定财产权	第三方评估模式(国立大学评估委员会)	政府监督(监事)、社会监督(第三方)

续　表

序号	国家或地区	法律性质/法人类型	治理结构	投入体制	人事制度	财产制度	评价制度	监督机制
6	中国台湾	行政法人（拟）	董事会领导下的校长负责制	财政投入为主，具体拨款额度与评鉴结果挂钩	双轨人事制度，新进教师是非公务人员	二元财产制度，原始资产属国有，其余财产归法人	财团法人高等教育评鉴中心基金会	行政监督、社会监督
7	中国大陆	事业单位法人	党委领导下的校长负责制	政府投入为主、多元筹资渠道	事业编制下的聘任制	学校财产全部归国家所有	政府主导、多元参与模式	政府主导、多元监督模式

第五章 我国公立大学法人制度改革的理论反思

任何组织的变革都要深入思考其改革的思想基础，作为理性组织的公立大学的法人制度改革更是如此。新自由主义与新国家主义的冲突、大陆法系与英美法系的对垒以及认识论与政治论的博弈，中国公立大学法人制度改革应该做出何种抉择？这是改革方案设计的一个前置性问题。

第一节 我国公立大学法人制度改革的思想基础

大学是理性组织的典型代表，大学变革也理应是理性思维之下的行动产物，那么我国公立大学法人制度应该在何种改革思想的指导下稳步推进呢？显然，纯粹的自由主义或国家主义于中国大学改革而言都是极端冒险的危险行径。这就意味着，我国公立大学法人制度改革思想可能需要在新自由主义思潮与新国家主义思潮之中做出某种抉择。

一 新自由主义思潮下的公立大学法人制度改革

在近百年的历史之中，新自由主义思潮（Neo-liberalism）[①] 历经产生、沉寂、复苏、蓬勃和回潮的发展过程。作为一种复合型的理论流派，新自由主义最早产生于20世纪二三十年代，它是在"现代经济学之父"——英国亚当·斯密（Adam Smith）古典自由主义的思想基础上发展起来的。但恰在此时（1929—1933），西方资本主义社会爆发世界经济危

[①] 关于"新自由主义"有两种：一种是 New-liberalism，另一种是 Neo-liberalism。前者产生于19世纪70年代，后者产生于20世纪30年代，而目前学术界所指称的新自由主义通常是后者，前者被划归自由主义范畴。

机，新自由主义对此束手无策，并没有成为主流的经济思想。反而凯恩斯主义（或称凯恩斯主义经济学，Keynesian Economics）成功地帮助西方国家走出经济泥潭，它直到20世纪60年代都是西方经济发展的主导性思想。在这30余年间，新自由主义处于沉寂阶段，同时也是理论修正与完善的阶段。当历史定格在20世纪七八十年代资本主义国家经济滞胀的时候，凯恩斯主义失灵，新自由主义思潮开始复苏并流行起来。英国哈耶克（Friedrich August Hayek）和美国弗里德曼（Milton Friedman）的思想受到追捧。尤其是英国撒切尔政府和美国里根政府大力推行新自由主义政策之后，这种思潮开始不断向世界各个国家输出而进入蓬勃发展阶段。但与此同时，新自由主义在全球范围的肆意蔓延不仅对发展中国家造成了灾难性影响，其对发达国家而言也是一场梦魇。当前新自由主义已表现出回潮趋势，英国的"脱欧公投"以及美国特朗普政府的一系列政策调整等就是"逆全球化"或"反全球化"现象的侧影。

新自由主义思潮对高等教育领域产生了广泛而深刻的影响。新自由主义的主要观点包括：在经济领域，它积极主张"三个化"——彻底私有化、完全市场化以及普遍自由化；在政治领域，它极力鼓吹"三个否"——否定公有制、否定社会主义和否定国家干预；在全球战略上，它大力宣扬"一体化"，即政治、经济、文化的全球一体化。在新自由主义思潮的影响下，新公共管理运动开始兴起，①两股潮流对当前高等教育民营化、高等教育市场化、高等教育国际化、高等教育绩效、高等教育问责、高等教育认证以及政府角色最小化等多个方面均产生了重大影响。美国著名学者卡洛斯·阿尔伯托·托里斯将这些影响概括为，新自由主义主要是推动着大学在效率与问责制、认证与普及化、国际竞争力以及私有化等四个方面的变革。②客观地说，这些变革在为世界高等教育带来"福音"的同时，同时将"魔咒"一并施予其身，对大学制度变革产生双重作用。③

---

① 20世纪70年代末80年代初，西方国家面对财政危机而兴起一场"重塑政府""再造公共部门"的行政改革运动，即"新公共管理运动"。这场运动主要是通过引入市场机制，提高公共管理水平与公共服务质量。详细请参见王璐、曹云亮《新公共管理运动对美国公立高等教育的影响》，《高教探索》2011年第2期，第68页。

② [美]卡洛斯·阿尔伯托·托里斯：《新自由主义常识与全球性大学：高等教育中的知识商品化》，《北京大学教育评论》2014年第1期，第2—16页。

③ 张征、别敦荣：《新自由主义背景下大学制度变革研究》，《高等教育研究》2012年第6期，第70页。

尤其值得关注的是，发展中国家的高等教育被卷入全球化的大潮之中，进一步强化既定的"金字塔式"世界高等教育格局——发展中国家始终处于金字塔底的位置。从一个悲观的角度来看，新自由主义在世界范围内的蔓延无疑是发达国家的一场"阴谋"：既是金融资本在全球范围内的"掠夺"，又是国内矛盾、冲突与问题的"转嫁"。

就大学法人制度而言，如今英国、美国确立的公立大学法人制度的思想基础是新自由主义，日本、韩国开启的国立大学法人化改革的思想基础也包含新自由主义因素。为什么新自由主义在这些国家公立大学法人制度及其改革中如此流行？仔细分析，我们不难发现：第一，基于新自由主义的公立大学法人制度改革通常在发达资本主义国家更为流行，这与其资本主义政治、私有制经济的宏观体制紧密相关；第二，部分国家的公立大学法人制度改革是因为政府面临着财政危机而做出的一种"甩包袱"行为，以新自由主义为"挡箭牌"，旨在获得高等教育改革的合法性；第三，新自由主义指导下的公立大学法人制度改革更加强调自由市场对公立大学的调节力量，力图通过市场杠杆来约束或规制政府权力，从而为大学自治、迈向卓越铺平道路。如此来说，新自由主义思潮下的公立大学法人制度将自由市场推向极致。

二 新国家主义思潮下的公立大学法人制度改革

目前学术界关于"新国家主义"（New Nationalism）的理解并没有达成共识，大致形成了三种观点：罗斯福式的"新国家主义"、[①] 东亚模式的"新国家主义"和何新倡导的"新国家主义"。[②] 20世纪30年代罗斯福式的"新国家主义"强调，在私有制经济的基础上，将新型国家权威与自由市场经济结合起来，且政府的有效干预在资本主义社会发展中居于中心地位。[③] 美国正是在这一指导思想下逐步走出经济危机的泥淖，这个"新国

[①] Theodore Roosevelt, *The New Nationalism*, Englewood Cliffs, N. J.: Prentice - Hall, 1961: 24.

[②] 何新（1949— ）是我国的著名学者、历史学家、经济学家。他的见解独到而深刻，在很大程度上影响了国家的一些重大决策，尤其是他提出的"新国家主义"主张备受学界关注，以《思考：新国家主义的经济观》《论政治国家主义》《中国向何处去？》《国家主义的近代政治理论渊源》为代表性作品。

[③] ［美］马克·艾伦·艾斯纳：《规制政治的转轨》，尹灿译，中国人民大学出版社2015年版，第41页。

家主义"是与传统的国家威权相区别的;20世纪70年代至90年代东亚模式的"新国家主义"强调,在私有制经济的基础上,将新型国家权威与有限市场经济结合起来。这个"新国家主义"既与传统的国家威权不同,又与自由的市场经济区别开来;21世纪以来,何新倡导的"新国家主义"开始进入人们的视野,它是在公有制经济的基础上,将新型国家权威与市场经济体制有机结合起来。这个"新国家主义"是对新自由主义思潮的反思与警惕。

新国家主义思潮在高等教育领域的表征也越来越突出,值得我们予以密切关注。尽管关于"新国家主义"的三种观点是在不同的社会制度背景下做出的不同解读,也具有各自言说的立场,但它们的基本主张是一致的:在政治上提倡新型国家权威,在经济上强调政府调节作用,在全球战略上则侧重国家利益以及国家形象的维护。这种指导性思想折射至高等教育领域也是异常明显:第一,在高等教育管理上,"当前全球大部分高等教育机构在其制度设定、组织安排、课程设置和资金管理等方面正享受着越来越多的自治。主权国家对高等教育机构的控制和管理正在逐渐强调非直接的、调控型的管理方式"[1],这与传统的国家严格管控与直接管理具有明显的差异。第二,在高等教育市场化方面,不少国家将竞争、效率、绩效、问责等市场因素引入高等教育之中,也有不少国家将后勤、生源、学费、留学等推向完全的自由市场,但不论是采取何种市场化的手段,国家或政府都在其中发挥着根本性、兜底性的积极作用。第三,在高等教育全球战略上,资本的逐利性并不是唯一目的,通过高等教育产品的引进或输出来提升本国的高等教育质量和水平,或以高等教育为纽带来加强国际之间的政治互信、经济互利和文化互鉴。由此而言,国家意志、国家利益与国家形象成为新国家主义至关重要的行动"靶心"。

就大学法人制度而言,德国公立大学法人制度的思想基础是新国家主义,法国公立大学法人制度的思想基础也是新国家主义,新加坡国立大学和南洋理工大学法人身份变更的思想基础仍是新国家主义。为什么新国家主义在这些国家的公立大学法人制度及其改革之中如此盛行?仔细分析,我们不难发现:像德国、法国这样传统的欧洲大陆国家,其政府权力相对

---

[1] 陈权:《全球化背景下的高等教育及其治理》,《现代教育科学》2011年第5期,第48页。

较大,在公立大学法人制度的确立过程中既能为大学提供良好的自主环境,又能够较为理智地进行权力的自我规制。譬如说,德国的"双重法人身份"就是协调国家权威与大学自主之间的法律产物,而法国的"特殊公务法人"也是将带有"公务性"的国家诉求与具有"特殊性"的大学属性有机结合起来的典型。相比于德国和法国而言,新加坡政府的权力更是高度集中,但难能可贵的是,新加坡政府将新加坡国立大学和南洋理工大学的法人身份变更为"国家担保的企业非营利法人"。不得不说,"企业非营利"的大学法人定位体现出赋予大学自主身份的"国家理性",而"国家担保"彰显出政府担当,这是对英国"公司法人"的本土化改造,堪称"世界公立大学法人制度改革中的一道独特风景"。整体来看,秉承新国家主义指导思想的公立大学法人制度改革之国家都拥有政府威权传统,它们都是在法律框架下通过适当引入市场因素确立大学的法人自主地位。这就为公立大学通过自治追求效率,最终迈向卓越提供了法律依据和社会条件。

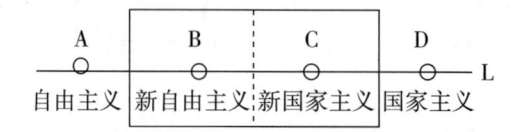

三 我国公立大学法人制度改革的思想根基

毫不夸张地说,公立大学法人制度改革的思想基础犹如一个"黑箱",如图 5-1 所示。在直线 L 上分布着 A、B、C、D 四个端点,分别代表着自由主义、新自由主义、新国家主义和国家主义。很明显的是,完全放任自流的自由主义无法有计划、有组织地指导和推进公立大学完成法人制度改革的使命,它在中国语境之下将面临着理论破产的必然遭遇,故我们绝对不允许自由主义在中国社会包括高等教育领域肆意蔓延。严格的政府管控无疑会扼杀公立大学的办学活力与办学热情,从而难以兑现大学学术创新的最初诺言,况且政府的严密管控与大学的自主地位历来都是一对无法调和的矛盾。历史经验早已证明,这种做法是极其危险的,也必将走向失败,所以国家主义也无法适应当今中国社会包括高等教育发展的未来趋势,故不能采纳。

图 5-1 公立大学法人制度改革的"思想黑箱"

从世界范围来看，公立大学法人制度改革的思想基础包括新自由主义和新国家主义两种，它们自然成为许多国家和地区确立或开启公立大学法人制度改革的思想基础。但问题的关键在于，新自由主义与新国家主义的根本界限在哪里？我国公立大学法人制度改革的思想根基究竟是什么？这两个问题应该是我国公立大学法人制度改革过程之中必须做出正面解答的命题。

概括地说，"市场中的政府管理"与"政府中市场规范"是截然不同的两种思路，这也是关于新自由主义与新国家主义之间本质区别的最凝练表述。前者描述的是市场发挥根本性作用且将政府职能最小化的一种运行状态。这种公立大学法人制度需要积极寻求社会支持，并通过市场力量与法治思维来制衡或规制政府权力。但需要注意的是，新自由主义指导下公立大学法人制度建设会使得公立大学的贫富差距越来越大，高等教育优势资源往往集中在少数顶尖学校，从而无法从根本上满足不同受教育群体接受高质量高等教育的基本诉求，即这种思想推崇的"效率优先"原则可能会有损教育公平。后者表达的则是政府发挥核心作用且将市场机制积极融入其中的一种运行状态。这种公立大学法人制度是在国家政策的整体框架之下赋予大学法人地位的基本法律取向，可以借助国家力量进行高等教育资源的二次分配，需要注意的是，新国家主义的公立大学法人制度改革必须将政府权力严格置于法律思维和法治方式的整体框架之中，否则有滑向国家主义的潜在危险。即这种思想会出现两种情形：其一，以"集中力量办大事"为表征的"效率优先"原则可能损害教育公平；其二，强调的"公平优先"原则可能有损办学效率的提升。

新自由主义和新国家主义这两股思潮在理论上的区分是显而易见的，但在教育实践中却不容易也不可能切割得泾渭分明。就我国台湾地区而言，台湾高等教育自20世纪90年代中期开始市场力量逐步抬头，如引入市场机制、强调政府监督、重视绩效评价等一系列政策都充满了新自由主义和新公共管理的影子，但有台湾学者对此十分警惕地分析道：台湾高等教育"虽然表面上仍致力于大学自治之深化，但是政府主导的力量并未随之消退，另一种远程集权化的治理形态正在成形之中"。[①] 也就是说，某些

---

① 詹盛如：《台湾高等教育治理政策之改革：迈向新管理主义》，《中国高等教育评论》2010年第1期，第178—179页。

高等教育政策在新公共管理的名义下包裹着新威权主义的实质，而集权化的倾向则在事实上使大学失去了弥足珍贵的自治品质。不止如此，新国家主义在高等教育中提倡的"国家监督模式"也不免会因行动界限与行为手段的模糊性而滑落至"国家控制模式"的危险境地。那么，我国大陆地区公立大学法人制度改革的思想基础究竟是什么？

实事求是地说，"政府的介入是应该的，大学毕竟要实现它为国家、为社会服务的功能。真正值得关注的应该是，政府通过什么手段和方式来介入大学，以至于不会因为政府的介入而使大学完全丧失了大学自治的宝贵传统"①。即新国家主义指导下的公立大学法人制度改革必须在"国家理性"与"法治思维"的基础上行使国家权威，其根本目的在于维护公立大学自主办学的独立品格。在民主化时代的今天，"警察国家"的概念逐步被消解，"文化国家"的概念逐步兴起，"新国家主义"获得了新发展的时代契机，但其在我国仍是一个不被大众完全认可的思潮，况且其国家意志的总体倾向往往会忽视个体的创造力量。在全球化时代的今天，我们并不能完全隔离新自由主义思想对我国高等教育，乃至对公立大学法人制度改革的侵扰，从而拒斥姿态并非解决问题的根本路径，如何适应乃至超越新自由主义方为正道。从上述分析可知，我国公立大学法人制度改革应该在批判性地汲取新自由主义和新国家主义思想精髓的基础上探索"第三条道路"。进一步分析，我国公立大学法人制度改革选择"第三条道路"的依据何在？

第一，我国公立大学法人制度改革绝对不能脱离中国的政治传统。回避或否认这一点而迷恋或盲从新自由主义是不切实际的。我们必须承认"集中力量办大事"在中国高等教育领域所取得的历史成绩与现实意义，强调国家与政府在公立大学法人治理中的主导地位，而且德国、法国、新加坡公立大学法人制度改革经验已经为我国提供了可资借鉴的理论基础与实践经验。从政治意义上说，"国家调控机制"是公立大学法人制度改革公平目标的实现机制，从而发挥着不可或缺的重要作用。

第二，我国公立大学法人制度改革绝对不能脱离中国的经济体制。"市场"并不是利益至上的代名词，其与公平、秩序、道德等从来不是截

---

① 张斌贤、刘慧珍主编：《西方高等教育哲学》，北京师范大学出版社 2007 年版，第 277 页。

然分立的，新自由主义和新国家主义都可以将"市场"作为重要手段。但新自由主义强调的是资本主义私有制经济，这将对我国的政治基础与经济体制产生致命性冲击，所以不宜采纳。我国坚持公有制经济为主导、多种所有制经济并存的社会主义市场经济制度，政府发挥着至关重要的宏观调节作用。从经济意义上说，"市场运行机制"是在"政府调控机制"下运行的，它是公立大学法人制度改革效率目标的核心实现机制。

第三，我国公立大学法人制度改革绝对不能忽视中国的全球战略。高等教育在全球竞争中的重要作用不言而喻，故"高教强国"是我国在全球视野下做出的战略抉择、发出的时代呐喊。如果没有国家这一强大后盾，这一目标几乎没有实现的可能。尤其是高等教育发展需要雄厚的资金支持，而我国的教育捐赠风气并不浓厚，且公立高校筹措办学经费的能力有限，各级政府的财政拨款自然成为各类高校办学最主要的经费来源，从而国家在公立大学法人制度改革中所处的战略地位毋庸置疑。从另一个角度来看，经济全球化、高等教育国际化就如同一个巨大的旋涡，世界上的绝大多数国家和地区已经被席卷其中，市场运行机制不容回避。因此，我们必须以"不谋全局者，不足以谋一域"的姿态来看待"第三条道路"在我国公立大学法人制度改革中的全球战略性地位。

第四，我国公立大学法人制度改革绝对不能忽视中国的改革现实。自1985年以来，政府不断扩大和落实公立高校办学自主权，暗合了公立大学法人制度改革的宗旨。自20世纪90年代以来，竞争、效率、绩效、问责、国际化等市场因素开始向高等教育领域渗透与介入，这就为公立大学法人制度改革提供了有利契机。自高等教育大众化以来，尤其是近年来学生诉求的多样化要求学校使命的多元化与管理的弹性化，这就对原有的组织同形、统一管理模式提出了严峻的挑战，从而个体创造性地参与组织再造开始成为可能，建构关于"大学人"切身利益的大学法人制度成为一种理性选择。上述教育事实均为我国公立大学法人制度改革做好了铺垫。

总体而言，新自由主义与新国家主义是当前世界公立大学法人制度改革的两股思潮，但我国公立大学法人制度改革不可盲目跟随过分强调"自由市场"的新自由主义的潮流，也不可将过于相信"国家理性"的新国家主义思潮奉为圭臬。从政治传统、经济体制、全球战略以及教育现实等多方面因素的考量之下，我国理应在新自由主义和新国家主义之外探索出"第三条道路",即将"国家调控机制""市场运行机制"和"个体参与机制"有机地统合起来,并将它作为公立大学法人制度改革的根本指导思想。

第二节 我国公立大学法人制度改革的法律取向

公立大学法人制度改革是当前我国教育法学领域的一个重大理论命题与实践难题。应该说,不同的法律取向决定了公立大学法人制度改革路径的差异。世界法律文明的两大分支是大陆法系和英美法系,[①] 但究竟是借鉴于大陆法系,还是取法于英美法系,抑或有选择性地汲取两大法系中的合理成分?这是我国公立大学法人制度改革需要仔细斟酌的问题。

一 大陆法系公立大学法人制度改革的价值取向

大陆法系的母法是法国法,到德国法达到顶峰,由日本法实现创造。在成文法或制定法的基础上实现公法与私法的二元区分是大陆法系的传统和标志性特征。这一区分起源于古代罗马法,而罗马法学家乌尔比安(Ulpianus)则是公法、私法分立的观念创始者。但需要注意的是,公法与私法之间的界分仅具有相对而非绝对意义。按照德国著名法哲学家卡尔·拉伦茨(Karl Larenz, 1903—1993)的说法:"在公法与私法之间,并不能用刀子把它们精确无误地切割开,就像我们把一个苹果切成两半一样。"但这也并不意味着公法与私法的划分毫无意义,这毕竟是大陆法系的"看家本领"。在大陆法系中,正是公法与私法的二元相对划分使公法人与私法人之间有着一条相对清晰的法律界限:公法人是公共意志的法律呈现,是经由国家公权力的审核批准而设立的,其法律身份主要来自行政法等法律赋予,并以履行公共职能为根本使命的组织机构;私法人则是意思自治的法律产物,是经由相关部门登记后而取得法人资格,其法律身份主要来自民法等法律认可,并以满足私益需求为根本追求的组织机构。

[①] 大陆法系的典型代表是法国、德国和日本,还包括韩国、瑞士、荷兰、比利时、卢森堡、意大利、西班牙、葡萄牙、中国大陆、中国台湾地区、整个拉丁美洲、非洲近东国家等。英美法系的典型代表是英国和美国,还包括爱尔兰、澳大利亚、马来西亚、新加坡、巴基斯坦以及中国香港地区等。总体来说,大陆法系具有划分公法与私法的传统,英美法系包括普通法与衡平法两个部分。但是,这并不是绝对的,需要考虑到各国法律制度的多样化问题。

在此基础之上，公法人制度与私法人制度在制度功能的定位、效力与范围等方面表现出较为明显的差异。其中公法人制度是实现人格独立和行为自主的有效法律手段，以对政治中心和行政集权的组织积弊与权力冲动产生制度性的约束力量，其法律调整范围通常是行政法律关系。私法人制度主要是一种保护私人财产，强调法律责任独立承担的制度设计，这就为公权直接介入甚至无端干预私权的行为划定了法律边界，同时为各民事主体享受民事权利、承担民事责任提供了法律依据，其法律调整范围通常是民事法律关系。

法国、德国、日本都是典型的大陆法系国家，其公立大学的法律定位均主要是"公法人"。自1968年《高等教育方向指导法》和1984年《高等教育法》相继通过之后，法国公立大学的法律地位由最初的"行政公务法人"转变为"科学、文化和职业公务法人"。前后法人身份的变化明显体现出法国对公立大学性质在认识层面的深化和在法律意义上的尊重，但"公法人"的总体定位没有发生变化。2007年《大学自由与责任法》的颁行则进一步扩大了法国公立高校的自治权。无论是法人身份的变更还是法人权利的扩大，都是法国在大陆法系的价值框架下做出的行动抉择。德国公立高校的法律地位经历了从1976年《高等教育总纲法》中"国家机构"与"公法社团"的"双重身份"到1998年修订的《高等教育总纲法》中"国家机构""公法社团""公法财团"的"多种选择"的转变，其总体趋势是公立高校办学自主权逐步增大，法律身份开始迈向多元，但德国公立大学作为"公法人"的法律定位始终没有变化。值得一提的是，日本是大陆法系中一个极具法律创造力的国家。自20世纪90年代以来，日本政府在大陆法系的基础上借鉴英国政署（Agency）制度，创立了独特的法人类型——"独立行政法人"，在2003年国会通过的《国立大学法人法》赋予89所国立大学以"国立大学法人"身份，[①]即日本国立大学经历了从"政府附属机构"到"独立行政法人"再到"国立大学法人"的身份变迁。也可以说，从"无法人地位"到"公法人地位"折射出大陆法系之下公立大学"公法人化"的普遍趋势。

[①] 所谓"独立行政法人"，就是"从国民生活及社会经济安定等公共性的特点，有确实实施必要之事务、事业，且国家没有以主体地位实施之必要者，政府得创设使其具备适于有效及效率实施之自律性及透明性之法人制度"。请参见蔡秀卿《日本独立行政法人制度》，（台湾）《月旦法学杂志》2002年第7期，第60—76页。

概括来说,大陆法系公立大学法人制度的价值取向是在成文法或制定法中通过明确划分公私法律界限与系统的制度设计,赋予公立大学以"公法人"地位,其目的在于维护公共利益、捍卫公共意志、实现大学自治,尤其是政府与大学之间法律边界的划分是对公立大学最具实质意义的法律保护。进一步来说,大陆法系公立大学法人制度的价值取向集中表现在五个方面:在法律渊源上,公立大学法人制度倾向于明确的法律条文规定;在法律结构上,公立大学法人制度倾向"公私分立"的法律传统;在法律地位上,公立大学法人制度倾向于"公法人"的身份定向;在制度设计上,投入体制、治理结构、人事制度、财产制度、评价制度以及监督机制均有明确规定;在法律功能上,公立大学法人制度倾向于规制政府权力、保护大学自治。

二 英美法系公立大学法人制度改革的价值取向

英美法系的母法是英国法,到美国法达到顶峰。在判例法的基础上强调普通法与衡平法的互补关系是英美法系的传统与标志性特征。众所周知,英美法系不是成文法而是判例法,在法律结构上也没有大陆法系意义上的公法与私法之间的划分,而是包括普通法和衡平法两个组成部分。其中,普通法是通过法院判决而形成的在全国普遍适用与通行的法律,"普通法的特点是公法与私法没有严格的区别,公民与政府之间的关系以及公民之间的关系,原则上受同一法律支配、同一法院管辖"。[①] 衡平法则是为了匡正普通法的不足而出现的,它往往不受普通法的约束,而是按照公平与正义的原则判决的判例法。英国、美国、新加坡都是典型的英美法系国家。尽管英美法系没有公私法人之分,但其公立大学的法律性质仍比较清晰,我们不妨将之称为"公共法人"。

除白金汉大学(University of Buckingham)与英博夏尔大学(BPP University)两所宣称的私立大学之外,[②] 其余的英国大学均可视作公立大学。

[①] 王名扬:《英国行政法》,北京大学出版社2007年版,第1页。

[②] 白金汉大学自称是英国唯一一所不接受政府资助的私立大学,但自2013年英博夏尔大学的出现,这一局面被打破。英博夏尔大学是由成立于1976年的BPP控股公司管理的教育机构。1992年,英博夏尔法学院成立,2005年英博夏尔商学院成立,合并为英博夏尔学院。2007年,经认证,更名为英博夏尔大学学院(英博夏尔职业学习有限公司大学学院)。2013年,学校获得大学资格,更名为英博夏尔大学。请参见 BPP 大学.http://www.bpp.com/bpp-university/home. 2016-06-17。

依照设立方式不同，我们可以将英国公立大学划分为三类：第一类是经由皇家特许状成立的大学，如牛津大学、剑桥大学等；第二类是根据议会法案成立的大学，如依据1988年《教育改革法》成立的新大学；第三类是根据公司法注册成立的大学，如伦敦政治经济学院（The London School of Economics and Political Science）和格林威治大学（The University of Greenwich）。① 从法律地位上说，前两类都属于"公共机构"，只不过自治权限前者更大一些，② 第三类属于"担保有限公司"（Company Limited by Guarantee），是以公司形式运转的非营利组织机构，也可视作"公共机构"。英国高校的法人形式有两种：一种是"嵌套法人"，另一种是"单独法人"。③

美国公立大学在法律地位上一般可以分为：政府机构（State Agency 或 Instrumentalities）、公共信托（Public Trust）和宪法上的自治大学（Constitutionally Independent Corporations 或 Autonomous University）三类。④ 第一种类型的大学数量较少，且通常没有整全意义上的独立法人地位。第二、第三种类型的大学数量较多，前者在制度功能上相当于大陆法系中的公法财团，后者相当于公法社团。与英国相比，美国州立大学的情况更为复杂，即便在同一个州内不同高校的法人身份和法律地位亦存在天壤之别，从而形成一条"非法人"—"准法人"（Quasi‐corporation）—"法人"的色谱带，甚至同一所学校在不同情形下其法律身份也会产生变化。还有一点需要格外注意，美国州立大学的法人地位并非绝对赋予大学，有时是赋予董事会，从而形成"大学法人"与"董事会法人"两种形式。新加坡政府在2005年将新加坡国立大学与南洋理工大学两所大学的法律性质变更为"国家担保的企业非营利法人"，这与英国伦敦政治经济学院不无关系。

如此而言，无论在英国还是美国抑或新加坡，也无论在判例中被冠以

---

① 孙贵聪：《英国大学特许状及其治理意义》，《比较教育研究》2006年第1期，第12页。
② 喻恺：《模糊的英国大学性质：公立还是私立》，《教育发展研究》2008年第13/14期，第89—93页。
③ 所谓"嵌套法人"，是指每个学院是独立法人，学校本身也是独立法人，以牛津大学和剑桥大学为代表，从而形成多法人治理机构。另一种则是独立法人治理结构，具有独立法人地位的大学在英国占绝大多数。请参见王绽蕊、郭丰琪《高校法人制度三个维度的国际比较、启示与建议——基于法人地位、法定代表人和法人章程的视角》，《黑龙江高教研究》2012年第5期，第5页。
④ 转引自申素平《论公立大学的公法人化趋势》，《清华大学教育研究》2002年第3期，第67页。

什么样的名称，其公立大学的基本法律性质依然是"公共机构"或"公共法人"，这一点是毋庸置疑的。①但在具体的案例中，公立大学究竟是否享有独立法人地位则需要进行具体分析，不可一概而论。因为"任何一般性回答都可能造成误导，脱离具体场景提出这样的问题也会减损讨论问题的意义……同一公立学校在一些案件中被认定为政府工具，在另一些案件中则被看成是独立实体，这在诉讼中是常见的事，这并不是法律的不一致，而是现实生活要求法律家透过具体的法律关系去认识公立学校的性质，不能不分场景地套用同一定义"。②这恰恰体现出衡平法对普通法所具有的补充意义与匡扶价值。

概括来说，英美法系公立大学法人制度的价值取向是在判例法中通过系统的制度设计，赋予公立大学以"公共法人"地位，调整政府与公立大学之间的法律关系，其目的同样在于维护公共利益、捍卫公共意志、实现大学自治。进一步来说，英美法系公立大学法人制度的价值取向集中表现在以下五个方面：在法律渊源上，公立大学法人制度设计倾向典型判例；在法律结构上，公立大学法人制度倾向普通法与衡平法的相互补充；在法律地位上，公立大学法人制度倾向于"公共法人"的身份确立；在制度设计上，英美法系亦有系统的制度规范，但与大陆法系国家表现出一定差异；在法律功能上，公立大学法人制度同样倾向于规制政府权力、保护大学自治。

三 我国公立大学法人制度改革的法律抉择

通过上述分析，我们不难发现：大陆法系的公立大学法人制度与英美法系的公立大学法人制度在很大程度上是同步的。尽管它们拥有不同的法律渊源、运用不同的法律体例、使用不同的法律术语、采用不同的法律进路，但这些差异只是形式上的而非实质上的，毕竟它们所面临的法律问题是一致的，旨在达到的法律功用也是一致的。我们需要追问的是，我国公立大学法人制度改革应该做出何种法律抉择？

我们已经清醒地认识到，我国公立大学法人制度仍不健全，即20世纪

---

① 申素平：《试析英美高等学校的法律地位》，《比较教育研究》2002年第5期，第5页。
② 方流芳：《从法律视角看中国事业单位改革——事业单位"法人化"批判》，《比较法研究》2007年第3期。

90年代的"一次法人化"不够彻底，之后的法律法规与政策文件也没有正面回应这个问题。尽管如此，仍有部分高校因不希望独立承担责任而拒绝大学法人化，然而"去法人化"的路径与世界趋势又是背道而驰的，所以我国公立大学的"二次法人化"改革问题成为摆在学术界面前的一个重大而紧迫的时代课题。[①] 公立大学法人制度改革的首要前提是明确公立高校的法律地位，在此基础上进行系统制度设计。就法律地位而言，"民事主体说"必须放弃，"双重主体说"有待完善，"第三部门说"值得借鉴，而"多重主体说"方为今后我国大学法人制度改革的基本方向。即只有在不同的法律关系中、在具体的法律行为中，公立高校的权责关系才可以因参照系的存在而清晰起来。但我国公立大学的法人身份问题如何解决、系统的制度设计如何突破，成为最棘手也是最现实的问题。

就法人身份问题而言，大陆法系公立大学法人制度的通行做法是"公法人"的制度取向与大学法人的分类思维。英美法系公立大学法人制度的通行做法则是"公共法人"的制度取向与大学法人的分类思维。就此来说，笼统地谈论大学法人几乎没有太大的实质意义，我们必须按照公共原则与分类思维将公立大学法人制度改革置于具体的制度设计与教育实践之中进行整体性观照。进一步分析，我国公立大学法人制度改革采取"公法人化"的法律进路可行吗？从法理上说，尽管我国法律在总体上属于大陆法系的范畴，但我国并没有接受大陆法系通行的"公法人"与"私法人"的分类方式。另一个令人颇为挠头的问题是，我国公立大学的法人身份在法律上明确统一规定为"事业单位法人"，单一的法人身份在现有的法律环境下能够"破冰"吗？应该说，第一个难题在我国的法律事实上是存在的，通过法律技术可以破解。第二个难题在《民法总则》的法人分类中也已经透露出法人身份调整与松动的迹象。

就系统制度设计而言，一个国家或地区的大学法人制度往往与其大学运行的政治基础、经济体制、法律环境以及大学传统紧密相关。无论是英美法系的英国、美国、新加坡，还是大陆法系的德国、法国，抑或是试图汲取两大法系精髓的日本和中国台湾地区均是如此，我国大陆地区也不例外。纵览前文，我们可以发现，公立大学法人制度基本要素包括投入体

[①] 张力、金家新：《公立大学法人主体地位与治理结构完善研究》，华中科技大学出版社2016年版，第248—254页。

制、治理结构、人事制度、财产制度、评价制度以及监督机制等。但在经验借鉴的时候，我们仍需结合各个国家和地区特定的改革背景进行仔细辨别：美国高校的自治传统以及多元化的经费筹措渠道使其在人事任免、财产支配上均享有较大的自主权，其学术法人制度可以对此不予考虑，但它对于日本与我国而言都是不小的挑战，所以我国在公立大学法人制度设计中必须要积极借鉴大陆法系国家人事制度、财产制度这两个关键性要素。进一步分析，日本国立大学法人化改革的缺陷之一就是社会参与机制建设不足，而台湾公立高校法人制度设计不仅发现了这一点而且试图加以克服，所以大陆法系框架下的评价制度和监督机制对我国也颇有借鉴价值。此外，英国伦敦政治经济学院的"担保有限公司"和新加坡两所国立大学的"国家担保企业非营利有限公司"对我国公立大学法人类型设计具有极大的启发意义。

整体而言，未来我国公立高校现代法人制度建设不是局部或细节上的修修补补，而是整体、系统的顶层设计。这种设计理应包括法律性质、治理结构、投入体制、人事制度、财产制度、评价制度以及监督机制等制度集合，其中明确高校法律性质是基本前提，完善治理结构、人事制度与财产制度是核心内容，健全投入体制、评价制度与监督机制是根本保障。从经验借鉴的角度来看，我国公立大学法人制度改革应该在积极借鉴大陆法系法律经验的同时努力汲取英美法系的有益做法。

第三节　我国公立大学法人制度改革的教育哲学[①]

正如美国著名学者布鲁贝克（John S. Brubacher）所强调的大学存在政治论和认识论两种高等教育哲学那样，[②] 我国公立大学法人制度改革的教育哲学也存在两种分析框架：一个是政治论框架下的扩大高校办学自主权，另一个是认识论框架下的建立公立大学法人制度。显然，这是两种不同的改革思路，也必然会将公立高校的现代大学制度建设引上不同道路。

[①] 此部分内容以"高等教育治理现代化两大路径框架的数学解释"为题发表在《重庆高教研究》2019年第3期，收录在本书时略有修改。

[②] ［美］约翰·S. 布鲁贝克：《高等教育哲学》，王承绪等译，浙江教育出版社2002年版，第13页。

我们可以尝试从数学上函数的角度对两种分析框架下的扩大高校办学自主权与建立公立大学法人制度进行直观考察与现实观照。

一 政治论框架下的扩大高校办学自主权

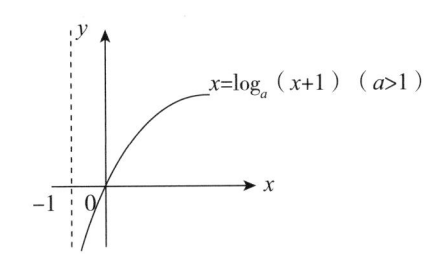

图 5-2 政治论框架下高校办学自主权的对数

扩大高校办学自主权类似于对数函数 $y = \log_a(x+1)$（$a>1$），如图 5-2 所示。在这个对数函数中，a 属于常数，且这个常数大于 1。因为扩大高校办学自主权相比高等教育严格管控的计划体制是进步的而非退步，故二者之间的比值必定大于 1。函数之中的 x 属于自变量，这个自变量就是时间，因为制度运行时间的变化可以展现并衡量扩大高校办学自主权的制度运行成效。函数之中的 y 属于因变量，它是制度运行效果的最终观测点，也是辨识、判断扩大高校办学自主权改革趋向的根本指标。当自变量 x 改革时间为 0，因变量 y 扩大办学自主权的改革成效也为 0；当自变量 x 改革时间的数值较小的时候，因变量 y 扩大办学自主权所呈现出的制度成效就已经比较显著，某个点在这条曲线上切线的斜率较大；但是当自变量 x 改革时间达到一个特定"拐点"的时候，因变量 y 扩大高校办学自主权所呈现出的制度成效将会减弱，此时某个点在这条曲线上切线的斜率较小，甚至制度成效会进入一个长时间的停滞期，直至制度效力释放殆尽。即扩大高校办学自主权的这条改革思路在短期内或改革初期成效卓著，但是它只能作为一种权宜之计而绝非破解改革难题的"灵丹妙药"。

为什么扩大办学自主权会呈现出对数函数图像的基本走势呢？认真分析，我们不难发现：扩大高校办学自主权是在政治论框架下推行的高等教育改革，其背后的基本逻辑是政治逻辑。具体来说，政府在高等教育领域的简政放权对激发公立高校的办学活力具有积极意义，但仅仅扩大高校办学自主权是不够的。因为它并不能从根本上赋予公立高校以明确而独立的法律地位，也不能对政府权力进行有效规制，从而公立大学的依附性人格并未从根本上得以扭转。退一步说，"大学办学自主权的增强，并不必然导致学术权力的增强，甚至可能使学术生态恶化。随着学校层次权力的增加，大学的学术基层受到的干扰可能更加直接"[1]。在缺少法律保障的情况下，政治权力可以"扩大"高校办学自主权，也可以"收紧"高校办学自主权，这就明显带有政治权力膨胀的任性与公立大学发展的不确定性色彩，从而潜在表征出大学与政府之间的等级关系。况且，扩大高校办学自主权对高校办学热情的激发比较有限，这也就是为什么扩大高校办学自主权在前期有效而后程乏力的重要原因。政治论框架下的扩大高校办学自主权要求公办高等教育改革不能脱离政治而独立进行，但将高等教育改革完全置于政治框架之下，也不能解决根本性问题。尤其是今天我国高等教育正处于大众化向普及化过渡的发展阶段，高等教育规模越来越庞大，大学经费支出越来越惊人，大学与政府的关系也越来越紧密，因此扩大高校办学自主权的问题早已溢出了高等教育的范畴，而成为一个不得不严肃对待的政治问题。

  2017年3月31日，教育部、中央编办、发展改革委、财政部、人力资源社会保障部联合印发《关于深化高等教育领域简政放权放管结合优化服务改革的若干意见》（以下简称《意见》）。《意见》在教师职称评审、学科专业设置、人员编制和岗位管理、薪酬分配制度、财务和资产管理等方面进一步扩大和落实高校办学自主权。这次改革可以视为"政府权力在高等教育领域的一场自我规约"。《意见》的根本意图在于，通过进一步扩大和落实高校办学自主权，为"双一流建设"提供有效的制度供给，为中国大学迈向卓越扫清障碍。从"管办评分离"到"放管服改革"都是高等教育领域的供给侧结构性改革，这释放出府学关系正在悄然发生改变的积极信号。值得思考的是，为何我国自1985年提出"扩大高校办学自主权"至今已30余年，这一使命仍然"在路上"？其中原因错综复杂，但不得不说，扩大和落实高校办学自主权只是权宜之计，而建设和完善大学法人制度才是长久之计，二者在运行逻辑上具有巨大差别，前者是一种政治逻辑，后者是一种法律逻辑。

---

  [1] 侯定凯：《中国大学的理性之路》，华东师范大学出版社2009年版，第33页。

二 认识论框架下的建立公立大学法人制度

建立公立大学法人制度类似于指数函数 $y=a^x-1$（$a>1$），如图5-3所示。在该指数函数之中，a属于常数，且这个常数大于1。因为建立公立大学法人制度相比传统的高等教育管理体制同样是进步的而非退步，故二者之间的比值也必定大于1。函数之中的x属于自变量，这个自变量就是时间，因为制度运行时间的变化可以展现并衡量建立公立大学法人制度的运行成效。函数之中的y均属于因变量，它是制度运行效果的最终观测点，也是辨识、判断建立公立大学法人制度改革趋向的根本指标。当自变量x改革时间小于0，因变量y建立公立大学法人制度的改革成效自然也小于0。这就说明，启动公立大学法人制度是一场艰难的"开局"；当自变量x改革时间等于0，因变量y建立公立大学法人制度的改革成效也为0；但是当自变量x改革时间的数值较小的时候，因变量所呈现的制度成效增长也是较为缓慢的，某个点在这条曲线上切线的斜率较小；但是当自变量时间达到一个特定的"拐点"的时候，因变量所呈现的制度成效将进入一个爆发式增长阶段，某个点在这条曲线上切线的斜率很大。也就是说，建立公立大学法人制度的这条改革思路在短期内或改革初期成效并不显著，但从长远来看，它确实又是一条可持续发展的、维护学术组织的根本改革出路。

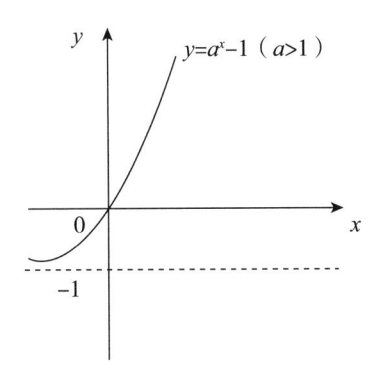

图 5-3 认识论框架下公立大学法人制度的指数函数

为什么建立公立大学法人制度会呈现指数函数图像的基本走势呢？认真分析，我们也不难发现：建立公立大学法人制度是在认识论框架下的高等教育改革，其背后的根本逻辑是法律逻辑，旨在推动公立高等教育的变革与发展。进一步来说,"大学是一种制度性的组织,其制度是在长期历史过程中逐渐形成的,历史的积淀赋予某种组织形式以丰富的内涵和独特的功能"[1],公立大学法人制度就是大学在历史发展中逐步形成的一道制度屏障。我国公立大学并不像一般企业所处的民事法律关系那样纯粹:它在与社会交往时产生民事法律关系;在与政府交往时产生行政法律关系;在与教师、学生交往时可能产生民事法律关系,也可能产生行政法律关系,还可能产生特别权力关系。即公立高校在与不同主体交往之时产生不同的法律关系,其中最关键、最棘手的当属大学与政府之间法律关系的界定问题。建立公立大学法人制度能够有效地划定大学与政府之间的权力边界,政府在特定的权限范围内有权管理和调控大学的相关事务,一旦突破这一范围,"法无规定即禁止",政府不得"越雷池半步",从而为公立大学自由地探究真理、创造知识提供了良好的制度环境。如此一来,我们可以看到:建立公立大学法人制度无疑是在规制政府权力,无疑是在考问大学的自律能力,无疑是在考验人们在高等教育立法上的智慧。显然,政府在短时间内很难完全放弃对公立大学的管理与介入,大学过往的种种表现也令人们对其自律能力持有保留态度。这也就是建立公立大学法人制度在初期迟迟难以获得突破的根源。但是,"政府不放心"与"大学不自律"这两种情形互相强化,使得公立大学自主办学变成一个"死结",并似乎成为一个"无解"的难题,其中的关键就在于法律"缺场"。如果《高等教育法》能够将大学法人制度作为核心问题予以规定,那么公立大学法人制度所释放的制度成效必将是难以估量的。

当前,"放管服改革"的落地和《民法总则》的通过对我们公立大学法人制度改革都是利好消息。"放管服改革"是政府进一步有意识地对行政管理权力进行的一次自我规制,从而政府职能与政府角色的转型发展体现得非常明显。《民法总则》中关于法人分类的修订则为我国公立大学法人分类提供了借鉴和启发意义。与前者相比,《民法总则》所释放出的法律信号对未来《高等教育法》中大学法人制度的修订与完善具有重大的法律指导意义。因此而言,认识论框架下的公立大学法人制度是通过法治思维和法律方式的手段,以保护并达致公立大学组织使命为根本宗旨的一道"防火墙"。

---

[1] 阎凤桥、闵维方:《从法人视角透视美国大学治理之特征——〈学术法人〉一书的启示》,《北京大学教育评论》2016年第4期,第164页。

三 我国公立大学法人制度的教育哲学

根据上述分析,扩大高校办学自主权与建立公立大学法人制度具有不同的函数表达方式,也具有不同的运行逻辑。前者是政治逻辑,是运用政治思维和权力配置来维持大学稳定的高等教育改革理路;后者是法律逻辑,是运用法治思维和法律方式来实现大学理想的高等教育改革理论。二者之间具有本质性区别。如果我们从动力学的视角来看,扩大高校办学自主权与建立公立大学法人制度之间的差别就如同火车与高铁之间的差别一样直观、形象。火车与高铁的区别看似是运行速度的不同,但实质上是二者在动力系统上的根本差异。同样的道理,扩大高校办学自主权的动力系统在于政府部门,这个动力可大可小、可急可缓,从而外部意志控制大学的迹象异常明显,而由此给大学组织发展带来的风险也是无处不在的,所以难以走出"放乱收死"的恶性循环。建立公立大学法人制度的动力系统在于法律本身,这个动力是稳定的、持续的,从而可以同时规制处于法律环境之中的大学与政府行为,最终为大学的稳步发展提供一个良好的外部环境。也就是说,在短期内,扩大高校办学自主权的制度效果能够"立竿见影",但长远来看,建立公立大学法人制度方为"良谋上策"。

这就引发出另一个重要命题:我国高等教育改革在实践上存在一种倒置逻辑。从近代世界高等教育的改革经验来看,公立大学在建立伊始往往会被赋予独立的法人身份,享有大学自治自理而不受外界权威无端干预的权力。然而,中华人民共和国成立以来,我国公立大学处于高等教育的计划管理体制之下,高等教育的政治色彩浓重,高校的办学自主权几乎无从谈起。从20世纪80年代至今,我国高等教育管理体制改革的基本逻辑就是"简政放权",即扩大和落实高校办学自主权。这种实践逻辑是与我国特定的国情、教情紧密相关的,也是当前我国高等教育改革无法回避与否认的。进一步来说,"明确公立大学的法律身份,能够促进现代大学制度建立,是落实和扩大学校办学自主权的必由之路"[①]。这种认识看到了法律身份确认对扩大高校办学自主权的前提性意义,但扩大高校办学自主权并非我国在高等教育推进依法治教终极目的,建立完善的公立大学法人制度

---

① 周详:《我国公立大学的法律属性与依法治教的推进》,《中国高教研究》2015年第11期,第13—18页。

才是高等教育改革的根本诉求。

通过上述分析，我们可以得出这样几点结论：

第一，扩大高校办学自主权与建立公立大学法人制度是两条不同的改革思路，前者是在政治论框架下思考教育改革问题，政府居于高等教育改革的主导位置，而后者则将教育改革问题置于认识论框架之下，法律居于高等教育改革的主导位置。二者并没有孰优孰劣之别，也没有孰先孰后之分，只是在不同的国家、不同的阶段所采用的改革策略不同而已。

第二，扩大高校办学自主权是简政放权背景下的重要举措，也是"国家理性"的制度体现，这种改革思路虽初见成效但风险较大，毕竟政府权力并非完全处于法律规制之下。建立公立大学法人制度是依法治教背景下的实践诉求，也是大学"智识生活"的根本保障，这种改革思路虽起步缓慢，但前景光明，因为每一个法律主体都只能在各自权限范围内做出某种行为而不能肆意逾越边界。

第三，在我国现有的改革条件下，扩大高校办学自主权的脚步不能停止，这是对"国家理性"的一种考验与磨炼，也是在短时间取得改革成果的有效手段。建立公立大学法人制度的最终目标也不能放弃，这是我国高等教育管理体制改革的重大追求，也是在长期内巩固改革成果的最佳方式。由此来说，目前我国公立大学法人制度改革的现实策略是将二者有机结合起来，但必须通过"国家理性"与"法律手段"约束"政府权力"膨胀与蔓延的冲动。这也就是我国公立大学法人制度改革的教育哲学。

第六章　我国公立大学法人制度改革的基本构想

我国高等教育拥有自己独特的历史、独特的文化以及独特的国情，也面临着特定的阶段、特定的问题、特定的使命。这就注定我们不可能按照西方道路亦步亦趋，也不可能在传统老路上步履蹒跚，必须走出一条属于自己的特色的发展道路。同样的道理，我国公立大学法人制度改革必须尊重我国的法律习惯，而决不能将某些域外法律术语搬来搬去，更不能回避甚至无视高等教育发展中的深层法律问题。

第一节　我国公立大学"二次法人化"的改革方案

尽管1995年《高等教育法》赋予公立大学以法人资格，但这只是在经济体制改革的宏观背景下带有应景性质的身份确立，且只是在民事意义上享有独立地位，并没有直面公立大学与政府之间的法律关系。2015年的《高等教育法》仍没有解决上述问题。也就是说，我国公立大学的法人制度至今是不彻底的，其具体表现在法律地位仍有待明确、法人身份仍不够完整、法人制度仍不太全面等三个方面的问题。这就迫切呼吁我国启动公立大学法人制度改革，即公立大学的"二次法人化"改革。从理论上说，我国公立大学法人制度改革具有"私法人化""公法人化"和"特殊法人化"三种改革方案，[①] 但我们必须站在我国高等教育发展的历史、现实与未来的高度上进行仔细斟酌，选择最优方案。

---

① 在此，需要说明的是，尽管大陆法系的典型特征就是公法与私法之间的分立，我国也属于大陆法系，但并无公法和私法之分，因此我们一律采用"公法人化""私法人化"以及"特殊法人化"的表述，意在表达我国公立大学法人制度可能会朝向其中某个方向发展，但并非确定为"公法人""私法人"或"特殊法人"的法律身份。

一　私法人化：一种妥协于现实的改革方案

世界上将公立大学作为"私法人"身份的国家少之又少。虽说日本的国立大学法人化改革一度试图采用"私法人化"的路径,[①] 但最终由于各方声音所造成的改革压力与阻力迫使其放弃这一改革方案。在英国、新加坡等国家，部分公立大学采取"企业非营利有限公司"的法人定位使其"民营化"的倾向非常明显，但"国家担保"更加凸显的是其作为"公共法人"的法律身份，而"民营化"只是公立大学运营的手段而已。就我国而言，"私法人化"的改革方案是继续维持公立大学在民事法律关系中的独立地位，而其与政府之间的关系并不通过法律规制实现权力边界的划分，而是通过行政规制来调整公立大学与各级政府之间的复杂关系。进一步来说，"赋予高校民事法人资格"与"扩大高校办学自主权"的独特结合，不仅体现出我国高等教育改革实践中法律逻辑与政治逻辑相结合的复合思维，也展现出长期以来我国高等教育改革实践对"私法人化"改革方案的积极悦纳。可以说，这是当前我国高等教育改革阻力最小的一种方案。

具体来说，"赋予高校民事法人资格"是 1998 年和 2015 年的《高等教育法》明确规定且没有发生任何变化的表达方式。这就说明，在过去的 17 年间，我们在公立大学法人制度这一法律实践中并没有太多作为，在短时间内我国公立大学法人制度改革在这一点上也很难获得实质性突破，《高等教育法》再次修订的可能性并不大。"扩大高校办学自主权"是 1985 年提出的高等教育管理体制改革思路，2017 年的"简政放权、放管结合、优化服务"依然是沿袭了"扩大高校办学自主权"的总体逻辑。这也说明，在过去的 32 年间，我国高等教育管理思维仍然是"行政规制"或"政策规制"，还未过渡和发展到"法律规制"的层面。我们据此可以得出这样的结论：如果我国坚持公立大学"私法人化"的改革方案，那么在"赋予高校民事法人资格"和"扩大高校办学自主权"这两个方面需要继续完善后者，尤其是政府已经赋予高校的办学自主权要切实落实，而不

[①] 国内学术界通常关注的是日本的"独立行政法人"和"国立大学法人"的身份，而较少论及日本国立大学在改革初期酝酿将"私法人化"作为备选改革方案。日本广岛大学黄福涛教授于 2017 年 3 月 25 日在潘懋元先生的家庭沙龙上进行了论述。

可随意收回，也不可肆意干预，否则就会一步步走向"塔西佗陷阱"。正确的做法就是，综合运用"国家理性"与"法律方式"保障公立大学享有办学自主权，同时加强对高校的监督和监察。

从现实的角度来看，"私法人化"应该是改革阻力最小的方案，但颇有向现实妥协之虞。因为从法人制度的演进史来说，法人制度的运用并非局限于私法领域，①公立大学法人制度的运用更不能囿于民事法律关系之中，否则就是法条主义思想从中作祟。进一步来说，尽管"私法人化"改革方案在一定程度上可以促使公立高校面向社会自主办学，也可以缓解公立高校长期以来所面临的政府严格管控难题，但从长远来说，这种改革方案没有消除问题的根源，从而无法回应未来我国高等教育发展过程中的诸多挑战，也难以在全球高等教育竞争中处于有利位置。因此来说，如果用原有的眼光、视野与制度来看待与规范当前以及未来公立大学的发展，这都是"刻舟求剑"的做法，高等教育改革无疑难以取得成功。从这个意义上说，"私法人化"改革方案可以在短期内推行，但不宜作为公立大学持续发展的长远谋略。

二 公法人化：一种呼声颇高的改革方案

从世界法人制度的发展史来看，法人身份因财产独立而生，却因法人独立而盛。换言之，法人制度最初产生于私法领域，但其在公法领域所产生的制度价值绝不能被忽视。甚至可以说，法人制度在公立大学这一特定的场域之中更具有效率与自治的两重功效，这也是其他制度设计所不能比拟的。这恰恰是公法人制度的优势所在。"公法人化"的改革方案既是世界公立大学法人制度及其改革的基本经验，又是针对当前我国公立大学法人身份"私胜于公"的病理所开出的一剂良方。从理论上说，"公法人化"的改革方案是通过赋予公立大学以"公法人"身份，划清大学与政府的界限，从而切断以私权职能冒充公权职能或者以公权名义干预私权行使的各种暗道，②最终为公立大学面向社会自主办学、实现国家教育目的提供卓有成效的法律保护。可以说，以公法之名义重构我国公立高校法人制度成

---

① 罗爽：《论高等学校法人制度的根本性质及其意义》，《高等教育研究》2014年第3期，第17页。
② 龚怡祖：《高校法人滥权问题的制度回应方向》，《南京社会科学》2008年第1期，第106页。

为当前教育法学界呼声较高的一种改革方案。① 但就现实而言，"公法人化"改革牵涉政治、法律、教育等诸方面的问题争端与利益纠葛，所以这个改革方案难度之大无法想象，即"公法人化"改革方案的推行需要的是刮骨疗毒的决心、壮士断腕的勇气，而"国家理性"则是"公法人化"改革方案落地实施的大前提。

我们需要追问的是，目前推行"公法人化"改革方案的前提是否成立？实事求是地说，"国家理性"正在逐步走向成熟，其在高等教育领域的一系列改革动作都证明了这一点。2014年的《中共中央关于全面推进依法治国若干重大问题的决定》强调法治中国、依法治理，运用法治思维和法治方法推进国家在各个领域的改革和发展。在此宏观背景之下，依法治教、大学法治的呼声愈加高涨，"放管服改革"逐步落地生根。在当前全面依法治国、依法治教的背景下，我们强调公立大学法人制度建设具有两个方面的功用：第一，公立大学在民法意义上的法人身份就相当于是为中国公立大学这部汽车装上"加速器"，是为公立大学面向社会自主办学加速；第二，在行政法意义上的法人身份就相当于是给中国公立大学这部快速行驶的汽车轮胎装上"防抱死系统"（Anti-lock Braking System，ABS）。当公立高校突然遭遇政府干预的紧急情况之下，可以让高校获得一个缓冲地带，避免因紧急制动而引发悲剧，同时为高校调整方向赢得时间和理智。未来我国公立大学法人制度改革就是要为公立大学装上"防抱死系统"。

在此需要明确的是，由于我国的独特国情和教情，我国公立大学法人制度改革的逻辑与世界其他国家是不同的：我国公立大学只是在民事法律关系中享有法人身份，未来可期待的是享有"公法人化"的独立身份，带有"先私后公"的演进逻辑；而世界公立大学的法人身份大多属于公法人的制度范畴，其在私法领域的自主权利只是一种顺延性获得，从而"先公后私"的迹象非常明显。这种实践逻辑上的差异进一步增加了"公法人化"改革方案在我国实施的难度。应该说，我国公立大学法人制度改革的公法化路径如何推进，《民法总则》的出台又会对公立大学法人制度产生哪些改革动向，这些问题都是对"国家理性"的进一步考验，但未来朝着

---

① 薄建国、王嘉毅：《公法视野中我国公立高校法人制度的重构》，《高等教育研究》2010年第7期，第15页。

公法人化改革的这一方向应该是确定无疑的,值得我们拭目以待。

三 特殊法人化:一种充满理想的改革方案

我国公立大学"二次法人化"改革需要解决的核心问题就是,大学与政府之间的法律规制问题。可以说,"政府与大学的关系是现代高等教育发展中一个令人挠头的问题(尤其对公立大学而言)……如何管理以保障公共利益得以实现,又不损害学术的独立性"[①]。这个尺度很难把握,这也折射出公立大学法人制度建设面临的公共性与自主性这一对基本矛盾。正基于此,首都师范大学劳凯声教授指出,学术界关于公立大学法人制度改革的思路无非包括两种:一种是"公法学"思路,这种思路强调公立大学法人的公共性;另一种是"民商法学"思路,这种思路强调公立大学法人的自主性。在他看来,这两种思路均陷入了"非公即私"的二元对立框架之中,理智的改革思路是"特殊法人化",并通过制定《公立学校法人法》对其予以法律确认。[②]这就是"特殊法人化"改革方案提出的缘由,[③]与"第三部门"颇为相似,从而成为学术界中关于我国公立大学法人制度改革方案中的"第三条道路"。

日本国立大学法人化改革被不少人误以为采取的就是"特殊法人化"方案。日本政府在1997—1999年试图将国立大学"私法人化"作为改革方案,但这将会使文部省丧失对国立大学的管辖权,故放弃之。1999年以后开始将"独立行政法人"作为国立大学的改革方案,将"独立法人"与"行政机构"这两个东西结合起来一并赋予大学,又会抹杀国立大学的特殊性,故更改之。2003年开始以法律形式赋予日本国立大学以"国立大学法人"身份,似乎是超越了"公私二分"。但事实上,"国立大学法人"是"独立行政法人"的一种特殊形态,即日本的国立大学法人化经历了从"私法人化"方案到"公法人化"方案再到"特殊公法人化"方案的总体变化,在制度功能上与德国的"二元法人"和法国的"特殊公务法人"颇

[①] 杨克瑞、王凤娥等:《政治权力与大学的发展》,中国言实出版社2007年版,第235页。
[②] 劳凯声:《如何理解和设计高等学校的法律地位》,载湛中乐《通过章程的大学治理》,中国法制出版社2011年版,第43—45页。
[③] 在此需要明确区分的是,这里的"特殊法人化"是介于"公法人化"与"私法人化"之间的一种法人形态,而2017年《民法总则》中提出的"特别法人"是介于"营利法人"与"非营利法人"之间的一种法人形态。

为相似。

"特殊法人化"的改革方案并不适宜我国,毕竟这种方案在中国语境下是一种充满理想的改革思路,从而不大可能在中国大地上落地生根。第一,"特殊法人化"方案是为破除"非公即私"的二元对立而出现的,强调的是一种"又公又私""公私兼具"的公立大学法人形态,试图调和公立大学公共性与自主性之间的矛盾。尽管这在改革初衷上是可以理解的,但是我国现有的法律环境下不可能予以承认,这是"特殊法人化"改革方案过于理想化的第一种解读。第二,退一步来说,即便我国法律认可特殊法人类型——"公立大学法人",但这种单一的法律身份能够解决我国数量众多、类型各异、使命不同的公立大学所面对的发展困惑吗?显然,这绝不是一件一劳永逸的事情,仍需要对我国公立大学内部的具体情况予以明晰、界定。这是"特殊法人化"改革方案过于理想化的第二种解读。我们呼吁多样化的公立大学法人身份,这至少可以为不同类型高校发展提供多种可能选择。

整体而言,公立大学"私法人化"方案是对我国当前做法的一种完善,是一种立足现实且阻力较小的改革思路,但对解决现实中公立大学法人身份不明确的根本问题并无裨益,故不宜采纳。公立大学"特殊法人化"方案只在理论上成立,但在中国语境下因充满理想色彩而实现的可能性很小,也不宜采纳。公立大学"公法人化"方案是世界的普遍做法,是一种着眼长远而阻力较大的改革思路,但它是对现实中我国公立大学所存在积弊的一次最为积极的法律疗治,故可以作为优选方案。

我们需要澄清的一个基本观点是,"公法人化"固然是未来我国公立大学法人制度改革的总体方向,但这并不意味着,"公法人化"会使公立大学在朝夕之间就能够取得相当完备的组织规划和权益保护。这与理论认识、实践路径以及逻辑悖论之间可谓休戚相关。

其一,理论认识的问题。我国公立大学"公法人化"方案具有重大的改革意义,其最直接的价值在于大学可以脱离国家附属机关的地位,在法律上获得独立人格,在人事、财政、组织、学术等方面享有广泛的自主权,从而推动大学自治与学术自由。[①] 但我们必须对其"制度限度"有充

---

① 董保城、朱敏贤:《国家与公立大学之监督关系及其救济程序》,载湛中乐《大学自治、自律与他律》,北京大学出版社 2006 年版,第 3—44 页。

分认识，毕竟公立大学法人制度是一个基础性制度，并非公立大学制度的全部，也绝非公立大学制度的唯一。我们切莫将公立大学法人制度视为解决中国高等教育所有问题的"灵丹妙药"。

其二，实践路径的问题。我国公立大学"公法人化"改革是否存在"搭便车"现象？如果采用"一刀切"这种方式的话，"搭便车""一窝蜂"的情况不可避免，所以试点改革应该是摸索经验与发现问题的重要策略，而不宜全面铺开，待时机成熟之时，方可逐步放开。这是我国高等教育改革应有的谨慎态度。

其三，逻辑悖论的问题。中国语境下的公立大学"公法人化"试图解决的一个核心问题就是在法律层面上调整大学与政府之间的关系，扩大并落实高校办学自主权。但问题的关键在于，中国高校的办学自主权太小了吗？反观现实，我国高校办学自主权已经大到难以想象，滥权行为难以抑制，这真是一个非常吊诡的现象。换言之，我国公立大学"公法人化"的正确路径在于，在放权与规制之间确立大学法人与政府部门各自的权利义务体系。

第二节　我国公立大学"二次法人化"的法人分类[①]

"公法人化"改革方案可谓未来我国公立大学法人制度改革的"最佳选项"，但该方案设计的第一步就是如何在"公法人化"的框架下实现多样化的法人分类，继而根据不同的法人类型来设计具体的法人制度，这是我国公立大学"二次法人化"的总体改革布局。也就是说，公立大学法人制度改革的前提就是对大学法人类型的划分。我们"有必要理解制度是如何通过时间复制自身的，以及首先形成制度的历史条件……（人们）一旦作出历史性选择，其本身就同时排除和推动了未来替代方式的选择"，[②] 这句话对理解我国公立大学法人类型颇有裨益。它给予我们的启示就是：我国公立大学法人分类不可能是世界经验的"照搬照抄"，也不可能是罔顾

[①] 此部分内容以"从《民法通则》到《民法总则》：我国公立大学法人分类的可能及其证成"为题发表在《现代教育管理》2019年第6期，收录在本书时略有修改。

[②] Stephen Krasner. Approaches to the State：Alternative Conceptions and Historical Dynamics, Comparative Politics, 1984（1），p. 225.

历史的"另起炉灶",我们必须综合考量世界有益的法律经验、中国原有的法律传统、现有的法律技术以及未来的法律动向等因素,最终做出契合世界潮流、符合中国实际的合理的法律安排。

一 世界公立大学法人分类的"天平杠杆模型"

当前世界公立大学法人制度建设已经较为完善,对我国公立大学法人类型设计具有积极的借鉴意义。但需要明确的是,世界公立大学的诸多法人类型并非孤立地、散乱地存在,而是以一种内隐的、潜在的方式存在于法律实践之中,我们应该按照某种逻辑线索去揭示概念之间的复杂关系,即构建"概念框架"①或"分析模型"。那么,我们应该如何基于经验世界去找寻世界公立大学法人类型之间的逻辑关联?毋庸置疑,法人类型名称与一国的法律传统紧密相关,切不可将法律术语搬来搬去,况且法人类型的名称也并不是我们关注的唯一重点,我们更应该明晰法律术语背后所蕴含的制度功能,进而描绘出公立大学法人分类的世界光谱,最终为中国公立大学法人分类及其合理定位提供一个较为完整的大学法人制度参考系。

就大陆法系而言,德国公立大学的法人类型包括"公营造物""公法社团"和"公法财团"三种,法国公立大学的法人类型是"公务法人"之中的"科学、文化与职业公务法人",日本国立大学的法人类型是"国立大学法人",中国大陆地区公立大学的法人类型是"事业单位法人",中国台湾地区公立大学法人化改革方案设计的是"行政法人"。就英美法系而言,英国公立大学的法人类型包括"特许状法人""议会法人"和"公司法人"三种,美国公立大学的法人类型包括"国家机构""公共信托"和"宪法自治大学"三种,新加坡两所国立大学的法人类型则是"国家担保的企业非营利有限公司"。这是世界上典型的几个国家和地区公立大学法人类型的总体概貌,我们有必要从制度功能的角度对这些大学法人类型进行审视。

穿越复杂的世界大学法人丛林,我们发现:第一,德国公立大学的"公营造物"或"国家设施"与美国的"国家机构"在制度功能上是一致

---

① "概念框架"是人们用以构筑思想中的经验世界并用以整理思想中的概念的方式。请参见孙正聿《哲学通论》,复旦大学出版社2007年版,第59页。

的，因服务特定的公共教育目的而存在，并不是真正意义上的"法人"，将其描述为"准法人""半法人"或"次法人"或许更加符合高等教育的现实状况，从而其在组织机构上体现出更直接的政府介入与政府管制。第二，英国公立大学的"特许状法人"和"议会法人"、美国的"宪法自治大学"在制度功能上是与德国的"公法社团"是一致的，都旨在维护公立大学的自治地位与大学师生的参与权利。不过，英国"特许状法人"的自主权限比"议会法人"更大一些。美国的"宪法自治大学"在阿特巴赫看来属于"院校管理的法人团体"，[①] 其在制度功能上融合了德国的"公法社团"与英国的"公司法人"。第三，虽说德国公立大学的"公法财团"与美国的"公共信托"在制度设计上并不相同，但它们在制度功能上却殊途同归，都是将公立大学和政府从特定的财产中剥离出去的制度设计，从而使公立大学和政府都处于"行政契约"或"信托契约"的规约之中，使公立大学免遭政府的直接干预，而政府有可以通过明确财产的特定用益，继而实现对公立大学的间接调控。第四，新加坡两所国立大学的"国家担保的企业非营利有限公司"与英国两所公立大学的"公司法人"都是在坚守公共利益的基础之上，办学利润继续用于学校发展而不进行剩余分配的公司化运作方式，国家扮演的不是"管控"角色，而是"兜底"角色，这就为公立大学面向社会自主办学提供了足够的勇气与坚强后盾。第五，日本的"国立大学法人"是在"独立行政法人"基础之上的一次进化，其借鉴了英国的"政署制度"和德国的"公法人制度"，在制度功能上融合了德国的"公营造物""公法社团"和"公法财团"三种法人类型，堪称在公立大学法人制度上的一大创造。台湾地区的"行政法人"借鉴了德国"公法人制度"和日本的"独立行政法人"，它们在制度功能上均具有高度的耦合性。根据上述分析，我们可以大致地勾勒出世界主要国家和地区的大学法人制度演进路线图。其中A代表的是法国大学法人制度，B代表的是英国大学法人制度，C代表的是德国大学法人制度，D代表的是美国大学法人制度，E代表的是日本大学法人制度，F代表的是新加坡大学法人制度，G代表的是我国台湾地区的大学法人制度。在这条时间轴的上方，所呈现出的A、C、E、G都属于大陆法系传统的国家和地区，在这条时间轴

---

① ［美］阿特巴赫：《21世纪的美国高等教育：社会、政治、经济的挑战》，施晓光等译，中国海洋大学出版社2007年版，第161页。

的下方，所呈现出的 B、D、F 都属于英美法系传统的国家。①指代的是法国的《民法典》对德国的影响，②是指英国的"信托制度"被美国吸收，③是指德国的"公法人制度"为日本所借鉴，④是指英国的"政署制度"对日本的影响，⑤是指英国的"公司法人"对新加坡具有启发意义，⑥是指德国的"公法人制度"同样对台湾地区影响深刻，⑦是指日本的"独立行政法人"成为台湾地区"行政法人"的蓝本。如图 6-1 所示。

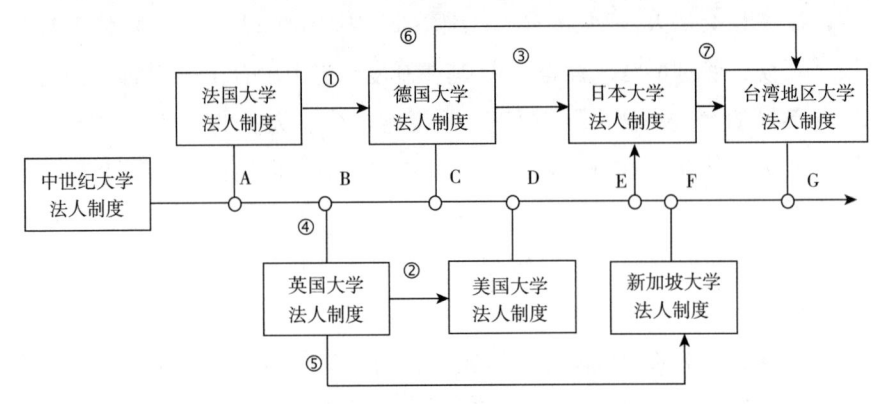

图 6-1 世界主要国家和地区大学法人制度演进路线

在大学法人类型制度功能分析的基础上，我们可以尝试结合"三角协调模型"构建出世界公立大学法人类型的"天平杠杆模型"，它将为衡量和研判政府与公立大学之间的法律地位提供直观映像与法理依据。想必任何一位高等教育研究者都不会对美国伯顿·克拉克的"三角协调模式"感到陌生。它是基于国家权力、学术权威以及市场力量对高等教育系统的整合意义而提出的。[①] 无须赘言，大学法人制度的主要功用就是调整外部控制与大学自治这一对与生俱来的矛盾。古典大学法人制度利用"特许状"，近代大学法人制度借助"国家理性"，而现代大学法人制度则更多是通过"市场机制"的介入予以保障与实现，但是如今政府干预高等教育的冲动始终占据上风且没有明显的收手迹象。这就说明，现代大学法人制度的"现代性"就在于，"市场"正在作为政府权威与学术权威之间的一种制衡力量而发挥作用。这种制衡功能的释放程度就演化为政府控制与大学自治之间的某个制衡点。"市场"在美国伯顿·克拉克教授那里是"三角协调

[①] ［美］伯顿·克拉克：《高等教育系统》，王承绪等译，杭州大学出版社 1994 年版，第 159 页。

模型"中的一极，在日本金子元久教授那里是一种重要的研究方法与政策工具，我们可以在公立大学法人类型功能解读的基础上将作为"主体"的市场和作为"方法"的市场有机结合起来并粗略地构建出现代公立大学法人制度的"天平杠杆模型"，如图6-2所示。需要澄清的是，"三角协调模型"揭示出高等教育系统中的"三极"，以及世界上主要国家在该模型中所处的相对位置，这对我们观照世界高等教育系统具有重大理论价值。可以说，我们提出的"天平杠杆模型"并不是对"三角协调模型"的否定，而是在分析公立大学法人制度这一特定问题上，"三角协调模型"并不能满足我们的理论诉求，故需要对其进行一次理论改造，如此就更具有理论的说服力和实践的指导性。

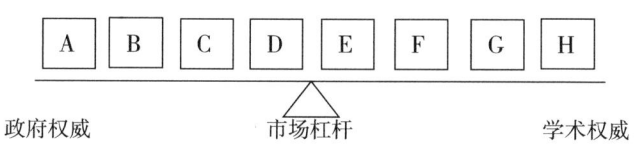

```
┌─┬─┬─┬─┬─┬─┬─┬─┐
│A│B│C│D│E│F│G│H│
└─┴─┴─┴─┴─┴─┴─┴─┘
           △
政府权威    市场杠杆         学术权威
```

图6-2 世界公立大学法人类型的"天平杠杆模型"

A代表德国的"公营造物"或"国家设施"、美国的"国家机构"；

B代表中国的"事业单位法人"；

C代表法国的"特殊公务法人"、日本原初的"独立行政法人"、中国台湾地区设计的"行政法人"；

D代表日本的"国立大学法人"；

E代表英国的"公司法人"、新加坡的"国家担保的企业非营利有限公司"；

F代表德国的"公法财团法人"、美国的"公共信托机构"；

G代表英国的"议会法人"；

H代表德国的"公法社团法人"、英国的"特许状法人"、美国的"宪法自治大学"。

从理论上说，天平是一个等臂杠杆。进言之，天平是质量的衡器，而杠杆则是助力的器械。如果将"天平"与"杠杆"结合起来，就可以同时发挥"质量比较"与"力量调节"这两种功效。该模型中的左右两端分别是"政府权威"与"学术权威"，代表着政府与大学。模型中的"市场杠杆"处于中间位置，调节着"政府权威"与"学术权威"的关系。德国"公营造物"或"国家设施"与美国"国家机构"的政府权威色彩最为浓重，大学自治的权限最小，故处于该模型最左端的位置A。作为"事业单位法人"的中国公立大学，为贯彻国家意志、达成公共目的而受到政府监

· 195 ·

管，在教学、研究等方面享有一定的高校办学自主权，故处于该模型的 B 点。法国公立大学的"特殊公务法人"、日本国立大学原初的法人类型"独立行政法人"以及中国台湾地区设计的"行政法人"均需要接受政府监督、管理，但公立大学的自主权限大大扩大，故处于位置 C 点。相对于"独立行政法人"，日本现行的"国立大学法人"进一步尊重了公立大学的特殊性，且每年文部省划拨经费减少 1% 的做法促使其与市场愈加亲近，故处于位置 D 点。英国的两所公立大学与新加坡的两所国立大学将其法律性质定位于"担保有限公司"，或称"有担保的非营利有限公司"，即坚持"政府担保""公司运作""教育公益"的基本原则，故其市场化倾向明显，处于中间偏右的位置 E 点。英国的"议会法人"处于位置 F 点。美国州立大学的"公共信托"在制度功能上与德国的"公法财团法人"是一致的，学术权威也发挥着较大的作用，故处于位置 G 点。德国"公法社团法人"、英国"特许状法人"、美国的"宪法自治大学"都是非常符合大学学术探究的本质，故处于最右端的位置 H。这个"天平分析模型"的学术价值在于，它作为一个法人类型谱系或参考系可以帮助我们透视并理解世界公立大学法人类型及其背后的制度设计，并为我国公立大学法人制度改革寻找合理的法律定位及其制度安排。

二　从《民法通则》到《民法总则》：法人类型的变化及其逻辑

尽管民法意义上的法人分类绝不能照搬照套在我国公立大学身上，但它毕竟是我国公立大学法人分类的重要依据之一，且民法意义上法人类型的变化往往透射出社会组织法人身份的明确或变更，而公立大学法人分类不可能叛离这个逻辑框架。就此而言，1986 年《民法通则》到 2017 年《民法总则》关于法人类型表述的变化，既反映出 30 多年来我国社会组织对多元而明确的法人身份的诉求，又描绘出未来我国社会组织法律身份的整体图景，从而对分析我国公立大学法人分类大有裨益。

1986 年 4 月 12 日，第六届全国人大四次会议表决通过了《中华人民共和国民法通则》，自 1987 年 1 月 1 日起正式施行。可以说，《民法通则》是我国特定历史背景下的法律产物，包括 9 章、156 条内容，可谓"中国法制史的丰碑之作"。它在第三章第二节、第三节、第四节分别对"企业法人""机关、事业单位、社会团体法人"和"联营"做出相应规定，其中"企业法人"包括全民所有制企业、集体所有制企业、中外合资经营企业、中外合作经营企业以及外资企业等,"机关法人""事业单位法人"和"社会团体法人"统称为"非企业法人","联营"属于多个组织联合起来共同经营的一种法律形式,具体指企业与企业联营和企业与事业单位联营两种形式,包括"法人型联营"(承担有限责任)、"合同型联营"(依合同承担责任)和"合伙型联营"(承担无限连带责任)三种类型。如图6-3所示。

```
            ┌ 企业法人(全民所有制、集体所有制、中外合资经营、中外合作经营和外资企业)
            │          ┌ 机关法人
            │ 非企业法人 ┤ 事业单位法人
            │          └ 社会团体法人
            └ 联营(企业与企业联营、企业与事业单位联营)
```

图6-3 1986年《民法通则》关于法人类型的划分

从历史上来看,在1986年《民法通则》制定之时,我国国有企业"政企分开""两权分离"的改革刚刚启动,商品经济地位初步确立,而市场经济体制无从谈起,计划经济体制占据主导性地位,这是当时我国基本的经济体制状况。也就是说,"经济挂帅"的改革现实反映到法律之中就自然出现了"企业法人"与"非企业法人"的基本划分。"企业法人"成为最典型的法人组织,而机关、事业单位以及社会团体只是应景性地被赋予"非企业法人"地位,只是作为"企业法人"的配角存在。非常明显的是,公立大学在这种"职能主义取向"的法人分类框架下属于"事业单位法人",是"事业单位"与"法人组织"的独特结合,带有"国家机构"与"自治组织"的双重性质,但单一的法人类型并不能解决所有公立大学的法律身份问题。退一步来说,如果在统一的"事业单位法人"身份之下,在法律层面上对不同公立大学所享有的权利、所履行的义务做出分层分类的区别,估计也可以部分纾解公立大学所面临的法律困境,但并不能予以根除,除非对法人类型做出重大调整。在过去的30余年间,我国市场经济蓬勃发展,各种社会组织涌现,但模糊的法人身份使这些社会组织行走在"法律的盲区",这就在极大程度上制约了它们的快速、稳健与可持续发展。在此情形之下,新的法人分类成为一种时代的呼唤。

2017年3月15日,十二届全国人大五次会议表决通过了《中华人民共和国民法总则》，自 2017 年 10 月 1 日起正式施行。可以说，《民法总则》是在新时期背景下对《民法通则》的一次集中修订，包括 11 章、206 条内容，可谓"中国民法典的统领之作"。它在第三章第二节、第三节、第四节分别对"营利法人""非营利法人"和"特别法人"做出相应规定。具体来说，"营利法人"是以取得利润并分配给其股东等出资人为目的而成立的法人，包括有限责任公司、股份有限公司和其他企业法人等。"非营利法人"是为了公益目的或其他非营利目的而成立的，不向其出资人或设立人分配所得利润的法人，包括事业单位、社会团体、基金会以及社会服务机构等，即"事业单位法人""社会团体法人""社会服务机构法人"和"捐助法人"，其中"事业单位法人"是基于"公共目的"；"社会团体法人"是基于"成员利益"；"捐助法人"是基于"捐赠财产"，包括"基金会""宗教活动场所"和基于捐赠财产的"社会服务机构"，"社会服务机构法人"则是基于"公共利益"，是除"捐助法人"之外的社会服务机构。从理论上说，"营利法人""捐助法人"和"社会服务机构"的出现终结了长久以来民办院校作为"民办非企业法人"因名称模糊而带来的诸多法律困扰。"特别法人"包括"机关法人""农村集体经济组织法人""合作经济组织法人"以及"基层群众性自治组织法人"（如村委会、居委会等）。如图 6-4 所示。

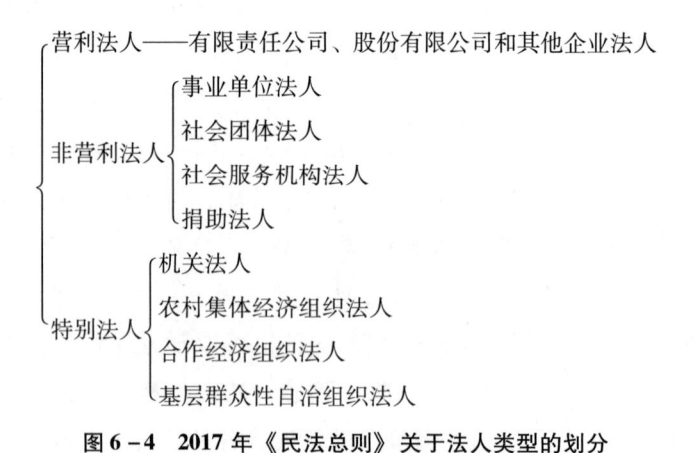

```
          ┌ 营利法人——有限责任公司、股份有限公司和其他企业法人
          │           ┌ 事业单位法人
          │           │ 社会团体法人
          │ 非营利法人 │
          │           │ 社会服务机构法人
          │           └ 捐助法人
          │           ┌ 机关法人
          │           │ 农村集体经济组织法人
          └ 特别法人  │
                      │ 合作经济组织法人
                      └ 基层群众性自治组织法人
```

图 6-4 2017 年《民法总则》关于法人类型的划分

尽管我国著名法学家江平先生用"继受精准、创新不足"八个字对《民法总则》做出总体性评价，但我们不得不承认，单就法人制度而言，《民法总则》不仅实现了对《民法通则》的精准继承，而且实现了对《民

法通则》的创新突破。总体而言，这种"继承性"首先体现在从"企业法人"和"非企业法人"的分类顺利过渡到"营利法人"和"非营利法人"的分类，即两部法律不仅在民商合流的总体趋势上前后是一致的，而且平稳实现了对诸多实体组织在法律意义上的分类安排。这种"创新性"鲜明体现为从"职能主义"划分方式变更为"结构主义"与"职能主义"相结合的划分方式，即从"列举式"到"类型化"法人分类所体现出的逻辑自洽性是此次民法修订过程中的巨大进步。

展开来说，"营利法人"可以视作"企业法人"在新的法人分类框架下的变相称谓，这是此次修订的继承之二。但与之前分类不同的是，此次关于"营利法人"的描述是按照组织方式而非所有制形式，更加有利于对其分类进行法律规范，这是此次修订的亮点之二。"非营利法人"对应着1986年《民法通则》中的"事业单位法人"和"社会团体法人"，这是此次修订的继承之三。新增的"捐助法人"和"社会服务机构法人"是此次修订的亮点之三。"特别法人"的提出应该是此次修订的亮点之四，是将既不属于"营利法人"又不属于"非营利法人"的特殊组织划归"特别法人"，带有一定的"兜底"性质。"特别法人"不仅将之前的"机关法人"涵括进去，而且将之前法人身份不明的"农村集体经济组织法人""合作经济组织法人""基层群众性自治组织法人"等统统划归进去。需要注意的是，"特别法人"与日本民法典中的"中间法人"有所不同，日本将法人划分为"营利法人""中间法人"和"公益法人"，即"中间法人"是为了解决既无营利又非公益的社会组织，而"非营利法人"不仅涵盖了"公益法人"，而且避免了"中间法人"这种尴尬的法律设计。"特别法人"的类型设计更加符合中国国情。正因如此，中国人民大学王利明教授认为，《民法总则》彰显了鲜明的本土特色和时代价值。[1]

整体而言，1986年《民法通则》到2017年《民法总则》关于法人分类的变化是我国改革开放30余年来经济社会快速发展带来的法律结果，从根本上体现出从"经济挂帅"逻辑到"社会发展"逻辑的基本转向。社会组织法人分类的类型变化与逻辑转向已经对高等教育领域产生深刻影响，其中影响最直接的当属民办院校。尽管说民办院校从"民办非企业单位"的模糊身份到"营利性学校"和"非营利性学校"的身份分化是在2017

---

[1] 王利明：《民法总则彰显鲜明时代特色》，《检察日报》2017年3月21日第3版。

年《民办教育促进法》中加以规定的，但是它在立法精神上实际是与2017年《民法总则》相一致的。就法人身份而言，"营利性学校"属于"营利法人"，"非营利性学校"属于"非营利法人"。进言之，基于捐赠财产的"非营利性学校"属于"非营利法人"中的"捐助法人"，而并非基于捐赠财产的"非营利性学校"则属于"非营利法人"中的"社会服务机构法人"。也就是说，当前及未来相当长的一段时间内，我国民办院校的法人身份包括"营利法人""捐助法人"和"社会服务机构法人"三种类型。那么，2017年《民法总则》的法人分类对我国公立大学的法人类型划分具有何种启发和借鉴意义呢？尽管我国公立大学法人制度改革尊崇"公法人化"的改革方案，但《民法总则》在私法意义上的法人分类同样值得我们关注，且它们在立法思想、立法精神上具有相通之处。

三 我国公立大学的四种法人分类及其证成

从理论上说，我国公立大学法人分类的基本依据包括四个方面：第一，能够契合世界公立大学法人分类的基本经验；第二，能够符合我国关于法人分类的法律传统与最新动向；第三，能够在法理上成立；第四，能够正面回应当前我国公立大学法人制度存在的难题且具有可行性。即我国公立大学法人分类遵循的基本原则应该是契合世界潮流、符合中国实际，在法理上成立、在实践中可行。

概括地说，世界法人分类主要包括三种方式：以德国为典型的"社团法人"与"财团法人"，以美国为典型的"营利性法人"与"非营利性法人"（日本划分为"营利法人""中间法人"和"公益法人"）以及中国原初采取的"企业法人"与"非企业法人"。显然，2017年的《民法总则》并没有采纳大陆法系"社团"与"财团"的通行划分方式，也没有完全沿用之前"企业"与"非企业"的划分方式，而是悦纳了"营利"与"非营利"的划分方式，并在此基础上结合中国的实际情况新增"特别法人"类型，从而形成"营利法人""非营利法人"和"特别法人"的基本分类格局。2017年修订的《民办教育促进法》最先采用了"营利法人"和"非营利法人"的划分方式，但我国公立大学比民办院校在法人类型上更加复杂、多样。所以，我们在法人类型设计上不仅需要积极地借鉴境外经验，还需要批判地继承法律传统，更需要立足本土实际的法律创新。

第六章　我国公立大学法人制度改革的基本构想

中国香港地区公立大学效仿的是英国的"公共法人",① 中国澳门地区公立大学效仿的是葡萄牙的"公法人",② 中国台湾地区公立大学"公法人化"设计方案采取的是兼具"公法社团""公法财团"以及"公营造物"三种法人类型的"特殊公法人"——"行政法人",这与日本在1997年《行政改革会议最终报告》中提出的"独立行政法人"是一致的。但中国港澳台地区的公立大学数量较少,大陆地区的情况就不大相同,且上述单一的法人类型是有待商榷的,毕竟香港与澳门地区的法人身份还未进一步具体（这与学校数量有限有莫大的关联）,而台湾公立大学"行政法人化"改革迟迟未落地,且日本国立大学也将之前的"独立行政法人"身份更改为"国立大学法人"的"特殊公法人"身份。可以说,"一刀切"的改革思路在我国多个改革领域早已被证明是低效甚至是无效的,故多样化的公立大学法人类型在我国成为一种必然趋势。正因如此,有学者提出,现代公立大学公法人化具有"公法社团""公法财团""公营造物"和"特殊公务法人"四种改革形态,③ 即主要借鉴德国和法国的经验。不客气地说,这不仅忽视了英美法系的有益经验,而且对中国法人分类的法律传统缺少考虑,况且在2017年《民法总则》落地之后就基本宣告了这种"四分法"的公立大学法人分类方式在中国的破产。

我国公立大学大致可以分为四种类型：军事类院校、除军事类之外的中央部属院校、公办地方本科院校以及公办高职高专院校。当前我国公立大学共有1800余所,其中军事类院校50余所,中央部属院校108所（其中教育部直属院校75所）,公办地方本科院校600余所,公办高职院校1000余所。数量如此庞大的公立大学法人身份安排确实是一件令学术界颇为棘手的难题。应该说,不同类型的公立高等教育机构对大学法人制度的改革需求不同,从而对法人身份的诉求也不尽相同。我们可以根据"公法

---

① 香港目前共有30余所高校,在12所可以授予学位的高校中,有8所授予本科及其以上学历的大学通过"大学教育资助委员会"接受政府的资助。这8所大学分别为,香港大学、香港中文大学、香港科技大学、香港城市大学、香港理工大学、香港浸会大学、岭南大学、香港教育学院,我们可以将它们视作"公立大学"。

② 澳门目前共有12所高校,包括澳门大学、澳门理工学院、澳门旅游学院、亚洲（澳门）国际公开大学、联合国大学国际软件技术研究所、澳门保安部队高等学校、澳门科技大学、澳门镜湖护理学院、欧洲研究学会、高等校际学院、澳门管理学院、中西创新学院,其中前4所为公立大学,其余8所均为私立大学。

③ 韩春晖:《现代公立大学公法人化研究——域外之经验与我国之抉择》,载罗豪才《行政法论丛》（第10卷）,法律出版社2007年版,第239—246页。

人化"的改革方案在 2017 年《民法总则》中"营利法人""非营利法人"与"特别法人"的整体分类框架下对我国公立大学法人分类进行现实观照。需要注意的是，我国公立大学法人类型设计不可能将民法中的法人分类弃之不顾而另起炉灶，否则这既是不明智的，也是不可行的，从而必将走向失败的境地。进一步来说，我国公立高校决不能选择"营利法人"，否则就是对现行高等教育管理制度的彻底颠覆，故我们只能在"非营利法人"和"特别法人"上进行相应的法人类型设计与突破。因此，我们在理论上可以按照"特殊机关法人""事业单位法人""捐助法人"以及"企业非营利法人"四种类型对上述高校进行法人身份设计。其中"特殊机关法人"属于"特别法人"，"事业单位法人"和"捐助法人"属于"非营利法人"，"企业非营利法人"属于独创法人类型，如图 6-5 所示。

```
           ┌ 特殊机关法人（军事类院校）——公营造物（大陆法）与国家设施（英美法）
特别法人 ──┤
           │ 事业单位法人（大多部属院校）——从特殊公务法人到公法社团
           │（大陆法）
非营利法人─┤ 捐助法人（地方本科院校）——从特殊公务法人到公法社团
           │（大陆法）
           │ 企业非营利法人（离职院校）——国家担保的企业非营利有限公司
           └（英美法）
```

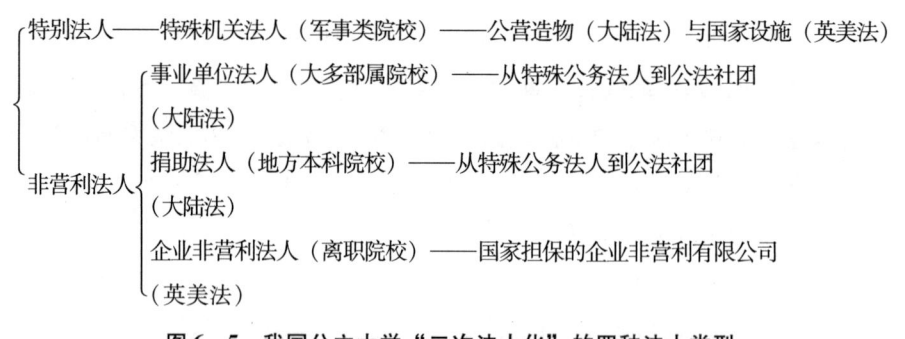

图 6-5　我国公立大学"二次法人化"的四种法人类型

以国防科技大学和解放军信息工程大学等为代表的军事类院校因担负着特殊的人才培养和科学研究使命，① 所以国家有权且必须进行严格的管理与监督，通过直接介入的方式保证其正确的办学方向。也就是说，军事类院校是关乎国家安全或国防安全的重要法门，从而对这类学校进行严格管制几乎是一种无须证明也无须赘言的基本常识。正如美国军事院校的法律地位是"国家设施"，或德国法律意义上所言的"公营造物"或"国家机构"那样，我国的军事类院校需要绝对服从于国家意志，只有在部分具

---

① 国防科技大学（湖南长沙）、中国人民解放军信息工程大学（河南郑州）、中国人民解放军理工大学（江苏南京）、中国人民解放军海军工程大学（湖北武汉）、中国人民解放军空军工程大学（陕西西安）、海军大连舰艇学院（辽宁大连）、第二炮兵工程大学（陕西西安）、石家庄陆军指挥学院（河北石家庄）、装甲兵工程学院（北京）以及空军雷达学院（湖北武汉）等 50 余所军事院校。

体事务工作上方才享有一定的自主权,国家权威在其中发挥着绝对主导性作用。从这个意义上说,军事类院校的法人类型与其他大学截然不同,我们必须区别对待。在我国现行的法人分类中,"机关法人"成为军事类院校法人形态的一种可能选择,但是"机关法人"通常指涉的是以国家预算为活动经费,因行使职权的需要而享有民事权利能力和民事行为能力的各级各类国家机关。显然,军事类院校不是严格意义上的国家机关,故我们不能简单将其划归"机关法人"。由于军事类院校属于高等教育的范畴,它肩负着军事人才的培养使命和军事领域的科研任务,从而具有国家机关所不具备的知识生产与再生产的特殊属性。由此而言,军事类院校具有"国家机关"和"知识机构"的双重属性,"特殊机关法人"理应成为我国军事类院校法人类型的积极选择。从现实角度来说,国家也是将这类特殊院校视为"特殊机关法人",从而改革阻力与压力均可预见到,亦可承受得住。

除肩负特殊使命的军事类院校之外,以北京大学、清华大学等为代表的大多数部属重点高校的法人制度改革因意义非凡而最具示范价值。它们在学术自由方面的天然渴求使其对大学法人地位的呼求格外强烈,从而以学术权力为核心的权利体系和以自我约束为核心的自律机制在其中同时发挥重要作用,这就为释放改革红利相对明确地划定了权责界限,从而实现了权、责、利的有机统一。目前我国这一部分高校的法人类型是"事业单位法人",但其名称的模糊性导致其法律地位不够清晰,即"事业单位"和"法人机构"组合而成的画卷中,"事业单位"的底色背景浓郁,而"法人机构"的色彩相对轻淡。即便如此,我们也没有必要放弃这一深入人心的法律术语,我们完全可以在法律地位上对其予以规范或调整。需要追问的是,如果我们对公立大学作为"事业单位法人"的法律地位进行适应性调整,那么路在何方?时机是否成熟?就现有的政策环境而言,无论是"管办评分离"还是"放管服改革"都透露出国家在高等教育领域的改革决心,重新定位"事业单位法人"是有可能的,尤其是事业单位划分为"公益一类"和"公益二类"之后。对于某些少数国家重点发展的高校可以采取公法社团法人形式。从制度功能的角度看,"事业单位法人"在"天平杠杆模型"中可以朝着"公法社团"的方向发展,且将"特殊公务法人"作为一个过渡性的法律地位。经调整、规范之后的"事业单位法人"不仅可以充分地保障学术自由,而且可以确保国家财政给付到位,从而避免因经费不足带来的办学困扰、质量下滑以及市场侵扰等诸多问题。应该说，这是对原有"事业单位法人"的一次制度性矫正，无论是中央政府还是部属高校对此法律身份的安排都是能够接受的，从而改革的阻力与压力基本处于预料之中。

以上海大学、深圳大学等为代表的公办地方本科院校的法人制度改革因其数量众多而最具重大意义。这类学校的发展状况直接关乎地方经济社会发展成效，而其直接服务社会的大学职能则对其法人身份提出了独特诉求，从而以外部约束为核心的他律机制在其中发挥至关重要的作用。目前我国地方本科院校向"应用型"转型发展的道路是不可逆转的，但究竟如何转型仍然是一个无解的难题。问题关键在于，地方本科院校与地方政府之间因经费依赖和管理监督而形成的"脐带关系"使得其原本名义上的法人地位更加走向虚化。加之，地方政绩观主导下的大学排行榜依然绑架着地方本科院校，迫使其在"研究型"发展道路上亦步亦趋，而与"应用型"发展道路渐行渐远。可以说，这根"脐带"在过去为地方本科院校源源不断输送营养，但今天地方本科院校即将或已经"瓜熟蒂落"，需要的是一个独立生存空间。那么，我们应该如何剪断这根"脐带"呢？这就将地方本科院校转型发展的"命门"直指法人身份变更——从"事业单位法人"到"捐助法人"。这在制度功能上类似于大陆法系的"公法财团"[①]以及英美法系中的"公益信托"，即地方政府通过制定"捐赠章程"或"捐赠契约"将地方高校多年来发展所形成的财产无偿赠予高校，从而实现高校财产从国家所有权到法人所有权的变更，地方高校则根据"捐赠章程"或"捐赠契约"进行大学内部治理。这样的话，地方高校既可以贯彻政府的公共意志，又可以屏蔽政府的直接干预；既可以实现大学的自治自理，又可以保证大学按章办学。与此同时，地方本科院校作为"捐助法人"还可以接受社会捐赠，为充盈办学经费提供法律支持。然而事实上，部属院校不仅在财政性拨款上远远高于地方院校，而且其捐赠收入更是遥遥领先，从而高等教育系统中的"马太效应"与"等级秩序"自然形成，而"千帆竞争"的局面难以形成。这就说明，目前我国关于企业或个人的

[①] 高新平、王传干：《公立大学法人化的法理基础与实践进路》，《高教探索》2014年第2期，第71页。

捐赠税收优惠政策仍有待进一步完善。① 总体而言，"捐助法人"在法人地位和办学经费两方面为地方本科院校的长足发展提供了"名正言顺"的法律支持，捐赠文化兴起以及高校转型发展则为地方本科院校成为"捐助法人"提供了一定的社会基础，但地方政府答不答应财产权的变更、捐赠政策究竟会不会向地方本科院校倾斜、捐赠制度与捐赠文化能否产生联动、地方高校的社会服务战略能否落实、《高等教育法》能否对其予以法律确认等都是不得不严肃考虑的问题。

以深圳职业技术学院和宁波职业技术学院等为代表的公办高职院校法人制度改革，因其明确的市场定位而最具突破的可能性。"产学研合作"的企业运营模式在该类院校中得到鲜明体现，从而这类学校对大学法人身份的诉求与前三类院校表现出明显的差异。高职院校与市场的"亲缘性"就决定了其在"天平杠杆模型"中既不处于政府权威的一端，也不是位于学术权威的一端，而主要是站在市场基点上。② 公办高职院校是决不能选择"营利法人"的，也没有选择"特别法人"的可能性，唯一的出路就是"非营利法人"，但"非营利法人"中"事业单位法人""社会团体法人""捐助法人"以及"社会服务机构法人"四种法人身份又不符合高职院校的市场定位。尽管目前我们是将公办高职院校定位为公益二类的"事业单位法人"——在确保公益目标的前提下，部分高等教育资源可以由市场进行配置，但这并不能从根本上满足公办高职院校对接市场、对接产业的发展需要。如何破解公办高职院校法人身份的难题呢？可以说，"非营利"

---

① 部属院校因其办学知名度更容易获得社会捐赠，但地方本科院校的捐赠财产则少之又少。如果我国在对高校的捐赠政策上进行差别对待的话，即地方本科院校捐赠所享有的优惠政策比部属院校更大，同时作为"捐助法人"而存在的地方本科院校拥有完备的捐赠财产管理办法，会使捐赠人更加放心，到那个时候，上述局面估计会有所改观。

② 笔者曾在《中国高教研究》2016年第8期撰文《我国高职院校法人类型的演进、反思与重构》中提出：未来我国高职院校的法人分类包括公法社团法人、公法财团法人、营利性法人、非营利性法人、中间法人和私法财团法人六种类型。仅就公办高职院校而言，包括公法社团法人和公法财团法人两种类型，其在制度功能上分别对应着我国的事业单位法人和基金会法人（或捐助法人）。现在看来，这种认识有待进一步商榷和修正：第一，《民法总则》落地之后，我国采纳的是"营利法人"与"非营利法人"的分类框架，而不是"社团法人"与"财团法人"的分类框架；第二，"营利法人"与"非营利法人"属于一个范畴，而"营利法人""公益法人""中间法人"属于一对范畴，将"营利法人"（部分民办高职院校）、"非营利法人"（部分民办高职院校和全部的公办高职院校）和"中间法人"（混合所有制的高职院校）放在一个层面，确有不妥；第三，公办高职院校作为"事业单位法人"和"捐助法人"无法反映出其强烈的市场属性，这种法人身份的确立从根本上无益于未来高职院校的发展。由此看来，学术研究是研究者不断建立自我、推翻自我、重建自我的一个长期的、反复的、逐步提高的过程。

是公办高等职业教育公共目的的体现,"企业"是高职院校运行模式的体现,"法人"则是高职院校独立法律地位的体现,而"企业非营利法人"就将三者结合起来,成为我国公办高职院校的独特法人身份。这种法人身份与英国的"公司法人"和新加坡的"有担保的企业非营利责任有限公司"有异曲同工之妙。2006 年《新加坡国立大学法人化法案》指出,新加坡国立大学的法律地位由"政府全资投入的法人机构"转变为"有担保的企业非营利责任有限公司"。正因如此,新加坡国立大学和南洋理工大学的法人类型被界定为"非营利性公司"(Non - for - profit Company)。[1] 这也是基于我国高等教育实际进行的一次大学法人身份的创造,是"非营利法人"与"企业运行模式"的有机结合。因此说,将公办高职院校定位为"企业非营利法人"的法律创造绝非空穴来风,它不仅契合世界潮流,而且符合中国实际,不仅在法理上成立,在实践中亦是可行的,只不过在可预见的时期之内法律能否予以承认仍难以想象。

整体而言,世界公立大学法人类型多样而呈现公立大学法人身份的"光谱",在 2017 年《民法总则》落地之后,我国公立大学的法人身份变更开始崭露"曙光"。我国不同类型的公立大学理应在"公法人化"方案之下设立"特殊机关法人""事业单位法人""捐助法人"以及"企业非营利法人"四种类型。尽管我们从理论上对不同类型的公立高校应该采取何种法人类型进行了合理说明,但在法人类型选择的具体实践上,我们仍应该坚持"自主选择""合理引导""积极试点"的基本原则,而不可陷入对"强制性""行政化""运动式"等传统的路径依赖上,且应该适时根据学校的发展情形做出法人身份变更,以防陷入法律身份固化的旋涡之中。

第三节 我国公立大学"二次法人化"的制度构想

我国公立大学法人制度改革是一个系统工程,需要在大学法人分类的基础之上进行缜密的制度设计,并通过试点实验来检验公立大学法人制度

---

[1] Russo, C. J., *Handbook of Comparative Higher Education Law*, Maryland: Rowman and Littlefield Education, 2013, pp. 277–284.

的改革成效，进而在实践推进的过程中不断做出适应性调整，即我们需要对"特殊机关法人""事业单位法人""捐助法人"以及"企业非营利法人"四种公立大学法人在治理结构、投入体制、人事制度、财产制度、评价制度和监督机制等方面进行全面的制度架构。从价值规范的角度来看，我国公立大学法人制度具体设计的基本原理是，在改革思路上，坚持普适性与特殊性的结合；在改革方向上，秉承理想性与现实性的融通；在改革经验上，坚持借鉴与超越的统一。

一 治理结构

治理结构是公立大学法人制度的核心，有什么样的法人类型就会有什么样的治理结构，有什么样的治理结构也就会具有什么样的治理功能。公立大学的治理结构牵涉外部治理结构和内部治理结构两方面，其中外部治理结构主要涉及政府、社会与高校三大主体之间的复杂关系，而内部治理结构主要牵涉大学组织内部顶层、中层和基层三个层面之间的互动关系。不同的法人类型对外部治理结构三大主体和内部治理结构三个层面的影响颇有差异，从而成为未来完善公立大学法人治理结构的基本立足点。

笼统地说，高等教育治理体系和治理能力现代化的关键在于，通过重新明晰社会、政府与高校在高等教育治理实践中的权责边界，最终达到社会参与自觉、政府权力自制、高校行为自主的一种治理状态。具体来说，政府部门作为"强势"一方必须自我约束，按照相关法律对教育工作或高校进行管理，即坚持依法行政，彻底摒弃和改变以往的非法治思维和非法治方式；社会（或市场）也正在作为一股慢慢上升的力量在高校管理中而不容小觑；公办高校也需要从服从政府指令、顺从长官意志的"惯性思维"和"懒汉思维"中解放出来，即政府、社会和高校"各安其位""各尽其责"将是未来高等教育发展的理想追求。因为单靠政府的权威容易走向专制主义，高校将彻底失去自治的能力与空间，堕入美国布鲁贝克所论述的高等教育哲学的政治论逻辑；只靠社会民众的力量容易造成为各自利益呼喊的混乱局面，高校不免会沦为诸多利益的角逐之地；仅靠市场的自由容易导致极端功利主义的盛行，高等教育不免会迈入美国哈瑞·刘易斯所言的"失去灵魂的卓越"。

大学法人改革理论与高等教育改革现实就如同"顶天"与"立地"之间的关系，即在理论上要"顶天"，在实践中要"立地"，理论方案要通过实践的检验与矫正。上述公立大学与政府、社会之间的关系是理论层面上的一种笼统表述，而实践层面则复杂得多，需要针对不同公立大学法人类型对外部治理关系与模式进行具体分析。公立大学的四种法人类型与政府、社会之间具有四种不同的公立大学外部治理模式，如表6-1所示。运用马克斯·韦伯的"理想类型"，我们可以发现：作为"特殊机关法人"的军事类院校必须服从国家的战略性安排，从而国家意志在大学治理中发挥着绝对主导作用，其中所蕴含的政治主导色彩非常强烈。但它与社会之间的关联远没有那么密切，加之军事类院校的特殊性问题，社会力量参与军事类院校治理几乎无从谈起，大多只是心理层面的拥护而已。因此，军事类院校属于"国家控制""社会拥护"的外部治理模式。作为"事业单位法人"的中央部属院校是培养"研究型"人才的场所，主要是从事"发现学术"的机构，需要雄厚的国家财政和社会资本支持，且不能用简单的"投入—产出"的经济思维加以衡量。任何过多的外部干预都会对弥足珍贵的学术自由造成致命性的戕害，所以学术主导的逻辑在中央部属院校理应得到尊崇，国家理应扮演"促进者"的角色，而社会要抱以足够宽容、理解和支持的态度，即中央部属院校属于"国家促进""社会支持"的外部治理模式。作为"捐助法人"的公办地方本科院校是培养"应用型"人才的场所，主要是从事"应用学术"的机构。一方面，"捐助法人"属于典型的他律组织，必须接受捐赠章程的规约和来自国家的监督；另一方面，地方本科院校直接服务社会的大学职能就决定了社会参与大学治理的广度与深度，从而内含着鲜明的社会取向的大学运行逻辑，由此而言，公办地方本科院校属于"国家监督""社会参与"的外部治理模式。作为"企业非营利法人"的公办高职高专院校是专门培养"技能型"人才的场所，主要是从事"教学学术"的机构。公办高职高专院校在国家担保的前提下走"企业化经营"的道路扩充办学经费渠道，但不得分配办学剩余，在非恶意或不可抗力因素下形成的债务由国家代为清偿，其中蕴含着市场主导的运行逻辑，即通过政府购买服务、接受社会委托、"订单式"人才培养、创办"校中厂"与"厂中校"等多种方式提升公办高职高专院校的竞争力，最终为培育"工匠精神"、实现"中国制造"注入制度的动力与活力。因此，公办高职高专院校属于"国家保障""社会导向"的外部治理模式。

表 6-1　我国公立大学的法人类型、运行逻辑及其外部治理模式

序号	大学法人类型	组织运行逻辑	外部治理模式
1	特殊机关法人	政治主导逻辑	国家控制，社会拥护
2	事业单位法人	学术本位逻辑	国家促进，社会支持
3	捐助法人	社会取向逻辑	国家监督，社会参与
4	企业非营利法人	市场导向逻辑	国家保障，社会导向

就内部治理结构而言，"党委领导""校长负责""教授治学""民主管理"成为公立大学内部治理的基本方针。展开来说，"校长是学校的法定代表人，在学校党委领导下，贯彻党的教育方针，组织实施学校党委有关决议，行使高等教育法等规定的各项职权，全面负责教学、科研、行政管理工作"①。正是从这个意义上说，"党委领导下的校长负责制是中国特色现代大学制度的核心"②，也是构建现代公立大学法人制度必须毫不动摇坚持的内部治理基础。建立和完善现代大学内部治理体系的根本在于，达成党政权力、行政权力、学术权力和民主权利四者之间各司其职的一种理想目标状态，而大学的一切事务都要围绕学术逻辑开展，2015 年修订的《高等教育法》中"完善高校学术委员会制度"正是在这一理论背景下的政策产物。以教代会、学代会为核心载体的民主管理机制也是公立大学内部治理的关键环节。

实事求是地说，公立大学内部"党委领导、校长负责、教授治学、民主管理"的治理机制是我们必须捍卫的基本准则，但不同法人类型公立大学的内部治理结构又是迥然各异。尽管我们能够对公立大学内部治理的"四种权力（利）"划定各自相对的边界，但对公立大学内部组织顶层、中层和基层之间的互动关系进行分析更是别有洞天。从一般意义上而言，学校一级的党政权力和行政权力处于大学内部治理结构的顶层（用斜线表示），专业、系所一级的学术权力处于大学内部治理结构的基层（用竖线

---

① 这一表述出自 2014 年 10 月中共中央发布的《关于坚持和完善普通高等学校党委领导下的校长负责制的实施意见》。

② 陈颖：《国外大学治理模式对我国现代大学制度建设的启示》，《湘潭大学学报》（哲学社会科学版）2015 年第 4 期，第 156 页。

表示），机关部处和学院组织一级的党政权力和行政权力处于大学内部治理结构的中层（用空白表示）。具体来说，作为"特殊机关法人"的军事类院校从顶层到中层、基层都需要坚决贯彻和执行党和国家交付的重托，它属于典型的"垂直形"内部治理结构，如图6-6所示。作为"事业单位法人"的中央部属院校是国之学术担当，适宜"底部沉重"的权力架构，而顶层党政权力应作为一种引导性或方向性力量，而不宜作为权威出现，这也是对"去行政化"呼声的一种制度性回应，故中央部属院校适宜采用"金字塔式"内部治理结构，如图6-7所示。作为"捐助法人"的公办地方本科院校需要按照捐赠章程行为处事，使得顶层权力的运行空间受到极大的制约，然而基层组织的学术威望还无法为这个群体带来足够的权力地位，反而是学校的中层成为沟通顶层和基层的权力中介，扮演着学校持续、快速发展的推进者角色，成为大学内部治理的"中流砥柱"，故公办地方本科院校适宜采用"橄榄形"或"纺锤形"内部治理结构，适用"中位治理"原则，如图6-8所示。作为"企业非营利法人"的公办高职高专院校需要面向市场开展"企业化经营"，这就呼唤强有力的顶层权力，而中层和基层则需要配合学校顶层的战略行动，故其适宜采用"倒金字塔式"内部治理结构，如图6-9所示。我国四类公办院校都不适宜采用日本国立大学"哑铃形"的内部治理结构。

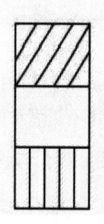

图6-6 军事类院校"垂直形"内部治理结构

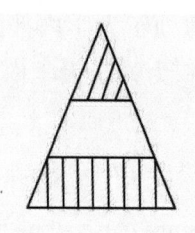

图6-7 中央部属院校"金字塔式"内部治理结构

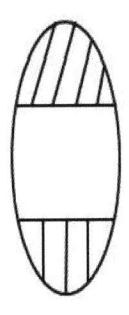

图 6-8　地方本科院校"橄榄形"内部治理结构

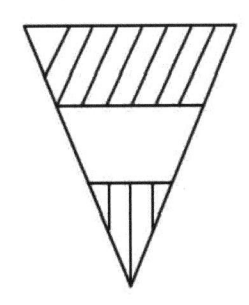

图 6-9　高职高专院校"倒金字塔式"内部治理结构

二　投入体制

投入体制是公立大学法人制度的重要内容之一，有什么样的法人类型就会有什么样的投入体制，有什么样的投入体制就会进一步形塑什么样的府学关系。在可预见的时间之内，我国对公立高等教育的公共财政支持将会一直持续下去，其支持力度也将会是有增无减。这就说明，我国公立大学"二次法人化"改革与其他国家和地区的改革背景不同：我国公立大学法人制度改革并非出于缓解或摆脱国家财政压力而采取的一种策略性行为，而是从根本上为革除传统高等教育管理体制积弊而做出的一种战略性选择与行动。但问题的关键在于，未来我国公立高等教育的财政投入体制应该如何依据法人类型做出适应性调整呢？这个问题既是对我国公立高等教育财政投入体制改革动向的一次现实考问，又是在公立大学法人制度框架下的一种法理探究。

世界高等教育的一个基本共识就是，学校提供的教育服务可以视作"产品"，其中义务教育提供的是"公共产品"，而高等教育服务则属于

"准公共产品",故世界大多数国家通常在义务教育阶段财政投入的倾斜力度更大且有进一步扩大趋势。但就我国教育财政投入情况而言,在短短的2009—2014年的6年之间,公立高等教育公共财政投入从2172亿元增加至4601亿元,增长幅度高达111.8%,其远超于教育经费公共财政总投入增长幅度的88.5%,如表6-2所示。那么,我国公立高等教育公共财政投入还有继续上扬的空间吗?国家在义务教育阶段公共财政投入的逐步倾斜会不会损害公立高等教育的持续发展呢?就目前而言,"双一流建设"的国家政策和地方响应必将为我国各类公立高等教育机构的快速发展提供雄厚的财政支持,从而我国公立大学暂时无须为筹集办学经费而深感忧虑。

表6-2　　　　2009—2014年我国公立高等教育公共财政投入与
教育公共财政总投入变化及所占比重

年份	公立高等教育公共财政投入(万元)	教育公共财政总投入(万元)	公立高等教育公共财政投入占教育公共财政总投入比重(%)
2009	21722877.4	119749752.8	18.14
2010	26920594.3	141639029.0	19.00
2011	37200863.8	178217380.0	20.87
2012	44938470.3	203141685.1	22.12
2013	43521010.8	214056715.0	20.33
2014	46018678.9	225760098.5	20.38

即便就投入比重来说,国家对公立高等教育的财政投入也是较为乐观的,毕竟"高等教育强国"仍是我们孜孜追求的宏伟目标。具体而言,2009年我国公立高等教育公共财政投入占教育公共财政总投入的比例为18.14%,2010年这一比例上升至19.00%,尤其是在《国家中长期教育改革与发展规划纲要(2010—2020年)》实施之后,2011年这一比例达到20.87%,2012年的22.12%更是创下近年来新高,2013年这一比例为20.33%,2014年为20.38%,如图6-10所示。这意味着,我国公立高等教育公共财政投入总规模不断扩大,其占教育公共财政总投入的比重基本

维持在20%左右。就高等教育的整体形势而言，虽然公立高等教育公共财政投入的发展前景在总体上比较乐观，但公立高校自主筹集办学经费的能力仍亟待加强，以应对充满不确定因素的未来高等教育发展形势。就不同公立大学的总体情况而言，"贫富差距"是我们不得不正视且深入思考的问题。军事类院校和中央部属院校都属于国家财政拨款，其办学经费总规模令地方本科院校和高职高专院校望尘莫及。退一步来说，即便同属于中央部属院校，也存在巨大的内部差异。如果"同台竞技"的环境根本不存在，又遑论"千帆竞发""百舸争流"？地方本科院校与高职高专院校都属于地方财政拨款，不同省市财政支持力度不同，导致许多省属院校面临种种掣肘因素。就公立大学内部情况而言，在现行评估制度和生均拨款投入之下，高校在工具理性的驱使之下必然追求学科、专业的"大而全"，以此获得较好的评估结果和更多的生均拨款，但这种"摊大饼"的办学方式必然会稀释有限的办学资源，"有高原无高峰"的现象也就不足为奇。上述三种情形都可以归结为一个问题：如何在法律框架内规范公立高等教育的财政投入体制？

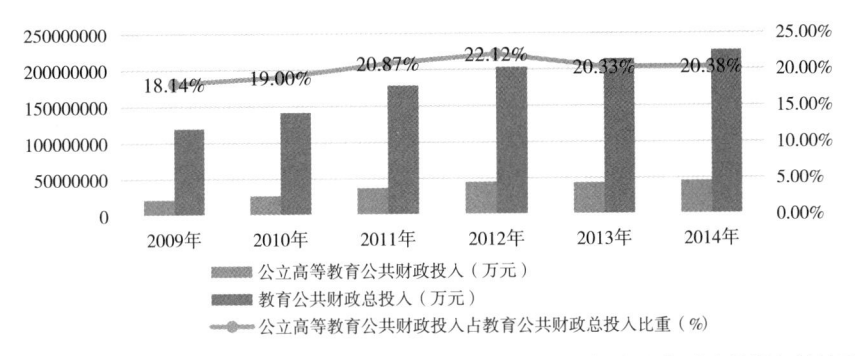

图 6-10　2009—2014 年我国公立高等教育公共财政投入占教育公共财政总投入的比重

法人类型的不同透射出政府角色的差异，从而从本质上决定投入体制的差异。也就是说，公立大学法人化之后，公立大学与国家之间在法律上虽彼此独立，但公立大学仍属于国家整体中的重要一环，其办学经费仍大多依赖国家财政投入，所以二者之间的互动关系应该以法律形式加以明确。[①] 作为"特殊机关法人"的军事类院校是公立高等教育系统中的一种

---

① 董保城、朱敏贤：《国家与公立大学之监督关系及其救济程序》，载湛中乐《大学自治、自律与他律》，北京大学出版社2006年版，第43页。

特殊性存在，政府在其中扮演着"监控者"角色。由于这类院校不被允许从事任何经营性质的活动，故更适宜采取"政府全额拨款"的投入体制。作为"事业单位法人"的中央部属院校需要从事前沿、高端的学术研究，其所花费的科研经费难以估量，政府的责任自然不可推卸，同时这类院校在部分领域可以通过适当采用市场化运行策略而引入社会资本，即政府在其中扮演着"促进者"角色，且这类院校在当前政策下就属于公益二类的事业单位法人，故其更适宜采取"政府差额拨款"的投入体制。作为"捐助法人"的公办地方本科院校是服务地方经济社会发展的"主力"，地方政府每年仍需要将一定的额度的经费无偿赠予学校，即地方政府扮演着"捐赠者"角色，故更适宜采取"政府定额捐赠"的投入体制。作为"企业非营利法人"的公办高职高专院校是面向市场的独立运营机构，地方政府不仅扮演着"担保者"角色，同时扮演着"投资者"的角色（不要求取得回报）。由于地方政府可以根据地方经济社会的发展需要来确定相应的拨款项目，引导公办高职高专院校为地方发展战略服务，故这类院校更适宜采取"政府定向拨款"的投入体制，如表6-3所示。

表6-3 我国公立大学的法人类型、国家角色及其投入体制

序号	公立大学法人类型	国家角色	投入体制
1	特殊机关法人	监控者	政府全额拨款
2	事业单位法人	促进者	政府差额拨款
3	捐助法人	捐赠者	政府定额捐赠
4	企业非营利法人	担保者与投资者	政府定向拨款

三 人事制度

人事制度同样是公立大学法人制度的核心，因为人事自主权是公立大学法人制度的度量衡，甚至可以说，有什么样的大学法人类型，就会有什么样的人事制度安排。目前我国公立高等教育系统可以采用的人事制度主要包括"现役制""文职制""聘任制""聘用制"和"项目制"

五种类型。就公立大学的教师人事制度而言,"现役制"是军事类院校教师在服役期间且带有一定军衔的人事管理制度;"文职制"是军事类院校教师在非现役期间具有一定文职级别的人事管理制度;"聘任制"是高校运用合同形式在一定期限内聘用大学教师的一种任用制度,往往具有事业编制,属于编制人员,其教师工资由财政统一发放;"聘用制"同样是高校运用合同形式在一定期限内聘用大学教师的一种任用制度,往往不具有事业编制,属于编外人员,其教师工资由学校自行发放;"项目制"则是高校运用合同形式以项目完成时间为限聘用大学教师的一种任用制度,往往不具有事业编制,同样属于编外人员,其教师工资由项目组负责发放。

不同类型的公立大学法人往往采取的是几种人事制度的组合,但通常以其中的某一种或两种人事制度为主。具体来说,作为"特殊机关法人"的军事类院校主要采用的是"现役制""文职制"和"聘任制"三种人事制度,其中"聘任制"在军事类院校是既没有军衔也没有文职级别,与一般大学教师几乎无异的一种人事制度。应该说,军事类院校的教师群体大多属于"现役制"和"文职制",而"聘用制"的教师比例则比较低;作为"事业单位法人"的中央部属院校主要采用的是"聘任制""聘用制"和"项目制"三种人事制度,只不过"聘任制"的教师比例最大,而"聘用制"和"项目制"的比例则比较低;作为"捐助法人"的公办地方本科院校也主要是采用"聘任制""聘用制"和"项目制"三种人事制度,虽说适用"聘任制"的教师比例仍占据多数,但其适用"聘用制"和"项目制"的教师比例要高于中央部属院校;作为"企业非营利法人"的公办高职高专院校同样主要采用的是"聘任制""聘用制"和"项目制"三种人事制度,但是面向市场的办学定位要求其采用更加灵活的人事制度,故适用"聘用制"和"项目制"的教师比例在上述院校中最大。从当前的改革形势来说,"放管服改革"在人事制度方面尝试推行的"总量控制""动态调整"就是对"事业编制"改革的一种过渡性措施。随着教师的自然退出,"事业编制"也将逐步被收回,从而"聘任制"将从"事业编制"的绑缚中解放出来,回归制度的本来面目。到那个时候,高校教师"能进能出""非升即走"将不再遭遇像今天一般的压力与阻力。

四　财产制度

财产制度也是公立大学法人制度的核心内容，毕竟财产自主权是公立大学法人权利的根本，不夸张地说，有什么样的大学法人类型，就会有什么样的财产制度，反过来会进一步地塑造和巩固相应的大学法人类型。从理论上来说，我国公立大学财产制度改革具有以下四种方案：第一种是我国公立大学的现行模式，即公立大学财产全部归国家所有。这种财产模式不仅可以防止国有资产流失，还可以通过控制高校的财产所有权来达到贯彻国家意志的公共目的。第二种是世界主要国家的通行模式，即公立大学财产全部归法人所有。这种财产模式可以最大限度确保公立大学的独立法人地位，毕竟财产权独立是公立大学独立承担法律责任的重要前提，是大学法人地位的根本体现。第三种是双轨并存的产权模式，即公立大学的财产所有权一部分归国家所有，另一部分归法人所有。这种财产模式既可以保证政府利益的实现，又可以确保公立大学财产自主诉求的部分兑现，是一种符合中国国情且具有中国特色的高校产权模式，从而很可能是未来我国部分公立大学产权制度改革的重大方向。第四种是混合所有的产权模式，即公立大学财产是公有财产与私有财产的混合体，只不过是公有财产在其中占据主导地位的一种产权模式。在产权确认方面，它主要是在公立大学内部根据财产的来源及其估价而进行的一种产权分割，这也是未来我国公立高校财产制度改革的重大发展趋势之一。尤其需要注意的是，这四种公立大学财产模式并不存在孰优孰劣之说，只是在适用不同类型公立大学法人上有所区别而已，且不可将某一种产权模式奉为圭臬，以防止犯简单化、机械化的错误。

正确做法是，我们根据公立大学的不同法人类型而采取与之相适应的产权模式。作为"特殊机关法人"的军事类院校其办学经费全部来自国家财政拨款，故国家对其依法享有占有、使用、收益和处分的权力，只不过国家将国有资产委托军事类院校进行代理的时候，从而将国有资产的占有权和使用权一并让渡给高校。另外，《中华人民共和国物权法》第五十二条明确规定："国防资产属于国家所有。"所以军事类院校更加适宜"国家财产所有制"的产权模式，何况其在事实上也是如此。作为"事业单位法人"的中央部属院校其办学经费来源较为多元，其中绝大部分来自国家财政拨款，另有一部分来自其他的事业性收入，我们应该依法依规地对国家财政拨款、受捐财产、受教育者合理分担的培养成本以及办学积累形成的资产等进行分类登记、定期核算，① 这不仅为厘清国家财产权和法人财产权提供了前提，而且切断了国有资产流失的暗道，从而为中央部属院校实行"二元财产所有制"的产权模式埋下了伏笔。作为"捐助法人"的公办地方本科院校的办学经费绝大多数来自地方政府捐赠和社会捐赠的财产。由于捐赠行为一旦发生，捐赠财产即与作为捐赠人的地方政府和社会组织与个人发生分离，受捐人则根据捐赠人的意志合理支配和使用捐赠财产，从而为公办地方本科院校真正落实"法人财产所有制"的产权模式提供了法律依据。作为"企业非营利法人"的公办高职高专院校需要面向社会进行企业化经营，可以在校级层面或二级学院层面引入社会力量开展合作办学或委托管理，而公有资产仍占据主导地位的一种产权模式，即"财产混合所有制"。应该说，除军事类院校的财产权归国家所有以外，其余三种法人类型的公立大学都是落实学校法人财产权的具体方略。无论是"捐助法人"的"大学法人完全所有权"，还是"事业单位法人"的"国家/大学二元所有权"，抑或是"企业非营利法人"的"公有/私有混合所有权"，无不是在公立大学法人分类之下进行的产权模式设计，无不是根据公立大学的具体情形而描绘出的财产制度蓝图，但这些制度设计能否落地生根，取决于我国高等教育的改革进程以及相关法律法规与政策文件的基本精神。

五 评价制度

评价制度是公立大学法人制度的配套性制度，也是其制度内容的题中应有之义，可以说，有什么样的大学法人类型就会有什么样的评价制度。从评价主体的角度来看，公立大学评价无非包括政府评价、第三方组织评价或认证、社会评价以及自我评价四种方式。无须讳言，政府评估具有强制性和权威性的特点，但政府直接参与评估的方式往往会使办学体制、管理体制以及其他一些深层次问题或矛盾被掩盖，不仅容易出现"集体造假"的现象，而且违背了"管办评分离"的基本改革精神，以致难以达到评估的效果，从而政府委托第三方组织进行评估或认证的方式在我国悄然

---

① 王敬波：《落实高等教育法　助力"双一流"建设》，《北京教育》2016 年第 5 期，第 43 页。

兴起且已经在法律层面上得到认可。固然，第三方组织的评估或认证具有较大的客观性，但它们在我国的发育程度仍不太成熟，而参加国际认证的成本、比例与难度都不难想象，所以我国仍需要对国内的第三方评估或认证组织进行积极扶持与正确引导。伴随着网络信息技术的快速发展，自媒体时代为社会组织与个人参与大学评价提供了便捷通道，但社会评价往往也会因为信息不对称而做出浅层次或不恰当的评价结论，故高校的信息公开制度成为社会参与大学治理的一种时代性呼唤。与上述三种评价方式相比，公立大学的自我评价在理论上是最具有真实性、深刻性和反思性的特点，但在实际中这种自评报告往往是对办学成绩"浓妆艳抹"，而对存在的问题或矛盾大多是"轻描淡写"，这也就丧失了自我评价的真正价值和意义。也就是说，公立大学的自我评价必须与政府评价脱钩，且必须与院校研究结合起来。

  四种类型的公立大学因其法人性质不同而致使其适用的评价制度也有所差异，甚至即便是不同类型高校采用相同的评价方式，它们在侧重点上也是有所区别的。作为"特殊机关法人"的军事类院校肩负着特殊的国家使命与人民重托，从而必须无条件地接受政府的管控和评价，且政府的评价结果是衡量其办学质量的唯一准绳。作为"事业单位法人"的中央部属院校主要在"精育良材"与"达致真理"两个方面负有不可推卸的职责，从而政府直接介入大学的评价方式不合时宜，故政府委托第三方组织的评价更符合这类院校的气质，同时社会评价和自我评价也是重要评价方式。但无论如何，第三方组织评价和自我评价是中央部属院校的主导性评价方式。作为"捐助法人"的公办地方本科院校，其办学经费主要来自政府捐赠和社会捐赠，从而需要兑现贯彻国家意志和服务社会发展的诺言，故以政府评价和社会评价为主的外部评价方式在其中处于主导地位，而第三方组织评价和自我评价也不容忽视，它们主要是在高等教育质量评估中发挥重要作用。作为"企业非营利法人"的公办高职高专院校是一种国家担保的面向社会的企业化经营模式，故适宜采用以政府评价、社会评价和第三方组织评价为主的外部评价与自我评价相结合的多元评价方式。如此看来，评估或评价制度就是在为公立大学法人划定大学自主的边界。

六 监督机制

  监督机制也是公立大学法人制度的配套性制度，它的存在同样是在为公立大学法人划定边界。应该说，监督机制在公立大学法人制度体系中占据重要位置，毕竟没有监督机制的大学自治必将像一匹脱缰的野马而不受控制。那么，公立大学法人究竟需要接受来自哪些方面的监督呢？这个问题的答案会因为大学法人类型的不同而有所区别。笼统地说，公立大学需要接受的是法律监督、党内监督、政府监督、社会监督以及内部监督五种方式。法律监督主要包括法律保留、司法审查和正当程序三项内容。[①] 具体来说，"法律保留"具有"底线性"特点，其主要是公立大学在学生学位授予、收费、劝退、勒令退学等基本权利事项，其目的在于维护学生的根本权益；"司法审查"具有"有限性"特点，它主要是监督和审查公立大学内部党政权力运行的合法性与规范性，而学术权力则不适用司法审查，它只能借助学术自律机制；"正当程序"是行政法中的基本原则，它主要针对公立大学在做出诸如招生、授予或撤销学生的毕业证与学位证等行政行为之时是否遵循"程序中立""程序参与"以及"程序公开"等基本价值取向。党内监督主要是针对公立大学内部的党员干部开展的纪律检查。政府监督主要包括行政监察、审计监督和质量监控三个方面，其中"行政监察"是行政监察机关对各级行政机关任命的公立大学主要领导及其行为实施监督、检查和惩戒的活动；"审计监督"主要是一种经济审计，包括对大学校长在任期内的经济责任审计和对大学的财务审计两种情形；[②]"质量监控"主要是教育行政部门对高等教育质量的监督、控制与保障。社会监督主要是指新闻媒体、其他社会组织和个人对公立大学相关事务的监督，而内部监督则是公立大学内部在纪检、监察、审计、质量监控等多个方面的自查自纠机制。

四种类型的公立大学因其法人性质不同而使其适用的监督机制也有所差异。作为"特殊机关法人"的军事类院校理应采用以党内监督和政府监督为主的他律机制；作为"事业单位法人"的中央部属院校理应采用以内部监督为主的自律机制；作为"捐助法人"的公办地方本科院校理应采用以党政监督和社会监督为主的他律机制；作为"企业非营利法人"的公办高职高专院校理应采用自律与他律相结合的监督机制。虽然公立大学的监

---

① 高新平、王传干：《公立大学法人化的法理基础与实践进路》，《高教探索》2014年第2期，第71—72页。
② 李松涛：《高校需要怎样的审计监督》，《中国教育报》2013年3月6日第6版。

督体系逐步完善，但多元化的监督主体并没有形成具有整合意义的监督力量，其关键就在于没有一个系统的监督机构。我们可以尝试借鉴德国的"大学咨询监督委员会制度"，[①] 将多元化的监督主体根据大学法人类型来确定不同群体的比例，使其成为一个集咨询、监督、建议多种职能于一身的机构。

总体来说，公立大学法人制度设计的先导是法人类型，核心是治理结构、人事制度和财产制度，保障是投入体制、评价制度和监督机制，其中的关键在于处理并界定公立大学与政府之间的法律关系。在条件允许和时机成熟的情况下，我国可以通过制定并颁行《中华人民共和国公立大学法人法》，以调整府学关系为根本旨归，并将公立大学法人类型及其具体的制度安排以法律形式确定下来，如表6－4所示。不容回避的法律技术就是，在公立大学法人制度中引进"权力清单"。[②] 理想状态是，政府作为行政主体适用"法无授权即禁止"的原则，为政府权力设置"正面清单"。公立大学作为行政主体和民事主体，当其做出行政法律行为时适用"法无授权即禁止"的原则，为其设置"正面清单"。当其做出民事法律行为时适用"法无禁止即允许"的原则，为其设置"负面清单"。两张"权力清单"既可以从法理层面证明高校办学自主权的合法性，又可以在司法层面真正落实高校办学自主权。因此，法律思维与法治方式必将是未来我国公立大学法人制度改革与发展的根本出路。但改变我国公立大学这样复杂多样的机构注定不会一帆风顺，其未来发展方向也难以做出准确预测，但对公立大学法人制度进行全方位透视非常具有现实意义与理论价值。

表6－4　我国公立大学法人制度改革的四种法人类型及其制度设计

制度内容 法人类型	治理结构	投入体制	人事制度	财产制度	评价制度	监督机制
特殊机关法人	垂直形	政府全额拨款	现役制文职制聘任制	国家财产所有制	政府评价	他律为主（党政监督）

---

① 韩春晖：《现代公立大学公法人化研究——域外之经验与我国之抉择》，载罗豪才《行政法论丛》（第10卷），法律出版社2007年版，第236页。

② 文少保：《权力清单推进大学治理现代化的价值、困境及路径研究》，《中国高教研究》2016年第6期，第60—64页。

续 表

制度内容 法人类型	治理结构	投入体制	人事制度	财产制度	评价制度	监督机制
事业单位法人	金字塔式	政府差额拨款	聘任制聘用制项目制	二元财产所有制	第三方评价、自我评价	自律为主（内部监督）
捐助法人	橄榄形	政府定额捐赠	聘任制聘用制项目制	法人财产所有制	政府评价、第三方评价、社会评价	他律为主（党政监督、社会监督）
企业非营利法人	倒金字塔式	政府定向拨款	聘任制聘用制项目制	公私混合所有制	政府评价、第三方评价、社会评价、自我评价	自律与他律相结合

第四节　我国公立大学"二次法人化"的实践进路

如果说公立大学法人制度的蓝图设计给予我们以美好的憧憬与希冀，那么公立大学法人制度改革的实践路线可谓给予我们以稳步前行的具体方向与阶段目标。在这条通往"中国大学模式"的发展道路上，尽管南方科技大学（以下简称"南科大"）的法人制度仍有几分"戴着镣铐舞蹈"的意味，但它毕竟是一次大胆的制度性探索，且在现行的体制环境下取得些许突破，从而拉开了我国公立大学"二次法人化"的改革帷幕，且为勾画我国公立大学法人制度改革的实践路线提供了参照系。

一　南科大法人制度的贡献及其局限

自 2007 年 3 月深圳市政府决定筹建，到 2010 年 12 月教育部同意筹建，到 2011 年 3 月举行首届开学典礼，再到 2012 年 4 月教育部批准成立，南科大一次次牵动着社会各界的敏感神经。2011 年 5 月深圳市政府颁发《南方科技大学管理暂行办法》（深圳市人民政府令第 231 号），2011 年 7 月学校理事会审议通过《南方科技大学理事会章程》和《南方科技大学章程（草案）》，2015 年 5 月学校理事会审议通过《南方科技大学章程》，南科大在高等教育管理体制改革方面给我们带来不小的惊喜。南科大可谓"我国现代大学制度建设的一块试验田"，因此其改革动向与改革成效备受社会各界的密切关注。因为现代大学制度建设的核心命题是现代大学法人制度，我们有必要追问：南科大在大学法人制度的哪些方面有所突破？哪些方面仍遇到较大的阻力？应该说，南科大的制度建设是对我国公立大学管理体制的一次改革探索，也是我国公立大学法人制度改革的一次预先演练，从而为我国公立大学法人制度改革提供了现实参照。

从性质上说，《南方科技大学管理暂行办法》是经深圳市政府五届二十九次常务会议审议通过，[①] 故其属于地方行政规章，是大学与政府在权责关系上的一种法律明确。也就是说，这是南科大与深圳市政府之间缔结的一种行政契约性质的协议，它既是对南科大长远发展利益的一个保障，又是对深圳市政府以及社会公众的一个承诺。[②]《南方科技大学章程》是经学校理事会一届六次会议审议通过并报广东省教育厅核准，其在根本上属于大学内部的规范性文件，从而成为大学"依法办学、实施管理和履行公共职能的基本准则和依据"。[③] 总的来看，这两份文件基本勾勒出南科大的法人制度概貌。前者主要是对大学外部关系的一种界定，后者主要是对大学内部关系的一种规范。

就法律地位而言，南科大享有法人资格，是"非营利法人"中的"事业单位法人"。《南方科技大学管理暂行办法》第三条规定："南科大具有独立法人资格，依法自主办学和管理，并接受政府和社会的监督。"第六条规定："南科大依法行使权利、履行义务，独立承担民事责任，非因法律、法规及本办法规定的事由，不受其他组织和个人的干涉。"其中的亮点在于，"不受其他组织和个人的干涉"。它实际上是在大学与政府之间划定了一条权力界限，也廓清了大学在行政法律关系中的独立主体地位，这是以往其他文件中所没有的，堪称公立大学法人制度的一大突破。那么，南科大究竟属于何种性质的法人？享有哪些法人权利？必须履行哪些义务？《南方科技大学章程》第五条做出明确规定："学校是非营利性事业单位，具有独立法人资格，依法行使教学、科研、行政及财务等自主权，依法

[①] 南方科技大学：《南方科技大学管理暂行办法》，http：//sustc.edu.cn/upload/files/guizhangzhidu.2017-06-20。

[②] 王洪才：《南方科技大学：一次现代大学制度的试验——从朱清时出任南方科技大学校长说起》，《高校教育管理》2011年第5期，第33页。

[③] 南方科技大学：《南方科技大学章程》，http：//sustc.edu.cn/upload/files/guizhangzhidu.2017-06-20。

面向社会自主办学和管理,独立承担法律责任,接受政府和社会的监督。"

在治理结构上,南科大"遵循理事会治理、教授治学、学术自治原则,实行党委领导下的校长负责制"。[①] 其亮点主要在于,在"党委领导下的校长负责制"领导体制的基础之上增加了"理事会",从而它对外是一个介于大学与政府之间的缓冲机构,对内则是一个针对学校重大事项的决策机构。从理事会成员构成的角度来看,我们更能窥探出南科大理事会在大学法人制度建设中的积极意义。南科大理事会成员由"当然理事"和"推举理事"两部分组成,[②] 其中深圳市长或其委任的人员、市政府有关部门负责人及大学校长属于"当然理事",其总数不超过全体理事成员的1/3。这从制度设计上既实现了南科大作为公立大学贯彻政府意志的目的,又防止了因政府力量过大而左右学校发展的情形发生;学校教职工代表和教授代表属于"推举理事",其总数不超过全体理事成员的1/3。这在制度上既保障了教师主张的自我合法权益,又抑制了"内部人控制"的潜在危险;国内外著名大学校长及教育界专家、工商界及其他社会知名人士也属于"推举理事",其总数不少于全体理事成员的1/3。这就为社会参与大学治理扫清了制度障碍,进而大学通过倾听社会声音、回应社会诉求而真正成为面向社会自主办学的法人实体。但仍显遗憾的是,理事全部由深圳市人民政府聘任而非由学校自主聘任,这不仅遭受到公众质疑,而且运行效果也不甚理想。[③] 透过这一点,我们可以看出:南科大与深圳市政府之间的关系并未完全理顺,"去行政化"依然任重道远。这就明显折射出南科大在治理结构上制度突破与局限并存的情形,这无疑也是一种群体博弈乃至政治妥协的结果。

在投入机制上,南科大也尝试走出一条经费自主的办学道路。实际上,这是对我国公立大学现行财产制度的一种突围策略,退一步来说,这也是一种权宜之计。具言之,南科大对市政府提供的财产、学费在内的合法收入、财政性资助在内的各类资助和捐赠以及依法取得的其他财产享有依法管理和使用的权利,但其并不享有完整意义上的法人财产所有权,从而学校自主支

---

① 南方科技大学:《南方科技大学治理架构》,http://sustc.edu.cn/about_7_2. 2017-06-20。
② 2011年7月15日,南方科技大学第一届理事会成立,其中理事会成员20名。2017年3月18日,南方科技大学第二届理事会成立,其中理事会成员26名。
③ 熊丙奇:《上科大改革能突破南科大困境吗?》,http://www.topnews9.com/html/sub/xiongbq/2014/0307/34388.html. 2017-06-20。

配和使用办学经费的权能较为有限，这也就使得高校自主办学的承诺大打折扣。针对在短时间无法纾解的这一体制难题，南科大在坚持多元经费筹措渠道的基础上提出努力增加自筹收入，并且使自筹收入逐渐成为办学经费的重要部分，以此扩大经费自主的空间、提高经费使用的效率。

就人事制度而言，南科大对教职工实行聘用制，推行合同管理。根据《南方科技大学管理暂行办法》第九条规定，南科大纳入"高校人员总量管理"。即在总量范围内，南科大享有依法自主聘用教职员工的权利。倘若超出总量范围，深圳市也给予南科大支持，"确因工作需要，需超过编制标准配备人员总额的，应当报市机构编制部门核定"。其中透露出的积极信号有三点：第一，"一个萝卜一个坑"导致教师队伍臃肿与教师效率较低之间存在根源性矛盾，而"总量管理"则是对"编制管理"的一种制度性突破，其实质是将高校的用人自主权从政府的严格管控之中解放出来；第二，日益增加的教师数量与"编制"背后的财政压力之间形成的尖锐矛盾难以调和，"总量管理"的另一重用意就在于将政府从繁重的财政压力中解放出来；第三，深圳市政府针对南科大用人"超过总量"的做法是"报请核定"，"超过总量"的部分通常由学校自行承担，这就强化了学校自身在用人方面的权利意识与责任意识。

根据《南方科技大学管理暂行办法》和《南方科技大学章程》的相关规定，南科大在监督机制上主要包括内部监督、党政监督和社会监督。譬如，建立高等教育质量的内部监控与保障体系、完善经费使用的内部稽核与控制制度均属于内部监督。南科大党委有权对党、国家以及理事会做出的重大决策与决议执行情况进行监督，同时其还承担着党风廉政建设的监督责任，深圳市审计部门有权依法对南科大实行审计监督，南科大应当将经理事会审议通过的年度工作报告和财务报告提交市政府等，这些都属于党政监督的范畴。此外，南科大应当将经理事会审议通过的年度工作报告和财务报告向公众公开，接受社会监督。

总的来说，南科大已经建立了较为完备的大学法人制度，拥有较为明确的大学法人身份、正在探索多元化的经费投入机制、建立较为完善的治理结构、强调学校用人自主的人事制度、多元主体参与的监督机制等都是南科大在大学法人制度探索上所做出的贡献。然而，南科大在财产制度和评价制度的规定却付之阙如，同时其治理结构中理事会成员聘任的程序设计也没有从根本上摆脱政府的直接管控，从而稍显遗憾。进一步来说，南科大的重要贡献在于府学关系厘定和理事会架构两个方面，而投入机制、人事制度和监督机制的改革是我国高等教育发展总体形势下的结果，建立健全评价制度已经在2015年《高等教育法》中得以明确，反倒是财产制度成为我国公立大学法人制度改革中的"最后一块堡垒"，也成为南科大在法人制度改革中没有予以解答的一道难题，从而"学校各类资产的性质和产权应当明晰"的表述方式带有较为强烈的悲情色彩。必须指出的是，法律的生命力在于执行。同样的道理，制度的生命力也在于执行。南方科技大学法人制度成功与否的衡量标准不完全在于其制度设计，更关键的在于制度实施的成效，所以南科大的法人制度还有待我们持续跟踪关注。

二 我国公立大学法人制度改革的实践路线

如前所述，2015年新修订的《高等教育法》从法律层面上为我们绘制了一张当前我国公立大学法人制度改革的法律图景。南科大是我国现代大学制度的改革前沿，在事实上也扮演着公立大学法人制度改革的先行者角色，从而为我国公立大学法人制度改革的实践路线提供了现实的参考系。从实践角度来说，我国公立大学法人制度的改革路线大体上可以分为"确认法人身份"和"完善法人制度"两个推进阶段，并可进一步划分为"合理安置与选择大学法人身份""落实法律层面的大学法人制度""推广现实层面的大学法人制度""探索未竟的大学法人制度"以及"适时调整与变更大学法人身份"五个具体实施步骤。需要注意的是，这五个步骤并不是一种简单的线性关系，而很可能是一种循环的、交叉的非线性关系。这也是我们对我国公立大学法人制度改革路线的一个基本判断。

从改革逻辑的角度来说，近年来我国高等教育制度改革主要倾向于"渐进式"改革而非"激进式"改革，"加强顶层设计"与"摸着石头过河"相结合成为积极而稳健的改革策略。就民办高校而言，其大学法人制度的改革亦是按照上述思路展开的，首先将民办高校区分为"营利法人"和"非营利法人"（包括捐助法人和社会服务机构法人），这就是法人制度改革的第一个阶段任务——"确认法人身份"；然后根据法人属性的差异再逐步完善治理结构、财产制度、会计制度、评估制度以及监督制度等，① 这就是法人制度改革的第二个阶段任务。前者通常体现的是一种"加强顶层设计"的实践智慧与改革勇气，而后者则需要"摸着石头过河"的实践经验与谨慎姿态。依此逻辑，我国公立大学法人制度改革路径也大抵如此。那么，公立大学"确认法人身份"的实践顺序大致怎样，而"完善法人制度"的总体路线又是如何？这是公立大学法人制度改革构想何以变为现实的关键性问题。

　　大学法人身份的确认与变更是大学法人制度改革的必要前提，也是其努力方向。易言之，不以明确而合理的法律身份获得为前提与追求的法人制度改革目标很难说是明确的。根据新制度主义的观点，"制度目标"的模糊性很可能会导致趋同化的"制度行动"，这种因模仿机制而形成的"制度同构"很可能会导致"组织同形"的最终命运，这也就违背了实现我国公立大学法人制度多样化的改革初衷。展开来说，军事类院校所定位的"特殊机关法人"是契合我国高等教育法律事实的，它也获得了我国相关法律文件的证据支持，从而其大学法人制度无须做出较大的调整，目前只需对这类院校进行大学法人身份的确认即可，故其属于"基本维持现状"之情形，在此无须赘言。

　　应该说，当前公立大学法人制度改革条件较为成熟的当属中央部属院校。这类高校作为"事业单位法人"的法律身份已经明确，只是还需要在事业单位分类改革、《高等教育法》修订、"双一流建设""放管服改革"等一系列新的政策背景之下逐步完善其法人制度。我们将其称为"时机基本成熟"之情形。这部分公立大学在"结构多元"的投入机制、"总量管理"的人事制度、"委托第三方"的评价制度与"主体多样"的监督机制等方面比较容易并可以首先取得突破；其次是建立健全公立高校的法人治理结构，进一步理顺大学与政府之间的关系以及大学内部各利益主体之间的关系，完善党委领导下的校长负责制。归根结底，大学法人治理结构的核心在于如何建立一个对外发挥缓冲作用、对内拥有决策地位的组织机构，董事会、理事会、校务委员会抑或其他组织形式均需要进行积极探索；改革难度最大的无疑就是财产制度，《高等教育法》并没有从法律层面正面解答该问题，所以"双元财产所有制"极有可能是事业单位法人制

---

① 劳凯声：《民办学校分类管理的问题及其解决途径》，《教育学报》2016 年第 5 期，第 3 页。

度改革的最关键一步，也是最后一步。

由于公办高职高专院校与相关的企业、行业和市场之间保持颇为紧密的联系，所以在法人制度的改革方案上倾向于企业法人制度，但学校的公办属性使其不得以营利为目的，所以"企业非营利法人"就相当于是在保障办学方向的基础上通过企业化经营来激发办学活力、通过产学合作积累办学经费、通过产业升级反哺人才培养，进而逐步提高办学声望。从理论上预测，公办高职高专院校应该属于"改革较为彻底"之情形。就实践路线来说，投入机制、人事制度、评价制度和监督机制的改革都不算困难，毕竟在《高等教育法》与"放管服改革"中已经得到明显的体现，故属于较早启动的改革项目，至于"倒金字塔式"的治理结构和"公私混合"的财产制度仍是当前以及将来重点关注的改革领域。但如何在"倒金字塔式"治理结构中充分发挥董事会作用以调整大学与政府之间的复杂关系，如何推进在"公私混合"财产制度中防止国有资产流失都是重大的研究课题，上述问题解答的充分程度就直接关系着制度落实的深入程度。

从改革阻力的角度来看，公办地方本科院校法人制度改革最为艰难。也就是说，公办地方本科院校作为"捐助法人"能否获得法律认可，能否得到地方政府的支持，能否真正突破地方本科院校的发展瓶颈，这一系列的问题都考问着利益相关者对此改革的心理预期，也很可能挑战着利益相关者的心理底线。这就说明，公办地方本科院校法人制度属于"改革难度最大"之情形，从而维持"事业单位法人"的法律身份及其法人制度不失为一种过渡性策略，"捐助法人"方为一种着眼于长远的积极选择，因为它是通过行政契约来划定大学与政府之间的权责界限，相比于缓冲机构的设置来得更为直接，也更具有法律效力，从而也更有利于保护学术组织。

整体而言，我国公立大学法人制度构想是基于现实条件与改革动向做出的理论设计，而实践案例与实践路线则为法人制度的具体改革提供了经验与方向，同时也为我国正在或即将涌现出来的新兴大学的法人制度确立及其完善提供了有力参照。

第五节 未来我国公立大学法人制度的改革前瞻

随着我国高等教育的深入发展，"巨型大学""虚拟大学""混合大学"和"合作大学"等诸多大学形式正在或即将出现在中国大地上。如果说公立大学的四种法人类型及其制度设计是对现实问题的突破,那么"巨型大学""虚拟大学""混合大学"和"合作大学"的法人制度剖析则是对未来我国公立大学发展的法律回应。

一 "巨型大学"的法人制度如何解决

"巨型大学"(Multiversity)这一概念最早是由当代美国最负盛名的高等教育研究专家克拉克·克尔(Clark Kerr,1911—2003)在《大学的功用》一书中提出来的。① 在克尔那里,"多元化巨型大学"表征的是一种继以纽曼为代表的传统大学观和以弗莱克斯纳为代表的现代大学观之后的新兴大学理念,② 它是由若干个社群机构、多元化的大学职能、多样化的管理方式等要素组成的一个概念集合,美国加州大学系统是其中的典型代表。③ 历史地看,美国"巨型大学"的崛起恰恰是出现在20世纪五六十年代美国高等教育大众化向普及化过渡的历史阶段。

我国自1998年高校扩招以来高等教育规模不断膨胀,大学的合并重组之风再次盛行,多校区、多分校的涌现使得公立大学的办学规模越来越庞大,④ 财政预算越来越惊人、大学目标越来越多样、利益主体越来越多元、大学治理越来越复杂。像郑州大学、吉林大学、四川大学、山东大学、华中科技大学等高校的在校学生总人数近年来均超过5万,由此而带来的财政预算、办学目标、利益冲突以及治理难度的变化均可想而知。但需要注

---

① [美]克拉克·克尔:《大学的功用》,陈学飞等译,江西教育出版社1993年版,第1页。
② 需要注意的是,"巨型大学"有两种含义:一种是克拉克·克尔的"巨型大学",主要指学科门类众多、师生规模巨大、大学职能多元的组织机构;另一种是约翰·丹尼尔的"巨型大学",他将其定义为,"运用远程教学方法,拥有至少10万学生的大学"。笔者在此运用的是克拉克·克尔的"巨型大学"概念,而约翰·丹尼尔的"巨型大学"概念在本书中被称为"虚拟大学"。请参见张飞《克拉克·克尔与约翰·丹尼尔巨型大学观之比较研究》,《教育与教学研究》2014年第8期,第11页。
③ 目前加州大学共包括10所分校,具体包括:伯克利分校(Berkeley,UCB)、戴维斯分校(Davis,UCD)、尔湾分校(Irvine,UCI)、洛杉矶分校(Los Angles,UCLA)、莫塞德分校(Merced,UCM)、河滨分校(Riverside,UCR)、圣巴巴拉分校(Santa Barbara,UCSB)、圣克鲁斯分校(Santa Cruz,UCSC)、圣地亚哥分校(San Diego,UCSD)、旧金山分校(San Francisco,UCSF)。
④ 像我国设立的海外分校,如果是财产完全归中国高校所有,如已经在运行中的厦门大学马来西亚分校、正在筹备之中的北京大学牛津分校,我们将其视为"巨型大学";如果是财产由中国高校与外方机构共同拥有,如清华大学携手美国华盛顿大学和微软公司合作创建的全球创新学院(Global Innovation eXchange Institute,简称GIX),我们则将其视为"合作大学"。

意的是,"巨型大学"带来的高等教育变化绝对不是简单的累加,而是以几何级数的速率倍增。这些"巨型大学"在我国主要是通过"大合并""拓校区""开分校"三种方式而造就的高等教育领域的一艘又一艘的"航空母舰"。

20世纪90年代至21世纪初,在"国家重点建设工程"和"高校扩招"的宏观背景之下,通过"高校合并"的方式而形成的"巨型大学"蔚为大观,寄希望通过"大体量"争取"高水平"。如1998年8月,浙江大学、杭州大学、浙江农业大学、浙江医科大学合并为"浙江大学";2000年4月,中南工业大学、湖南医科大学、长沙铁道学院合并为"中南大学";2000年7月,武汉大学、武汉水利电力大学、武汉测绘科技大学、湖北医科大学合并为"武汉大学"等。① 应该说,这些通过大学合并而形成的"巨型大学"使得原有的多个大学法人在终止时自动消灭,而新设立的大学法人得以产生。这种"巨型大学"的出现对公立大学法人制度总体上没有太大冲击,毕竟"事业单位法人"的法律身份是确定无疑的,而投入体制、人事制度、财产制度、评价制度与监督机制等方面与之前的大学法人也不存在实质性区别。最大的变化在于,大学合并之后内部管理和协调上存在一定的"后遗症",尤其是大学内部治理结构与不同的利益主体需要较长时间的磨合与调整。但不管怎样,这种形式的"巨型大学"的法人制度在过去与现在都是存在的,想必在未来也只是涉及大学法人身份的消灭、变更与产生,其整体的公立大学法人制度并不会发生太大的变化。

21世纪以来,许多公立大学在原有校区的基础上不断开疆拓土,建设新校区、开分校,如此形成的"巨型大学"屡见不鲜,在规模扩张中发展空间受限是主因,当然其中也不乏一些其他原因。如山东大学形成了"一校、三地、八园"的办学格局,② 厦门大学由思明校区、翔安校区和马来西亚分校构成,中国人民大学由中关村校区、通州校区和苏州校区构成等。在此需要注意的是,"校区"和"分校"是两个不同的概念:"校区"

---

① 李泽、姚加惠、朱景坤:《我国巨型大学的管理与组织模式研究》,厦门大学出版社2005年版,第216—265页。
② 山东大学在济南、青岛、威海三地拥有8个校区,其中济南6个校区(中心校区、洪家楼校区、趵突泉校区、千佛山校区、兴隆山校区和软件园校区)、青岛一个校区,另有一个威海分校。正是由于多校区办学导致学科分散甚至是学科割裂,使学科融合困难、管理成本骤增,所以山东大学正在济南章丘建设主校区。

是在学校的统一规划和管理之下进行，其必须按照公立大学法人制度来运行，故"多校区"而形成的"巨型大学"与"大合并"而形成的"巨型大学"在公立大学法人制度上均与之前的制度设计没有太大分歧；而"分校"则是相对于"主校"而言，在"主校"的统筹规划之下又具有较大的办学自主性，其大学法人制度仍有进一步探讨的空间。因此，二者在公立大学法人制度上是有所不同的。就我国的具体情况而言，"分校"是一个经常被误用的概念，像北京师范大学珠海分校、武汉大学东湖分校、武汉科技大学中南分校以及华中科技大学武昌分校等都是打着"分校"的幌子，实际是独立学院，其与母体学校基本脱离关系，如此谈论公立大学法人制度是不具有实质意义的。东北大学秦皇岛分校、[①] 山东大学威海分校、[②] 哈尔滨工业大学威海分校、[③] 厦门大学马来西亚分校则属于正规意义上的"分校"，[④] 具有独立的招生资格，前三所"总校"并没有将权力下放给"分校"，导致"分校"专业设置与"总校"重合，管理方式与"总校"无异，"分校"简直就是"总校"的"异地版"或"微缩版"，并没有达到设置"分校"的根本目的。厦门大学马来西亚分校则是在马来西亚登记注册的独立法人，虽说是海外分校，但它所开创的"分校"作为独立法人的先河对未来中国大学分校法人制度建设具有借鉴性意义。2019年4月，教育部正式批复同意北京师范大学珠海校区建设，从"珠海分校"到"珠海校区"的变化意味着大学制度安排的重大调整，其中涉及的大学法人制度变化尤其值得我们跟踪关注。

从这个角度来说，"巨型大学"本质不在于"巨型"，而在于"巨型"背后的"多样"，尤其是制度设计的多样化。因此来说，"多校区""大合并"而形成的"巨型大学"的法人制度建设并不会对原有制度设

[①] 1987年6月，"东北工学院秦皇岛分院"成立。1993年3月，更名为"东北大学秦皇岛分校"，该名称一直沿用到今天。

[②] 1984年11月，山东大学与威海市政府商定建立"山东大学威海分校"。1987年9月，山东大学威海分校举行首届新生开学典礼。2011年11月，山东大学决定将"山东大学威海分校"改名为"山东大学（威海）"。这意味着，实际运行24年的"山东大学威海分校"成为"山东大学威海校区"，其中的深意颇值得思考。

[③] 1985年，哈尔滨工业大学与威海市政府商定建立"哈尔滨工业大学威海分校"。1988年，哈尔滨工业大学威海分校正式招生。2002年，"哈尔滨工业大学威海分校"更名为"哈尔滨工业大学（威海）"。

[④] 目前来看，真正意义上的中国大学分校只有东北大学秦皇岛分校和厦门大学马来西亚分校。

计造成太大的挑战或颠覆性影响，只是大学法人制度的局部微调而已。然而由于"办分校"而引发的大学法人制度则大有不同。国内知名学校纷纷借助自己的品牌建设"异地校区"，这是优质高等教育资源的输出，但"异地校区"的办学成本极高，而"异地分校"在现行法律中又没有独立法人地位。这种吊诡现象是引发"校区"盛行而"分校"低迷的重要原因。如果我们不能在法律层面上进行引导和疏通，未来将会有越来越多的公立大学因超负荷运转而面临巨大的办学风险。这绝对不是危言耸听。因此，我们在未来需要特别关注因"开分校"而形成的"巨型大学"，理应通过法律形式赋予其"分校"相对独立的法人地位，且与"总校"的整体规划保持步调统一。这既是美国加州大学给予我们的启示，也是未来我国应对高等教育普及化时代多样化诉求而做出的一种具有前瞻性意义的法律回应。

二 "虚拟大学"的法人制度如何解决

"虚拟大学"（Virtual University）与"网络大学"（Online University）、"开放大学"（Open University）以及"空中大学"（University of the Air）等概念同义，它与"实体大学"是相对的概念，它不再是传统的物理空间意义的实体高等教育机构，[①] 而是超越固定时间、固定地点、特定年龄，且受到社会认可的虚拟高等教育机构。伴随互联网技术的日益发达，学生完全可以在一种师生交互、情景虚拟、超越时空的环境中开展学习活动，它具有"开放办学""申请入学""远距离教学""自授文凭""灵活多样"等基本特点，尤其对非传统生源和优质高等教育资源相对稀缺地区而言，其背后所蕴含的意义更是非比寻常。坦诚地说，高等教育普及化时代的到来、终身教育时代的到来、信息技术时代的到来，均为虚拟大学的进一步发展提供了时代条件，而虚拟图书馆、虚拟实验室、网上校园的产生等则为虚拟大学提供了一定的现实参考。

虚拟大学将是未来高等教育发展的总体趋势之一。从产生方式的角度，我们可以将虚拟大学分为三种类型：其一是完全独立的、具有实体性高等教育机构的虚拟大学（由成人教育机构演化而来），我们将其称为

[①] 董秀华：《从网上看国外虚拟大学》，《教育发展研究》2002年第5期，第53页。

"演进型虚拟大学",如英国开放大学、① 日本开放大学(私立)、② 马来西亚开放大学(私立)、③ 韩国国立开放大学(公立)④ 以及中国的开放大学和广播电视大学等。其二是完全独立的、没有实体性高等教育机构(只有办公机构和录播场所)的虚拟大学,我们将其称为"创建型虚拟大学"。虽然目前它在现实中还没有典型机构,但在 MOOC 的风起云涌之下,这种类型的虚拟大学是整合不同学校的课程资源,必将在不久的将来蓬勃发展起来。其三是在原有实体性高等教育机构的基础上利用信息技术而产生的虚拟大学,我们将其称为"衍生型虚拟大学",如美国的凤凰城大学网上校园(私立)、⑤ 墨西哥蒙特雷科技虚拟大学(私立)⑥。就国外经验来看,虚拟大学大多是私立高等教育机构,其中既包括营利性私立大学也包括非营利性私立大学,但在中国的社会心理之下,虚拟大学以公立面貌出现更容易被社会大众所接受、所信任。从办学经费的角度来说,公立虚拟大学的财源也会更稳定一些、财力也会更雄厚一些。进言之,上述三种公立虚拟大学在中国未来的发展前景究竟如何,我们应该采用什么样的大学法人制度对其加以规范呢?这都是需要高等教育研究者进行深入思考、做出合理预测的重要理论问题与实践议题。三种不同形式的虚拟大学在我国具有不同的发展基础与发展前景,它们都需要通过大学法人制度加以规范与调整。

---

① 英国开放大学成立于 1969 年,其采用的是广播、函授与在校学习相结合的方式,它是世界上第一所虚拟大学,对世界各国开放大学的建立具有深远影响。

② 日本开放大学,也被称为"放送大学",其创建于 1983 年,具有法人资格,在学校性质上属于私立大学。

③ 马来西亚开放大学成立于 2000 年,是向英国开放大学学习的结果。它在性质上属于私立大学,目前开设 5 个学院、70 余个专业。请参见袁利平、杨琴琴《马来西亚开放大学办学特色及其启示》,《国家教育行政学院学报》2011 年第 4 期,第 92 页。

④ 韩国国立开放大学创建于 1972 年,每年都有 10 余万学生申请入学,已经成为韩国重要的终身教育基地。

⑤ 美国的凤凰城大学是在 1976 年由约翰·斯珀林和他拥有的阿波罗集团出资建立。到 1989 年,凤凰城大学尝试推出网上教学计划,后来发展为网上校园。目前凤凰城大学网上校园的学生主要集中在会计、管理、市场营销、商务、行政、教育、信息技术、护理与卫生保健等 8 个专业,学生可以随时入学,全部采用网络教学,没有所谓学期、学年,也没有固定的学习年限,只要课程修满且经考核合格即可毕业、授予学位。毫不夸张地说,凤凰城大学网上校园的学生超过几十万人,堪称世界上规模最大的一所私立虚拟大学。请参见凤凰城大学:http://baike.so.com/doc/6601994-6815780.html.2017-05-03。

⑥ 墨西哥蒙特雷科技大学创建于 1943 年,在性质上属于非营利性私立大学。1989 年,其创建了虚拟大学。

在中国语境下,"演进型虚拟大学"主要是指开放大学,①其前身为1978年开始的广播电视大学,至今已走过40余年办学历程。2012年,从"电大"转变为"开大",这可谓是我国虚拟大学发展进程中的一座里程碑。2016年,教育部发布的《关于办好开放大学的意见》更是直观反映出国家对开放大学的高度重视。这一切都表明,"演进型虚拟大学"在我国具有较为坚实的发展基础,也具有较为良好的发展前景,尤其是"社区化"的发展道路更加适合这类从事成人高等教育的组织机构。就法人制度而言,这类虚拟大学的法人身份可由"事业单位法人"变更为"企业非营利法人",以更加适应广阔的成人教育和职业培训市场。伴随法人身份的变更,其治理结构、投入体制、人事制度、财产制度、评价制度和监督机制都将如同公办高职高专院校一般而发生相应的结构性调整。

"创建型虚拟大学"在我国还未出现,但已开始崭露头角。关于"创建型虚拟大学"的法人制度涉及两个关键性问题:第一,它并没有专门的教学场地。2017年《民法总则》第五十六条规定:"法人应当有自己的名称、组织机构、住所、财产或者经费。"对于这种虚拟的"空中大学"而言,名称、组织机构、财产或者经费都是可以满足的条件,即作为法人必须拥有相对确定的住所,然而这种虚拟大学的住所究竟如何确定?如果这个条件不能满足的话,是否意味着"创建型虚拟大学"就无法成为独立法人呢?在实际操作中,这并不是一个难以解决的问题。毕竟虚拟大学需要一个强大的技术团队在背后做支撑,即办公机构与录播场地必定在现实中存在,因此"创建型虚拟大学"作为法人的必要条件都成立。第二,它并没有自己的专职教师,基本都是外聘师资,同时在线上招募大量的学伴。这引发出一个关于教师身份的问题:这种虚拟大学的教师都是兼职身份,故在教师人事制度上只适宜采用"项目制"。除此之外,"创建型虚拟大学"在法人身份上理应成为"企业非营利法人",从而治理结构、投入体制、财产制度、评价制度和监督机制与之相配套。

"衍生型虚拟大学"在我国同样是一个值得期待的事物,往往是知名院校借助自身高等教育品牌而派生出属于自己的虚拟大学,像清华大学的

---

① 开放大学的前身就是广播电视大学。广播电视大学是我国在1978年批准筹建的教育组织,直到2000年前后,广播电视大学的报名场面一度非常火爆,主要是作为一种"补偿性教育"出现而颇有市场。但21世纪之后,高校扩招使得广播电视大学这块原来的招牌开始暗淡无光。2012年,"广播电视大学"转型为"开放大学"。

学堂在线正在朝着这个方向迈进，清华大学预计在2017—2019年实现学位代发，到2020—2022年建成"互联网大学"。① 如此看来，这类虚拟大学的发展前景依然被看好，因为它可以在极大程度上满足人们接受优质高等教育资源的心理期待。但需要注意的是，"衍生型虚拟大学"是依附于实体高等教育机构的，并不具有独立法人身份，从而也就谈不上大学法人制度的问题。

整体而言，"演进型虚拟大学"是现实中的开放大学，我们需要将其法人身份变更为"企业非营利法人"，大学法人制度也随之变化；"创建型虚拟大学"是整合多种课程资源，其法人身份也可以确认为"企业非营利法人"，但教师是兼职身份，故人事制度主要采取"项目制"；"衍生型虚拟大学"是依附于实体高等教育机构，故没有独立法人身份。固然，虚拟大学是未来我国高等教育的必然发展趋势，需要相应的制度规范，但大学法人制度并不尽相同，需要根据虚拟大学的类型进行区分。

三 "混合大学"的法人制度如何解决

混合所有制经济改革在我国经济领域已经较为成熟，其改革经验正开始向高等教育领域渗透。就现实而言，公立大学实力雄厚但体制机制不够灵活，而民办院校体制机制灵活但难以做大做强。在这种背景之下，混合所有制大学因兼具二者优势应运而生。"混合大学"是不是意味着公立大学与民办院校的界限正在走向消弭？"混合大学"的法人制度究竟是何种样态？它与公立大学和民办院校的大学法人制度是否有本质区别？这些问题只有置于法学框架之下方能够得到较为圆满的解答："公法与私法相互渗透，产生了公法调整方法渗入私法领域，私法调整方法引入公法领域等新现象，但这并没有动摇公私法划分的社会基础。"② 同样的道理，公有制经济和私有制经济在高等院校中混合的前提是公私界限清晰，否则"公私混合"只能变成"公私混沌"，最终造成改革失败。进一步分析，"公、私法融合现象的出现并不能销蚀公法与私法区分的意义，亦即公、私法的融合并不意味着公域和私域的完全混同、公共利益和私人利益之间界限的消

---

① 中国新闻网：《清华学堂在线将办"互联网大学"，三年内实现学位代发》，http://edu.news.k618.cn/edu/201705/t20170503_11201237.html.2017-05-03。

② 孙国华、杨思斌：《公私法的划分与法的内在结构》，《法制与社会发展》2004年第4期，第100—109页。

除，而是反映了现代社会中公域和私域之间复杂的多样关系"。① 这就旗帜鲜明地表明，"混合大学"的出现并不意味着公立大学和民办院校的终结，其法人制度也不能简单地套用公立大学法人制度或民办院校法人制度，而应该寻求一种新型的大学法人制度的设计思路。

从广义上说，这种"混合大学"包括"大混合"和"小混合"两种。"大混合"是在学校层面的公私混合，"小混合"是学院层面的公私混合。就"小混合"而言，我们是否可以尝试赋予"小混合"性质的二级学院以"法人"抑或"准法人"的法律身份，从而使其享有一定的自主地位呢？这个问题虽值得进一步探讨，但是由于二级学院在当前我国的法律环境下并不具有独立法人身份，在将来也不大可能获得完整意义上的独立法人地位，故本书不重点讨论该问题。如果就"大混合"而言，"混合大学"主要出现在市场导向明显的高职院校。2014年，国务院印发了《关于加快发展现代职业教育的决定》，其中提出探索发展混合所有制职业院校、探索公办和民办职业院校相互委托管理和购买服务的机制。这就在政策层面进一步将高职院校的混合所有制改革推向高潮。高职院校的"混合所有制"主要包括"股权分配"和"委托管理"两种类型。

"股权分配"是指在公办院校中引入社会资本或在民办院校中引入国有资本而进行的股份制改造，是生产资料之间的一种公私混合，即包括"公办民助"和"民办公助"两种方式，前者以中山火炬职业技术学院②和山东海洋科技大学为代表，③ 后者以苏州工业园区职业技术学院④和南通

---

① 马晓燕：《论公、私法区分与融合视角下大学自主权的法律性质定位》，《中国教育法制评论》2008年第6期，第149—166页。
② 中山火炬职业技术学院与中山火炬工业开发总公司联合共建生产性实训校区，将资产划分为若干股，持股各方按一定比例持有股份并参与红利分配。
③ 山东海洋科技大学在2016年9月山东潍坊破土动工，在2017年交付使用。该学校声称采用"股权+债权"双层混合所有制的办学机制，即潍坊滨海教育投资集团不仅是持股方还是债权方，作为持股方属于"同进同退"，需要承担一定的办学风险，而作为债权方则属于"旱涝保收"，无须承担办学风险。这样的话，一方面让社会资本看到"利益"，另一方面规避一定的"风险"。但无论如何，这在本质上仍属于"股份分配"方式。
④ 苏州工业园区职业技术学院成立于1999年，创校资金由苏州工业园区管委会全额拨款，由苏州市教育局、苏州市劳动局参与成立，学校属公立性质。自2000年开始，经过一系列的改制、兼并、转股，目前学院的股权分配如下：上海翔宇教育集团占40%、苏州光华集团占40%、苏州沸点教育咨询管理有限公司占9%、学院管理团队占9%、苏州市教育局占1%、苏州市劳动局占1%，即完成了从"公立公办"到"民办公助"混合所有制的股份制改造。

理工学院为代表。① 就第一种方式而言，采取"公办民助"形式的"混合大学"，因其由公有制经济绝对控股，故主要适用公立大学法人制度。在法人身份上，它属于"企业非营利法人"；在投入体制上，以公有资本为主、社会资本为辅，并且根据投入情况动态调整股权结构；在治理结构上，主要采取"倒金字塔式"治理结构，但在学校顶层需要根据股权确定权力配置问题；在人事制度上，主要采取"聘任制"，适当采取"聘用制"和"项目制"；在财产制度上，既不是国家财产所有权，也不是法人财产所有权，更不是二元财产所有权，而是混合财产所有权；在评价制度上，采取外部评价和内部评价相结合的评价方式；在监督机制上，则采取他律和自律相结合的方式。就第二种方式来说，采用"民办公助"形式的"混合大学"，因其由社会力量绝对控股，故主要适应民办院校法人制度。在法人身份确认上，根据是否分配办学剩余，我们可以将这种"混合大学"划分为"营利法人"和"非营利法人"两种，继而适用不同大学法人制度。2017年修订的《民办教育促进法》已经对此进行了论述，且本书主要是探讨公立大学，故在此不再赘述。但需要说明的是，如果"混合大学"中的"私有成分"是以股权的方式获得分红，那么社会力量持股部分是否按照一定的比例纳入税收范围，这一问题还留待地方制定相应的政策。

"委托管理"是公办院校交付社会力量营运或民办院校交付公办院校营运而引发的委托代理关系，是生产资料与生产要素之间的一种公私混合，即包括"公有民营"和"民有公营"两种方式，前者以浙江万里学院②和齐齐哈尔工程学院为代表，③ 后者以厦门软件职业技术学院为代

---

① 南通理工学院的前身为南通紫琅职业技术学院，2014年5月经教育部批准升格为本科院校。2012年，江苏省教育厅直属教育发展投资中心因持有南通紫琅职业技术学院5%的股份，而使其成为混合所有制的高职院校，甚至使其变更为"民办事业单位法人"。虽说这一法人类型是妥协的结果，但确实有违法嫌疑，尤其是《民法总则》落地之后，毕竟民办院校只能在"营利法人"和"非营利法人"之间选择。请参见解德渤《我国高职院校法人类型的演进、反思及其重构——基于法人分类的视角》，《中国高教研究》2016年第8期，第46页。

② 浙江万里学院的公立属性不变，但其举办者为浙江万里教育集团，其学费如数上缴，办学过程中的办学积累全部登记为国有资产。请参见陈厥祥《民办国有：开辟中国大学第三态——兼谈浙江万里学院的改革探索》，《中国高等教育》2009年第22期，第29页。

③ 齐齐哈尔工程学院同样是"国有民办"的典型。2012年7月，经齐齐哈尔国有资产监督委员会确认，齐齐哈尔工程学院国有资产占33.96%，集体资产占65.42%，教职工个人资产占0.62%。请参见席东梅、刘亚荣《混合所有制：职业教育活力所在——齐齐哈尔多元化办学探索之路》，《齐齐哈尔工程学院学报》2015年第2期，第6页。

表。① 就第一种方式而言，采取"公有民营"形式的"混合大学"更加适宜采用公立大学法人制度，赋予其"企业非营利法人"身份，从而在投入机制、人事制度、财产制度、评价制度和监督机制上适用"企业非营利法人"的配套性制度，只不过是因其民营取向而在治理结构上更加灵活而已。就第二种方式来说，采取"民有公营"形式的"混合大学"更加适宜采用民办院校法人制度，根据实际情况，赋予其"营利法人"或"非营利法人"的法律身份，从而在投入机制、治理结构、人事制度、财产制度、评价制度和监督机制上适用"营利法人"或"非营利法人"的配套性制度，税收优惠政策也是如此。

整体来说，"混合大学"包括"股权分配"和"委托管理"两种类型，具体包括"公办民助""民办公助""公有民营"和"民有公营"四种方式。相比而言，"委托管理"而形成的"混合大学"法人制度比较简单，根据委托方的性质来确定法人身份与配套制度即可。"股权分配"而形成的"混合大学"法人制度稍显复杂，首先根据股权方的控股情况确认总体的法人制度适用，在此基础上考虑具体的制度差异。总的来说，"混合大学"在不久的将来必将成为我国高等教育中的一股重要力量，进而与"公立大学""民办院校"形成三足鼎立之势，这就要求我们在法律层面上思考并完善"混合大学"法人制度。

四 "合作大学"的法人制度如何解决

就办学形式而言，目前中外合作办学包括合作机构和合作项目两种。根据是否具有法人资格，中外合作办学机构又可划分为具有法人资格的中外合作办学机构和不具有法人资格的中外合作办学机构。通常来说，具有法人资格的中外合作办学机构是独立设置的"合作大学"，而不具有法人资格的中外合作办学机构则是附设在大学内部的"合作学院"。因为"合作学院"不具有法人地位，故不在本书探讨范围之内，本书主要讨论的是中外合作大学的法人制度问题。到目前为止，我国具有独立法人资格的中外合作大学共有10所，分别是宁波诺丁汉大学、北京师范大学—香港浸会大学联合国际学院、苏州港大思培科技职业学院、西交利物浦大学、上海

---

① 2010年底，厦门理工学院筹备入驻厦门软件职业技术学院。2011年初，厦门理工学院与厦门软件职业技术学院正式展开合作。这是公办院校委托管理民办院校的典型案例。

纽约大学、昆山杜克大学、香港中文大学（深圳）、温州肯恩大学、广东以色列理工学院以及深圳北理莫斯科大学，如表6-5所示。尽管《中外合作办学条例》（以下简称《条例》）明确规定中外合作大学可以具有法人资格，但究竟属于何种性质的法人至今仍是一个模糊不清的法律难题。

表6-5　10所具有独立法人资格的中外合作大学基本信息一览

序号	学校名称	创办时间	办学地点	中方院校	外方院校	办学层次	学校性质
1	宁波诺丁汉大学	2004年	浙江宁波	浙江万里学院	英国诺丁汉大学	普通本科	民办高校
2	北京师范大学——香港浸会大学联合国际学院	2005年	广东珠海	北京师范大学	香港浸会大学	普通本科	民办高校
3	苏州百年职业学院（前身：苏州港大思培科技职业学院）	2005年	江苏苏州	苏州科技学院	加拿大百年应用文理与技术学院	普通专科	民办高校
4	西交利物浦大学	2006年	江苏苏州	西安交通大学	英国利物浦大学	普通本科	民办高校
5	上海纽约大学	2011年	上海	华东师范大学	美国纽约大学	普通本科	民办高校
6	昆山杜克大学	2012年	江苏昆山	武汉大学	美国杜克大学	普通本科	民办高校
7	香港中文大学（深圳）	2012年	广东深圳	深圳大学	香港中文大学	普通本科	民办高校
8	温州肯恩大学	2014年	浙江温州	温州大学	美国肯恩大学	普通本科	民办高校
9	广东以色列理工学院	2015年	广东汕头	汕头大学	以色列理工学院	普通本科	民办高校
10	深圳北理莫斯科大学	2015年	广东深圳	北京理工大学	俄罗斯莫斯科大学	普通本科	民办高校

尽管目前学术界并没有在法律层面上对上述问题做出正面解答，但也不乏一些颇具启发意义的相关讨论。归纳起来，主要有三种声音：第一种声音是，"中外合作大学属于民办院校"。不难发现，这种观点大多从中外合作大学的办学现实出发，即国家教育部无一例外地将它们定性为"民办院校"，而且高昂的学费以及灵活的办学机制等都是对其作为"民办院校"的一种注解。虽说这种观点在现实中可以找出很多依据，但它在学理上仍然是站不稳脚跟的，毕竟对中外合作大学"姓私"的定性仅仅是一种权宜之计。为什么呢？如果中外合作大学属于"民办院校"，那么其在法律上适用《民办教育促进法》应该是毫无异议的，但是2017年修订的《民办教育促进法》第六十六条规定："境外的组织和个人在中国境内合作办学的办法，由国务院规定。"言外之意是，中外合作大学虽被认定为"民办院校"，但在法律上并不适用《民办教育促进法》，而需要按照《条例》的相关规定依法办学。倘若中外合作大学适用《民办教育促进法》，我们是否应该根据营利与否对它们进行分类登记、分类管理呢？显然，这个问题没有那么简单。易言之，中外合作大学具有一定的特殊性，并不是完全意义上的"民办院校"。第二种声音是，"中外合作大学属于第三种类型高校"。厦门大学刘梦今博士秉持该观点：中外合作大学既具有一定的公共性，又具有一定的私益性，既不能贸然地将其划归至公立大学的行列，也不能单纯地将其归属于民办院校的范畴，而应该使其成为超越传统的公私二分的"第三类型"。[①] 这种观点听起来颇为振奋人心，从理论上证明了中外合作大学不同于一般意义上的公立大学和民办院校，而是具有自身的特殊性。但其中有三个关键问题难以解释：第一，如果中外合作大学作为"第三类型"成立的话，它与"混合所有制"的大学究竟什么关系，毕竟不少学者也将其视为"第三条道路"；第二，在老路都没有搞清楚方向的情况下，匆匆地开辟不确定的"第三条道路"，甚至是"第四条道路""第五条道路"，这真的可以实现高等教育的自我救赎吗？第三，作为"第三类型"的中外合作大学究竟如何在法律层面上加以规范？无论是赋予其"特别法人"身份，还是另外设立"中外合作大学法人"，这都不太现实。毕竟中外合作大学法人身份的确立要充分考虑到法人分类的逻辑体系以及不同法律之间的一致性问题。第三种声音是，"中外合作大学非公即私"。

[①] 刘梦今：《中外合作大学公私属性之辨》，《中国高教研究》2014年第11期，第81页。

华南师范大学张瑞瑞博士针锋相对地与刘梦今博士进行商榷：中外合作大学只有"或公或私"的两种选择，而不存在"第三条道路"，并提出根据中外双方高等教育机构的性质来确认中外合作大学性质的一个坐标系：中方为"公"、外方为"公"，中外合作大学的性质即为"公"；中方为"公"、外方为"私"，中外合作大学的性质亦为"公"；中方为"私"、外方为"公"，中外合作大学的性质则为"私"；中方为"私"、外方为"私"，中外合作大学的性质亦为"私"。①关于中外合作大学性质的"四个象限说"看起来合乎情理，但实际上他犯了两个非常具有隐蔽性的错误：第一，"公""私"具有相对意义，只有将其置于特定区域范畴之下讨论方有意义，"公"与"私"并非一成不变，一旦突破这个界限，"公"可能就会变成"私"。这无疑是犯了刻舟求剑的错误。第二，将中外合作大学划分为公立大学和民办院校两种固然简单，但中外合作大学的特殊性究竟体现在哪里？中外合作大学完全套用公立大学和民办院校的法人制度合适吗？这显然又犯了削足适履的错误。

应该说，上述三种观点都具有一定的合理成分，但他们对中外合作大学性质的最终判断都有较大的商榷空间。从根本上讲，"民办院校说""第三类型说""四个象限说"都没有真正回应与解决中外合作大学的法人身份问题。"民办院校说"与"第三类型说"对中外合作大学性质做出的仅仅是笼统判断，"四个象限说"的分类思维是正确的，却又过于强调中外合作大学性质上的一般性而抹杀了其特殊性。我们在断定中外合作大学性质的时候，需要牢牢抓住"中方性质"与"特殊性"这两个基本点。根据国际法中的"属地管辖原则"，外方高等教育机构在中国开展合作办学必须遵守中方的相关法律规定。进一步来说，不论外方高等教育机构是公立性质还是私立性质，其开展的跨境高等教育本身所负载的商品贸易性质使其均带有私益属性。正如厦门大学在马来西亚建立分校，厦门大学在中国属于公立大学，但其在国外开设的分校则属于私立大学。如此来说，无论高等学校在"输出国"是公立大学还是私立大学都不重要，其在中国提供的教育服务一律被认定为私益性质，但需要分清"营利"和"非营利"两种情形。

---

① 张瑞瑞、袁征：《中外合作大学是不是第三种高校类型？——兼与刘梦今商榷》，《现代大学教育》2016年第4期，第19—24页。

展开来说，如果中方学校的性质是"公立"（也可以说是"非营利"），外方学校也"不要求取得回报"，那么中外合作大学的法人身份就是"企业非营利法人"，并且适用相应的大学法人制度；如果中方学校的性质是"公立"，外方学校"要求取得回报"，那么中外合作大学的法人身份依然可以确认为"企业非营利法人"，只需要按照协议支付给外方相应的回报即可；如果中方学校的性质是"非营利性"民办院校，外方学校也"不要求取得回报"，那么中外合作大学的法人身份同样是"企业非营利法人"；如果中方学校的性质是"非营利性"民办院校，但外方学校"要求取得回报"，那么中外合作大学的法人身份也就可以确认为"企业非营利法人"，按照协议支付外方相应的回报；如果中方学校的性质是"营利性"民办院校，外方学校"不要求取得回报"，那么中外合作大学的法人身份依然是"营利法人"，并且适用相应的大学法人制度；如果中方学校的性质是"营利性"民办院校，外方学校也"要求取得回报"，那么中外合作大学的法人身份也属于"营利法人"，中外双方在不影响学校发展的前提下按照协议各自取得回报。通过分析发现，在现实中可能存在的六种情况在法律意义上只有四种情形。进一步来说，中方学校与外方学校的"公立"与"私立"性质并不是分析问题最关键的维度，而"公立"与"私立"背后所蕴含的法人分类依据才是确立中外合作大学法人身份的关键所在，即"营利"与"非营利"是我们进行中外合作大学法人制度设计的根本。如图6-11所示。在当前的10所中外合作大学之中，中方院校均为公立大学，原苏州港大思培科技职业学院的合作方"香港大学专业进修学院"在协议中明确提出"要求取得回报"，而其余9所均无"取得回报"的要求。也就是说，原苏州港大思培科技职业学院的法人身份处于坐标系的Ⅱ区，属于"（特殊）非营利法人"，需要按照协议给予香港大学专业进修学院相应的回报，但它在总体上适用公立大学法人制度中有关"企业非营利法人"的系列配套制度。其余中外合作大学的法人身份均处于坐标系的Ⅰ区，属于完整意义上的"非营利法人"，它们与公立大学法人制度中"企业非营利法人"的系列配套制度更加匹配。目前我国还没有民办院校与国外（或境外）高校联合举办中外合作大学的先例，但中外合作大学法人身份的"坐标系"完全可以为未来新生的高等教育机构提供相应的法人制度安排。

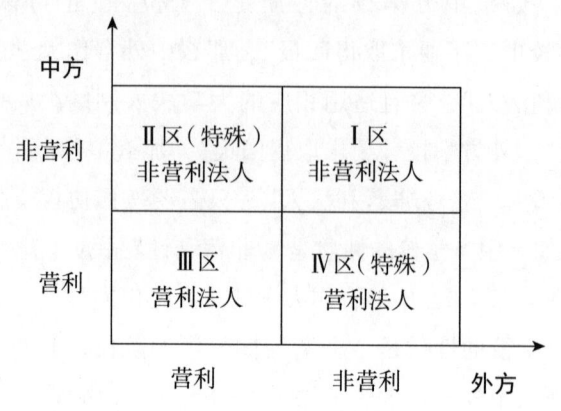

```
           中方
            │
    非营利  │ Ⅱ区(特殊)  │ Ⅰ区
            │ 非营利法人  │ 非营利法人
            │─────────────┼─────────────
    营利    │ Ⅲ区        │ Ⅳ区(特殊)
            │ 营利法人    │ 营利法人
            └─────────────┴─────────────── 外方
              营利         非营利
```

图6-11 中外合作大学法人身份"坐标系"

整体来看,"巨型大学""虚拟大学""混合大学"和"合作大学"都是目前已经出现并在未来可能会获得进一步发展的高等教育机构,这些大学的法人制度安排直接关涉我国未来高等教育的发展格局与整体水平。我们需要对"巨型大学"的三种类型、"虚拟大学"的三种类型、"混合大学"的两种类型以及"合作大学"的四种类型进行仔细甄别,在此基础上采用相应的大学法人制度,继而推进未来我国高等教育的法治进程与发展步伐,最终为建成高等教育强国贡献力量。

第七章 结语

英国莎士比亚曾说过，我们历尽了千辛万苦，终于在乱麻中采获了这朵鲜花。现在我们也可以这样说，公立大学是一个异常复杂的组织，世界公立大学所呈现出的面貌更是形态各异，我们终于披荆斩棘在乱花簇拥之中找寻到了那一朵最淡雅、最耐看的小花——大学法人制度。当前我国公立大学面临的问题复杂多样，更需要我们有足够的耐心、独特的眼光去采撷那清新脱俗而沁人心脾的花朵——中国特色公立大学法人制度。

一 研究结论

（一）现代大学制度的核心命题是现代大学法人制度

现代大学制度建设是我国特有的一个学术命题，也将是我国高等教育学界经久不衰的一个研究议题。现代大学制度建设是一个世纪话题，高等教育强国建设是一个千秋工程。在我国，无论是经典大学理念的探讨，还是大学章程建设、深化高等教育综合改革、落实高校办学自主权等一系列教育改革实践都有赖于大学法人制度建设。从这个意义上说，现代大学制度建设的核心命题是现代大学法人制度建设。进一步来说，我国现代大学制度建设的根本出路是，在"国家理性"指导下运用"市场机制"的大学法人制度建设，即政府与大学在公法意义上有效的法律规制。

2020年，我国高等教育将阔步迈进高等教育普及化阶段。高等教育普及化的重要表征就是个性化时代的来临，实现个性化的基本前提就是多样化，如高等教育机构的多样化、高校培养目标的多样化、高校学生来源的多样化等。但归根结底是高等教育制度设计的多样化，尤其是大学法人制度设计的多样化。因为唯有通过多样化的制度设计，才可以为各类高校提供适合的制度管道与发展平台，才能从根本上满足学生的个性化需求。这恰恰是法治理念在高等教育领域的重要体现。

我国现代大学法人制度建设决不能沿袭传统的大学治理模式——"权力高于法律""人情重于法理"，试图运用"灵活""变通"的手段来触碰与挑战预先制定的"规范""程序"都是不被允许的。我国的现代大学法人制度建设也不能照搬照抄西方模式，任何一种大学制度模式都内嵌着其社会文化背景与高等教育传统，"邯郸学步""东施效颦"都是不合时宜的，甚至对中国高等教育的危害是致命的。因此，中国特色的现代大学法人制度不仅是一个时代性的呼唤，而且是一个本土性的诉求。当前，"全面依法治国"已经成为推动国家治理能力与治理体系现代化的发展理念与重大行动。推及开来，如果说"全面依法治教"是推进高等教育治理能力与治理体系现代化的重要手段，那么"现代大学法人制度"则是推进高等教育领域"全面依法治教"的具体方略。

总的来说，中国特色的现代大学法人制度是由大学自治、学术自由等大学普遍理念所支撑的，是由法律地位、治理结构、投入体制、人事制度、财产制度、评价制度以及监督机制等特定的大学制度所构成的符合中国国情、校情的一种制度体系设计。如此来说，中国特色的现代大学法人制度确实是一道艰深而紧迫的学术命题。

（二）大学法人制度演进史是大学发展史的一个缩影

从大学法人制度的演进历程来看，罗马法初步确立了团体人格特征，从而高等教育机构作为人合组织成为一种事实存在，但大学法人制度仍处于雏形状态。古典法人制度的确立应归功于教会法，中世纪大学的发展有力地证明了这一点。伴随着大学的控制主体从中世纪时期的教会到近代民族国家再到现代市场的转换，大学也经历了"教会特许状""国家理性"和"市场机制"三种承认逻辑与调节机制，从而大学法人制度正在经历或已经实现近代化、现代化的转型发展。与此同时，大学的法律地位、治理结构、人事制度、财产制度、评价制度以及监督机制等多个维度在不同历史阶段和不同国家背景下均做出一定的适应性调整。

更令人讶异的是，中世纪大学在一开始就是一个"学者行会"、一个"社团法人"；英国大学拉开了近代大学法人制度的帷幕，使得原有的"等级秩序"走向"契约精神"；德国柏林大学的建立标志着"国家理性"发展到一个前所未有的高度，从而成为近代大学法人制度建设的一座丰碑；

第二次世界大战之后，美国大学的崛起则被证明是现代大学法人制度的一种胜利，其他国家纷纷效仿。也就是说，世界大学发展过程中的几个关键时间节点恰好是大学法人制度转型的重要拐点。这绝不是一种偶然，其背后是一种潜在的法律逻辑在发挥着支配作用，而且法律逻辑与布鲁贝克所言的"政治论""认识论"交织在一起。从这个意义上说，大学发展史就是一部大学制度发展史，尤其是一部大学法人制度的演进史。

可以说，古典大学法人制度、近代大学法人制度与现代大学法人制度的划分为我们考察整个大学发展历程提供了一个有效的观测维度。但需要注意的是，这三个发展阶段与大学的发展时间可能不完全重合。例如，古典大学法人制度自11世纪延续到18世纪末，比中世纪大学的存在时间要长300余年。大学法人制度在空间上的表现也具有显著性的差异，即某一种大学法人制度在不同国家或地区呈现出不同的样貌，而三种大学法人制度在同一国家或地区也并非完全意义上的替代关系，如形成于古典大学法人制度时期的美国外行董事会制度沿用至今。这就说明，"历史的阶段性是历史的转折，绝不是历史的截然分割"，因此，大学法人制度在时间上并非完全重合，在空间上也绝非彻底更迭。

（三）大学法人制度不健全成为制约我国公立高等教育发展的根源

我国公立大学法人制度在历史演进过程中具有一定的阶段性。从"理想类型"的视角来看，即历经"事业单位"的政治逻辑到"事业单位法人"的经济逻辑再到"公益二类事业单位法人"的教育逻辑。我国高等教育发展逻辑的两次转换使大学深深打上不同历史时期的制度烙印，从而使我国公立大学法人制度带有较大特殊性。

我国公立大学法人制度的基本特征集中表现为：第一，法人身份的"单一性"，即"事业单位法人"并不能满足不同类型公立高校的法律需求；第二，法人属性的"不完整性"，即公立大学完整的法人属性包括民法意义上私法人属性和行政法意义上的公法人属性，但我国公立大学所面临的是"私有余而公不足"的现实境遇；第三，法人地位的"外赋性"，当前我国公立大学的法人地位是20世纪80年代初"简政放权"背景下的法律产物，从而并不具有法人权利内生的实质。这就导致了我国公立大学在"事业单位法人"基本框架下不健全的法人制度："次级法人"的法律性质、"国家保障"的投入体制、"权力集中"的治理结构、"事业编制"

的人事制度、"公地悲剧"的财产制度、"政府主导"的评价制度以及"功能疲软"的监督机制等。这些问题集中暴露的是如何调整大学与政府之间的关系这一根本难题。

我国法人制度始于1986年的《民法通则》,至今已逾30年,我国的大学法人制度始于1998年的《高等教育法》,至今也有20余年。这就说明,我国对法人制度以及大学法人制度的认识与实践都处于一个摸索的阶段,由于历史条件的局限,我国公立大学法人制度改革出现了学理上的制度失效问题、实践上逻辑倒置问题与法理上的逻辑悖论问题等,致使大学法人制度的讨论与推进也陷入困境。透过2015年《高等教育法》的修订,我们可以发现:政府对大学管理显现出从"行政管理"到"法人治理"的端倪,但公立大学法人制度改革的步伐依然缓慢。

(四)分类、分步推进法人制度改革是我国公立高校发展的总体路径

借鉴与超越是世界大学法人制度改革的基本经验。具体而言,英国公立大学的法人类型包括"特许状大学""议会大学"和"担保有限公司"三种;美国州立大学的法人类型则包括"政府机构""公共信托"和"宪法自治大学"三种,其"公共信托"制度来源于英国;德国公立大学的法人类型包括"国家机构"(或称"公营造物")、"公法社团"和"公法财团"三种,法国公立大学的法人类型属于"科学、文化与职业法人";日本国立大学的法人类型是"独立行政法人",其在制度来源上借鉴了英国的"政署制度",在制度功能上融合了"公营造物""公法社团"和"公法财团"的大学法人制度设计,即汲取德国公立大学法人制度经验;我国台湾地区公立大学法人化改革方案中的法人类型是"行政法人",其借鉴了德国和日本的改革经验;新加坡国立大学的法人类型是"国家担保的企业非营利有限公司",这则是英国经验的一种体现。

我国公立大学法人制度改革应该在借鉴世界改革经验的基础上通过何种制度创新来实现高等教育跨越式发展?这应该是长期困扰学术界的一道艰深命题。我们可以从改革理念、改革方案与具体构想三个方面对这个问题进行解答。

从改革理念来看,第一,世界大学法人化改革都受到新自由主义思潮的深刻影响,但是该思潮所鼓吹的自由化、私有化并不适合中国高等教育改革,而倘若单纯地强调新国家主义思潮,它对组织与个体创造力的发挥

又是不利的，所以我国公立大学法人制度改革的指导思想理应正视并超越两种思潮；第二，世界大学法人化改革具有大陆法系或英美法系的法律传统与价值取向，而我国公立大学法人制度改革应该以大陆法系为基础，积极吸收英美法系的制度精髓；第三，在认识论和政治论两大理论框架下，我国公立大学法人制度改革理应以认识论为根本、以政治论为前提，以摆正二者在制度改革中的基本关系。

就改革方案来说，第一，私法人化，这是一种妥协现实的改革方案，也是改革阻力最小的方案，但该方案并不能解决当前我国公立大学所面临的"行政化"顽疾，也难以对我国公立大学的未来发展方向做出明确的法律确认，更是背离了世界公立大学法人化改革浪潮的总体趋势，理应抛弃私法人化的改革方案。第二，公法人化，这是高等教育界呼声最高的一种改革方案，也是改革阻力最大的一种方案。因为该方案的核心就是调整大学与政府之间的关系，力图将二者统一纳入公法调整范畴，即发出公立大学"去行政化的出路就是公法人化"的有力呼喊，可以作为优选方案。第三，特殊法人，这是一种充满理想的改革方案，因为该方案意欲在前两种方案中做出一定的调和，并试图在法律上将公立大学确认为一种新的法人类型，从而改革阻力可想而知。尽管这种方案设计的初衷是积极的，但在我国现有的法律环境下，这几乎不现实。更为遗憾的是，该方案基本没有回应我国公立大学所面临的迫切问题，故该方案也不适宜中国高等教育改革实践。

就具体构想来说，我国公立大学在采取"公法人化"改革方案的基础上，将法人类型依次划分为特殊机关法人、事业单位法人、捐助法人以及企业非营利法人四种，这种法人分类方式不仅符合了世界公立大学法人制度改革的基本经验，而且在契合我国法人分类传统的基础上进行了大胆而理性的制度革新。这四种大学法人所享有的法人权利渐次增大。在法律性质上，以军事、公安、警察为典型代表的高等院校适宜采取特殊机关法人的法人形态，除上述院校的其他部属院校适宜采取事业单位法人的法人类型，地方本科院校适宜采取捐助法人，高职高专院校适宜采取企业非营利法人；在治理结构上，作为特殊机关法人的公立大学适宜采用"垂直形"治理结构，作为事业单位法人的公立大学适宜采用"金字塔形"治理结构，作为捐助法人的公立大学适宜采用"橄榄形"治理结构，作为企业非营利法人的高职高专院校适宜采用"倒金字塔形"治理结构；在投入体制上，作为特殊机关法人的公立大学适宜采用"政府全额拨款"的投入体制，作为事业单位法人的公立大学适宜采用"政府差额拨款"的投入体制，作为捐助法人的公立大学适宜采用"政府定额捐助"的投入体制，作为非营利企业法人的高职高专院校适宜采用"政府定向拨款"的投入体制；在人事制度上，作为特殊机关法人的公立大学适宜采用"现役制""文职制"和"聘任制"的人事制度，其余三种法人类型的公立大学均适宜采用"聘任制""聘用制"和"项目制"的人事制度，只不过不同类型的学校对人事制度的使用限度不同而已；在财产制度上，作为特殊机关法人的军事类院校适宜采用"国家财产所有制"，作为事业单位法人的中央部属院校适宜采用"二元财产所有制"，作为捐助法人的公办地方本科院校适宜采用"法人财产所有制"，作为企业非营利法人的公办高职高专院校适宜采用"公私混合所有制"；在评价制度上，作为特殊机关法人的公立大学应当以政府评价为主，作为事业单位法人的公立大学可以采用政府委托第三方评价和自我评价相结合的方式，作为捐助法人和非营利企业法人的公立大学可以采用政府评价、社会评价和自我评价等多种评价方式；在监督机制上，作为特殊机关法人的公立大学必须接受党政监督，作为事业单位法人的公立大学主要以加强内部自律为主，作为捐助法人的公立大学主要以党政监督、法律监督、社会监督等形式的他律为主，作为非营利企业法人则需要综合使用自律和他律相结合的监督机制。在我国公立大学"二次法人化"改革过程中需要注意的是：第一，在法人类型选择上，采取"自愿策略"非"强制命令"；第二，在法人治理结构上，引入"正面清单"和"负面清单"；第三，在制度改革成效上，澄清"制度本质"与"制度限度"。这就为未来我国的"巨型大学""虚拟大学""混合大学"以及"合作大学"等新兴办学形式提供了积极而有效的大学法人制度改革框架。

可以说，"巨型大学""虚拟大学""混合大学"和"合作大学"都是目前已经出现并在未来可能会获得进一步发展的高等教育机构，这些大学的法人制度安排直接关涉我国未来高等教育的发展格局与整体水平。我们需要对"巨型大学"的三种类型（"大合并""多校区""开分校"）、"虚拟大学"的三种类型（"演进型""创建型""衍生型"）、"混合大学"的两种类型（"股权分配""委托管理"）以及"合作大学"的四种类型（"营利法人""非营利法人""特殊营利法人""特殊非营利法人"）进行仔细甄别，在此基础上采用相应的大学法人制度，继而推进未来我国高等教育的法治进程与发展步伐，最终为建成高等教育强国贡献力量。

二 研究创新

本书创新之处集中体现在以下三个方面：第一，研究问题具有新颖性和前沿性，通过将现代大学制度的探讨和建设推向法治轨道来深化和践行这一世纪命题，同时这也是探索中国特色现代大学法人制度建设的一次积极尝试；第二，研究方法具有独特性和洞见性，将我国公立大学法人制度建设这一复杂议题置于"科际整合"和"理想类型"的方法论框架之下，突破了以往单个学科的"视域局限"和笼统讨论的"视线模糊"；第三，研究结论深具学理性和可操作性，我国公立大学法人制度改革的总体方案是公法人化，具体构想是分类、分步推进"二次法人化"改革进程。

（一）研究问题："旧瓶装新酒"

近年来，学术界的重点研究方向之一就是现代大学制度，在此框架内探讨高等教育管理体制机制改革、扩大并落实高校办学自主权、建立和健全大学治理结构、全面深化高等教育综合改革、加快推进"管办评分离"和"放管服改革"进程、推动并完善大学章程建设等，学术界的上述呼吁已逐步衍化为高等教育政策，并纳入高等教育改革和实践领域。但是，这一系列的改革举措并未达到人们的预期，从而现代大学制度的探讨与建设在悄然之间进入一个相对停滞的时期。恰在此时，中国语境下的公立大学法人制度改革进入研究者的视野。公立大学法人制度是公立大学制度与教育法治精神的有机结合，从而赋予了现代大学制度以新的学术生命与实践禀赋，继而成为中国特色现代大学制度建设继续向前推进的突破口。这是"旧瓶装新酒"的第一种含义理解。

大学分类始终是世界高等教育领域的热点话题，同时也是我国高等教育发展无法回避的重大理论问题。可以说，大学分类问题在高等教育精英化阶段是一个假命题，但在高等教育大众化时代尤其是普及化时代，高等教育需求的个性化对高等教育系统的多样化提出迫切要求，从而大学分类问题成为学术界必须严肃思考的一个真命题。但不得不说，无论是在高等教育学意义上的研究型大学、教学研究型大学以及教学型大学的划分，还是在管理学意义上的部属重点院校、地方本科院校以及高职高专院校的界分，抑或是在评价学意义上的研究型高校、应用型高校以及技能型高校的分类等，都无法描绘出大学在法律意义上的分类价值，况且法律意义上的大学分类对高校管理更具有根本意义，从而必然成为大学分类家族中不可或缺的成员。这是"旧瓶装新酒"的第二种含义理解。

在现代大学制度建设的背景下，"大学治理结构"迅速成为学术界的研究新宠，"大学法人治理结构"在这股风潮的影响之下也成为一个颇为时髦与被兜售的词汇。但仔细辨别，我们不难发现：学术界和实践界对"治理结构"的关注程度远远超过"大学法人"，虽说这可能是不经意间的一个失误，但它却是一个相当致命的错误。如果我们只是纯粹地推介并借鉴某种域外大学治理模式的话，那么我国的高等教育改革不过是徒有其形，亦是一场"没有灵魂"的制度变革，从而无法释放出该种治理模式原本所具有的制度功能。也就是说，大学法人治理结构的前提性命题是大学法人分类问题，不同法人类型的高校所采取的法人治理结构也是大异其趣的。这是"旧瓶装新酒"的第三种含义理解。

（二）研究方法："不走寻常路"

没有创新的研究方法就不可能有创新的研究结论，这不仅在自然科学领域是一条铁律，而且在很大程度上也适用于人文社会科学领域。可以说，以往关于现代大学制度的研究无外乎三种学术进路：其一，从现实中抽离出大学制度改革的主要经验；其二，从国外或境外寻求大学制度改革的可能模式；其三，从理念重构的视角描绘大学制度改革的理想图景。我们并不否认三种研究进路对探讨我国现代大学制度建设的积极意义，也并不质疑研究者所使用的具体研究方法的规范性，但需要追问的是，研究现代大学制度，特别是现代大学法人制度的方法论是什么？

英国的波普尔关于知识进化有两个著名的论断：应用知识趋向专门和分化，而理论知识则趋向统一和整合，这为我们破解重大理论难题和推进教育实践具有方法论层面上的指导意义。我们可以将上述两大论断转述为：第一，在重大理论问题的思考上，研究者需要的是知识整合、学科交流以及系统思维，毕竟理论诊治实践问题不能采取"头痛医头，脚痛医脚"的褊狭思维。这种方法论在美国伯顿·克拉克那里就是"多学科研究方法"，而在法国埃德加·莫兰的眼中就是"复杂性范式"，我们也可以用"科际整合"对其进行概括性描述。第二，在推进具体教育实践方面，教育实践者需要的是条分缕析、分类实践以及操作有效。从这个意义上说，负载着多元化实践诉求的理论探讨也理应被置于一个类型化而非标准的、统一的分析框架之中，从而该理论框架不仅是对教育现实的一种高度抽象，而且可以对教育现实的变革做出积极回应。这种方法论就是对德国马克斯·韦伯"理想类型"的具体运用。如此说来，本书试图运用"科际整合"与"理想类型"两大方法论对现代大学法人制度这一复杂议题进行全面透视，从而在"视域融合""理论整合"与"类型分化""分类实践"之间寻求相对平衡。

（三）研究结论："学术想象力"

美国著名社会学家米尔斯在《社会学的想象力》一书的最后指出，个人所困扰的问题往往蕴含着公众议题乃至社会科学研究的重大命题，二者之间的跨越与勾连就是"社会学想象力"。在更为广阔的意义上，我更愿意将其理解为"学术想象力"。这种"学术想象力"不仅是米尔斯笔触下的将拍摄镜头从"个人焦点"推向"社会视野"的一种合理放大，也是针对研究对象从"经验解释"上升至"理性分析"的一个重大跨越，还是研究命题从"理论框架"达致"实践观照"的一种有效跃升。

学术界的普遍做法是将高等教育管理问题置于现代大学制度框架下进行研究，即从"经验管理"到"制度规范"实现了"学术想象力"的第一次超拔，但这种超拔并未在高等教育领域释放出实质性的变革力量，弹性空间、寻租空间依然存在。笔者的核心观点之一就是，法治思维与法治精神的缺失将会对推进高等教育现代化进程产生极大的阻滞力量，现代大学制度建设的精髓在于现代大学法人制度建设。就此而言，从"制度规范"到"法律规制"可能是高等教育管理体制"学术想象力"的第二次超拔。

大学、政府与市场三者之间的复杂关系历来是学术界关注的焦点，但学术界似乎已经将伯顿·克拉克的"三角协调模型"奉为分析上述关系的圭臬。在笔者看来，大学与政府之间的关系在高等教育场域中具有根本性意义，也是大学治理的核心观测点，而市场往往是以调整或调节府学关系而出现的重要杠杆，这一点在现代大学治理中尤为明显。如果把公法人制度、现代大学治理和"三角协调模型"进行"理论嫁接"，那么我们可以将"公营造物""国家设施""国家机构""公务法人""独立行政法人"

"行政法人""财团法人""公共信托""担保有限公司"以及"社团法人"等众多的公立大学法人类型分布于一个杠杆式天平之上。这样，我们不仅能够以一种全新的分析框架来重思与重构大学、政府与市场之间的关系，还可以实现对世界公立大学法人制度的总体观照，进而为创建中国特色的现代大学法人制度提供较为全面的世界经验。所以，从"三角协调模型"到"天平杠杆模型"也是"学术想象力"的一种体现。

尽管学术界提出了公立大学法人化改革的三种方案，但"公法人化"是最优方案。这不仅是学术界的普遍呼声，也是本书论述的基本立场。但至于如何"公法人化"，教育界和法学界均没有给出具体的制度设计。本书从制度功能的视角提出，我国公立大学法人制度改革首先需要对不同类型公立高校的法人性质加以确认或变更：军事类院校可采"特殊机关法人"，大多数部属院校可采"事业单位法人"，地方本科院校可采"捐助法人"，高职高专院校可采"企业非营利法人"。这种分类实现了公立高校在高等教育学、管理学以及法学等多个学科意义上的统一。它不仅符合了我国的法律传统，还吸收了最新的法律成果，从而保持了相当程度的延续性与创新性；它不仅回应了我国教育改革的实践需求，还契合了世界大学法人制度改革的经验与趋势，从而带有明显的本土化与全球化色彩。这是"学术想象力"的又一种表现。

三　研究不足

尽管本书在研究问题、研究方法论和研究结论上不乏创新之处，但也有不少研究的困惑与缺憾：第一，在不同学科之间游走，不免有模糊甚至迷失研究立场的嫌疑；第二，缺少适切的、典型的分析案例，可能会招致对现实观照不足的非议；第三，部分研究结论仍有待进一步推敲和商榷，可能它在学理上、法理上是成立的，但由于对现实估计不足或出现偏误，具体改革方案与实践技术路线就有流产的危险。

（一）研究立场：在不同学科之间游走

本书的研究主题是"我国公立大学法人制度改革研究"，它明显属于一个交叉学科或跨学科研究。展开来说，本书试图将现代大学制度建设纳入法治化进程，并且通过推进现代大学法人制度改革从根本上完成我国高等教育管理体制的供给侧结构性改革，从而高等教育学、法学、管理学、经济学以及政治学等诸多学科也就自然而然交织在一起。但值得注意的是，每个学科都拥有其独特的学科视角与学科立场，而研究者站在何种立场上很可能就决定了该研究的基本取向与可能走向。在笔者看来，高等教育学的根本追求是增进生命自由，法学的根本追求在于社会公正秩序，管理学的根本追求是提高组织效率，经济学的根本追求在于实现效益增殖，政治学的根本追求是实现权力配置。本书所探讨的"我国公立大学法人制度改革研究"就是期望通过对公立高校"法律身份"的确认与变更，实现公立大学"法律秩序"的重新安排，从而完成制度变革在"提高效率""增进效益""权力配置"等方面的基本目标，最终实现"大学自主"的根本诺言。正是抱定这一基本认识，笔者在遵循法理学、行政法学、民法学等法学思想的基础上，始终将高等教育学的学科立场摆在核心位置，并在具体论述中适时穿插管理学、经济学、政治学、数学等学科理论或观点。但限于笔者现有的驾驭能力与掌控能力，能否穿梭在多学科的复杂丛林而不至于迷失自我。也许这仍是一个有待进一步磨砺的学术方向。

（二）研究方法：在案例研究方面缺失

本书采用的是"多学科研究方法"和"理想类型"的方法论，方法论层面的思考有助于我们从哲学意义上审视和指导具体研究方法的选择与运用。由于"我国公立大学法人制度改革"这一研究主题本身属于宏观命题范畴，所以本书主要使用了文献研究法、历史分析法、比较研究法和专家咨询法等四种具体研究方法。这些研究方法都属于思辨主义研究范式。尽管笔者力图从高等教育现实出发廓清我国公立大学法人制度的整体概貌，但在公立高校法人制度改革方面典型案例的缺失也是本研究无可奈何的地方。一方面，当前我国公立高校的法人身份均属于"事业单位法人"，在扩大和落实高校办学自主权的背景下，高校管理制度的微调充其量是对大学法人制度的"修修补补"，所以公立大学法人制度改革的典型案例几乎无从谈起。可以说，南方科技大学在创建之初是我国高等教育改革进程中的一个"异类"，本书也从文本的视角对其大学法人制度进行了剖析，但实践究竟如何还有待时间的考验。从另一个方面来说，如果选取现实中的一般案例，那么必然又会产生其他的问题：其一，"守门员"的问题不可避免，他直接关系着研究者能否顺利进入研究场域，并接触到负载信息较为饱和的研究对象。其二，公立大学法人制度改革研究是一个非常敏感的问题，从而"政治正确"可能成为研究对象普遍的策略选择，不仅无法获取有效信息，反而受到干扰。其三，虽说学术界直接触碰并深入研究公立大学法人制度的研究者并不太多，但是研究现代大学制度、大学治理结构以及府学关系等议题的研究者已经从事实层面为该问题提供了较为充分的旁证。即使笔者选择某些案例进行研究，很可能会陷入"重复劳动"的争议之中。不得不说，选择典型案例是对本研究提出的一个既迫切又尴尬的要求。

（三）研究结论：部分观点仍值得推敲

本书提出的"现代大学制度建设的精髓在于现代大学法人制度建设""大学发展史就是一部大学法人制度的演进史""世界大学法人制度历经以'特许状'为标识的古代大学法人制度、以'国家理性'为标识的近代大学法人制度和以'市场调节'为标识的现代大学法人制度的历史赓演""我国现代大学法人制度改革呼唤的是面向市场的国家理性""我国公立大学法人制度改革的首要目标是处理府学关系，根本宗旨是保护学术组织，总体路径是公法人化"等都是可圈可点的研究结论。但是部分研究结论，尤其是"天平杠杆模型"和"公立高校改革的四种法人类型"仍有较大的商榷空间。

可以说，"天平杠杆模型"是"三角协调模型"与大学法人制度结合的理论产物，其核心要旨是市场因素在现代大学治理中发挥着越来越重要的作用，并在大学与政府之间扮演着调节性的杠杆作用。虽说这个分析模型具有较强的解释力，但其中仍有两个值得推敲和深入思考的细节问题：第一，世界各个国家和地区对于"市场"的理解与运用都是基于本国或本地区的实际状况而做出的选择，其中英美的高等教育市场化水平相当高，德法只是适当地将部分市场因素引入高等教育领域，日本与我国台湾地区对于市场的理解与运用则处于前两者之间。那么，尽管将不同国家与地区置于同一个分析框架之内可以直观地对其公立大学自治状况进行总体性观照，但这样的诠释与比较是否具有实质意义呢？这应该是颇有争议的。第二，在该模型中，从左至右表示政府的威权管理逐步减弱，大学的自主权限逐步增大，但是这究竟是"国家理性"在发挥重要作用，还是"市场调节"在发挥重要作用，抑或在法律框架下二者的作用兼有？对这个问题并不能完全回答清楚。

另外，我国公立高校法人分类问题在现有的法律环境和政策条件下仍有较大的实践障碍。目前我国公立高校的法人类型属于"事业单位法人"，倘若改革之后，军事类院校属于"特殊机关法人"以及多数部属院校属于"事业单位法人"而引起的震动并不会太大，也会处于可控的范围之内，但众多的地方本科院校变更为"捐助法人"就意味着地方政府要将学校财产无偿转让给学校，从而国家所有权转变为学校法人所有权，这一点地方政府能不能接受呢？法人性质变更之后会不会出现资产流失的严重问题呢？千余所的高职高专院校变更为"企业非营利法人"就意味着这些院校可以按照企业管理的模式进行运作，但不得分配办学结余而是继续用于学校教育事业的发展。这就浮现出两个问题：其一，我国法律是按照"营利法人"与"非营利法人"进行整体划分的，而"营利法人"的典型就是"企业法人"，那么"企业非营利法人"在我国现有的法律环境下是否拥有生存空间？其二，即便是"企业非营利法人"获得法律认可，它会不会因为企业管理模式的运作而伤害公立高等教育的公共性呢？据此来说，"捐助法人"与"企业非营利法人"所引发的震动可能是"地震级别"的，所带来的诸多问题很可能并不在我们预测与掌控范围之内。这也说明，我国公立大学法人制度改革事关重大，不宜全面铺开，试点改革成为一种必然抉择。

四 研究展望

（一）研究方法：进一步完善

尽管笔者对本书倾注了极大的学术热情，但由于受到各种条件的局限，实地调查环节成为本书的一大缺憾，同时也是笔者在未来研究中寻求积极突破的重要方向。毕竟走上工作岗位之后，研究者对公立大学所面临的诸多问题的认识可能会更加直观、广阔与深刻，这就为后续研究提供了独特的生命体验与宝贵的写作素材。况且我们也相信，我国各级政府在应对即将到来的高等教育普及化时代这一问题上会做出迈向公立大学法人化改革方向的战略性举措。到那个时候，我国高等教育领域很可能会涌现出一大批"改革典型"，实地调查的意义也就不言而喻。

除此之外，本书是一个跨学科研究议题，尤其是高等教育学与法学相互交织的痕迹非常明显。尽管作者"死啃硬读"了大量的法理学、行政法学与民法等文献资料，也与法学专业的许多教师、学生进行了多次的深入交流，但作者在做出每一个判断的时候仍是"战战兢兢，如履薄冰"，毕竟自己在法学研究领域充其量只是一名"小学生"。所以，作者在后续研究中会进一步加强与法学研究者的学术合作，通过协同创新的方式将"中国特色公立大学法人制度改革"这一艰深命题研究下去。

（二）研究对象：进一步拓展

本书在讨论我国公立大学法人制度改革方案的时候，对世界范围内公立大学法人制度较为成熟的英国、美国、法国和德国，国立大学法人制度改革已进入第三个周期的日本，以及公立大学法人制度改革方案酝酿已久但迟迟未见落地的中国台湾地区进行了概览性描绘。但限于笔者之目力和文章之篇幅，故本书无法细致呈现。在后续研究中，笔者拟对英国、美国、法国、德国、日本以及中国台湾地区的公立大学法人制度及其改革进展进行深入探究。若研究进展顺利，韩国、新加坡、马来西亚和中国的香港、澳门等地区也可以纳入研究视野。在此基础上，笔者也可以尝试探索世界私立大学法人制度及其改革经验，从而形成一个关于"大学法人制度"的研究系列。笔者希望在大学法人制度这个研究领域深耕下去，为中国特色现代大学法人制度的形成与发展贡献绵薄之力，肩负起一个研究者的学术使命与社会担当。

（三）研究结论：进一步修正

通过实地调查、协同创新以及域外经验的深入挖掘，我们可能会进一步深化对公立大学法人制度改革的基本理论认识，也可能会针对我国公立大学法人制度改革方案进一步做出适应性调整。在理论方面，"天平杠杆模型"不仅可以衡量不同国家和地区大学自治的总体状况，还可以衡量不同法人类型的大学自主程度，但"天平杠杆模型"中的"市场"何以成为一种调节力量，如何对该理论框架下的"市场"做出全面解读，该分析模型的理论边界在哪里，这都是笔者在后续研究中需要进一步修正和完善的。在实践方面，我们仍有必要继续观测，未来我国公立大学改革的四种法人类型及其制度设计是否适合中国国情，并对具体改革方案做出进一步修正。

附表1　　世界主要国家和地区大学法人制度发展大事简表

序号	国家	时间	事件	意义
1	英国	1571年	伊丽莎白一世颁布了《牛津、剑桥大学法案》，正式承认牛津大学和剑桥大学的法人地位。	这是世界上第一个以法律形式确认大学法人地位的，具有开创意义。
2	英国	1988年	《教育改革法》规定，属于"公共"部分的多科技术学院及其他学院脱离地方教育当局的管辖，取得与大学同等的独立法人地位。	1992年之后，多科技术学院改称大学，成为独立高等教育部门，标志着英国高等教育双重制成为历史。
3	德国	1794年	公立大学的法律地位早在1794年的《普鲁士国家民法通则》中已经做出规定，国家既是"国家机构"，又是"社团组织"。	这是德国最早以法律形式规定公立大学双重法律身份的法律文件，此后的法律基本延续了这种表述。
4	德国	1985年	德国《高等教育总纲法》第五十八条规定："公立大学是公法社团法人，同时又是国家设施，在法律上高等学校拥有自主权。"	这是以高等教育法的形式明确德国公立高校兼具"国家设施"与"法人团体"的双重法律性质。
5	德国	1998年	修订的《高等教育总纲法》第五十八条规定："公立大学是公法社团法人，同时又是国家设施，或以其他法律形式设立，且在法律范围内享有自治权。"	联邦政府赋予各州以一定的高等教育管理权，公立大学的法人身份除"双重法人"之外，"公法财团"成为一种可能的选择。
6	德国	2010年	《高等教育总纲法》明确规定法兰克福大学的公法财团法人身份。	"公法财团法人"不仅在法律中是公立大学的一种可能身份，在德国高等教育实践中也已经落地生根。
7	美国	1819年	在"达特茅斯学院案"中，马歇尔大法官做出如下判决：1. 达特茅斯学院属于私人慈善团体；2. 学院特许状是一种契约，契约的双方是董事会和英国王室，它不受州政府的制约；3. 州议会的决议剥夺了董事会的权力，属侵权行为，违背了美国宪法。	该判决不仅维护了"契约神圣"的原则，也确立了私立大学的法人身份，同时划清了公私立大学的法律界限，进而推动了美国私立大学、州立大学的快速发展。

· 257 ·

续 表

序号	国家	时间	事件	意义
8	法国	1968 年	《高等教育方向指导法》将法国公立大学界定为"科学、文化和职业的公务法人"。	这与之前的"行政公务法人"表现截然不同。
9		1984 年	《高等教育法》进一步明确公立大学在教学、科研、行政管理、财务等方面享有自治权。	这是对公立大学法人制度的一次重申与巩固,且创立了公立大学与政府之间的"行政合同"关系。
10		2007 年	《大学自治与责任法》进一步确立了公立大学的自治权限,且在调整大学与政府之间关系迈出坚实的一步。	它标志着"行政合同"开始具有法律效力,并成为规范公立大学外部治理关系的重要方式。
11		2013 年	《高教与研究法草案》削弱校长权力,通过将科学委员会、教学与大学生活委员会合并为学术委员会的方式增强学术权力。	这有助于公立大学实现学校权力的"学术回归"与"基层复归"。
12	马来西亚	1995 年	1995 年的《大学法》是在 1971 年、1975 年的基础上修订而成,受英国的影响,其公立大学的性质由"国家机构"转变为"公司法人",2008 年修正案对相应条款进行完善。	政府角色由"监控者"变为"监督者",公立大学身份由"国家机构"变为"公司法人",大学委员会被董事会取代,大学教师全部改为雇员。
13	中国大陆	1998 年	《高等教育法》第三十条规定:"高等学校自批准设立之日起取得法人资格。高等学校的校长为法定代表人。高等学校在民事活动中依法享有民事权利,承担民事责任。"	以高等教育根本大法的形式规定公立高校的"事业单位法人"资格,其只是享有民事法律关系中的独立地位,府学关系仍有待法律调整。
14	日本	1999 年	《独立行政法人通则法》第二条规定:"从国民生活及社会经济安定等公共性的特点,有确实实施必要之事务、事业,且国家没有以主体地位实施之必要者,政府得创设使其具备适于有效及效率实施之自律性及透明性之法人制度。"	"独立行政法人"是日本行政机构改革中的制度创造,它不仅为国立大学法人化改革做好了政策铺垫,还丰富了世界大学法人制度模式。
15		2003 年	日本的《国立大学法人法》正式通过。	"国立大学法人"成为日本国立大学新的法人身份。

续表

序号	国家	时间	事件	意义
16	日本	2004 年	日本国立大学法人化改革正式启动。	按照 6 年一个周期持续推进，目前已进入第三个周期。
17	日本	2016 年	建设高附加值的特色大学成为日本国立大学法人化改革的新举措。	日本的 86 所国立大学被划分为世界水平大学、面向特定研究领域的大学和区域性大学三种类型。
18	印度尼西亚	1999 年	《高等教育条例》（60 号）第 123 条规定，公立高等学校可以将其法律地位变更为独立的法人实体机构。《公立高等院校为法人实体条例》（61 号）共 15 章 25 条，对公立高校性质、章程、财产、人事、组织等予以规定。	这在印尼高等教育史上是前所未有的，是首次提出公立高校法人化改革动向。两部教育法律条例几乎同步颁布，足见印尼政府推进公立大学法人化改革的决心。
19	印度尼西亚	2009 年	《教育法人实体法》（9 号）共 14 章 69 条，从一般意义上对教育机构作出较为详尽的法律规范，教育法人被划分为中央政府教育法人、地方政府教育法人和社会教育法人三种。	2000 年和 2003 年分别有 4 所公立高校迈向法人化，这种卓有成效的改革进程使得印尼政府抱有积极乐观态度，试图扩大至一般教育机构。
20	印度尼西亚	2010 年	反对声音较大，宪法法院介入，对《教育法人实体法》进行司法审查。	印尼的公立大学法人化改革因此而遭遇挫折。
21	印度尼西亚	2012 年	《高等教育法》（12 号）将公立高校划分为政府隶属的公立高校、公共服务实体的公立高校以及法人实体的公立高校三种。	印尼政府并没有因为宪法法院的司法审查而中止公立大学法人化进程，三种类型提供了多样化选择。
22	中国台湾	2003 年	《台湾大学法修正草案》对"行政法人国立大学"专门进行论述。	这意味着台湾公立大学法人化改革的基本方向就是"行政法人"。
23	中国台湾	2005 年	《台湾大学法修正草案》第 5 条规定："公立大学得为公法人"。	台湾公立大学"公法人化"的改革动向逐渐明朗。

续表

序号	国家	时间	事件	意义
24	中国台湾	2011年	《台湾行政法人法》第二条对"行政法人"做出明确规定。	"行政法人"在"政府"组织再造运动中再次得到法律确认。
25		2011年	《台湾大学法》对公立大学公法人化的表述全部删除。	台湾公立大学法人化改革落空。
26	奥地利	2002年	奥地利的《大学组织法》制定出来,其中赋予公立大学以法人资格,并对具体制度事项予以规定。这部法律于2004年正式实施。	公立大学转变为公法全权法人资格,可以自主决定大学内部的相关事务。
27	丹麦	2003年	《新大学法》颁布实施,其中对大学内部治理结构进行规定。	这就进一步推动了丹麦的大学迈向"自治"。
28	韩国	2005年	《特性化的大学革新方案》公布。	这意味着,韩国国立大学法人化改革被提上日程。
29		2007年	《关于设立和运营国立大学法人蔚山科学技术大学校的法律》通过。	第一次为国立大学法人化提供了法律根据。
30		2012年	首尔国立大学法人化改革正式启动。	2012年成为韩国国立大学法人化改革元年。
31	新加坡	2005年	《大学自主:迈向卓越巅峰》报告公布。	新加坡国立大学和南洋理工大学作为创业型大学的战略图景愈加清晰。
32		2006年	《新加坡国立大学法人化法案》指出,新加坡国立大学的法律地位将由政府全资投入的法人机构转变为有担保的责任有限公司。	这是新加坡向英国学习的结果,新加坡国立大学法人性质变更为"非营利性公司"。
33	俄罗斯	2006年	《自治组织法》通过。	这标志着俄罗斯开启了联邦大学法人化的改革进程。
34	瑞典	2010年	《瑞典自治法》颁布实施。	瑞典大学因此获得特殊公法地位。
35	芬兰	2010年	新《大学法》正式实施。	这标志着芬兰开始全面推行大学法人化改革。

附表 2　　　　　　　中国公立大学法人制度发展大事简表

序号	时间	事件	意义
1	1985 年	《中共中央关于教育体制改革的决定》发布，其中提出："当前高等教育体制改革的关键，就是改变政府对高等学校统得过多的管理体制，在国家统一的教育方针和计划的指导下，扩大高等学校的办学自主权。"	"扩大办学自主权"成为大学法人制度改革的中国话语。
2	1986 年	《中华人民共和国民法通则》颁布，初步形成了机关法人、事业单位法人、企业法人与社会团体法人的"四分法"法人分类基本格局。	公立高校自然而然地成为"事业单位法人"。
3	1992 年	《关于直属高校内部管理体制改革的若干意见》提出："国家教委直属高校是由国家教委直接管理的教育实体，具有法人地位。"《关于直属高校深化改革、扩大办学自主权的若干意见》强调："逐步确立高等学校的法人地位。"	这两个重要文件标志着，我国直属高校的法人地位被正式提出，并被确立下来。
4	1993 年	《中国教育改革与发展纲要》明确提出："要采取综合配套、分步推进的方针，加快步伐，改革包得过多、统得过死的体制，逐步建立起与社会主义市场经济体制和政治体制、科技体制改革相适应的教育新体制。"	社会主义市场经济的形成、确立成为高等教育体制改革的宏观背景。
5	1995 年	《中华人民共和国教育法》第三十一条规定："学校及其他教育机构具备法人条件的，自批准设立或者登记注册之日起取得法人资格。学校及其他教育机构在民事活动中依法享有民事权利，承担民事责任。"	最早在教育法中认可学校法人地位，并暗含着高校亦具有法人资格。
6	1998 年	《中华人民共和国高等教育法》第三十条规定："高等学校自批准设立之日起取得法人资格。高等学校的校长为高等学校的法定代表人。高等学校在民事活动中依法享有民事权利，承担民事责任。"	以高等教育根本大法的形式规定公立高校的事业单位法人资格。
7	2005 年	《事业单位登记管理暂行条例实施细则》第三十六条规定：事业单位法人设立登记的条件之一是，"有规范的名称和组织机构（法人治理结构）"。	首次提出"事业单位法人治理结构"的基本概念。

续表

序号	时间	事件	意义
8	2010年	《国家中长期教育改革与发展规划纲要》明确提出：完善中国特色现代大学制度，完善治理结构，公办高等学校要坚持和完善党委领导下的校长负责制，依法落实党委、校长职权，充分发挥学术委员会的重要作用。加强教职工代表大会、学生代表大会建设等。	旗帜鲜明地提出"中国特色现代大学制度"这一重大学术命题与实践议题。
9	2011年	《关于建立和完善事业单位法人治理结构的意见》提出"坚持政事分开和管办分离，落实事业单位法人自主权；坚持强化事业单位的公益属性，加强对事业单位的监管；坚持正确的政治方向和党管干部的原则，加强和改善党对事业单位的领导"等治理原则。	进一步提出建立和完善"事业单位法人治理结构"的基本治理原则与主要改革方向。
10	2011年	中共中央国务院发布的《关于分类推进事业单位改革的指导意见》提出，承担高等教育公益服务且部分资源可以由市场配置的事业单位，划入公益二类。	公立高校在性质上成为公益二类的事业单位法人。
11	2017年	教育部等五部委联合发布的《关于深化高等教育领域简政放权放管结合优化服务改革的若干意见》在教师职称评审、学科专业设置、人员编制和岗位管理、薪酬分配制度、财务和资产管理等方面进一步扩大和落实高校办学自主权。这次改革可以视为"政府权力在高等教育领域的一场自我规约"。	"放管服改革"遵从的依然是扩大高校办学自主权的政治逻辑，"大学法人制度改革"依然在路上。

参考文献

一 中文文献

（一）著作

［美］S.E. 佛罗斯特：《西方教育的历史和哲学基础》，吴元训等译，华夏出版社1987年版。

［美］约翰·罗尔斯：《正义论》，何怀宏等译，中国社会科学出版社1988年版。

［美］伯顿·克拉克：《高等教育系统》，王承绪等译，杭州大学出版社1994年版。

［美］弗莱克斯纳：《现代大学论：美英德大学研究》，徐辉、陈晓菲译，浙江教育出版社2001年版。

［美］克拉克·克尔：《大学功用》，陈学飞译，江西教育出版社2001年版。

［美］约翰·S. 布鲁贝克：《高等教育哲学》，王承绪等译，浙江教育出版社2001年版。

［美］伯顿·克拉克：《高等教育新论——多学科的研究》，王承绪等译，浙江教育出版社2002年版。

［美］艾萨克·康德尔：《教育的新时代——比较研究》，王承绪等译，人民教育出版社2001年版。

［美］阿特巴赫：《21世纪的美国高等教育：社会、政治、经济的挑战》，施晓光等译，中国海洋大学出版社2007年版。

［美］希拉·斯劳特、拉里·莱斯利：《学术资本主义：政治、政策和创业型大学》，梁骁、黎丽译，北京大学出版社2008年版。

〔美〕大卫·科伯：《高等教育市场化的底线》，晓征译，北京大学出版社 2008 年版。

〔美〕罗纳德·G. 埃伦伯格：《美国的大学治理》，沈文钦等译，北京大学出版社 2010 年版。

〔美〕马克·艾伦·艾斯纳：《规制政治的转轨》，尹灿译，中国人民大学出版社 2015 年版。

〔德〕威廉·冯·洪堡：《论国家的作用》，林荣远、冯兴元译，中国社会科学出版社 1998 年版。

〔德〕哈贝马斯：《公共领域的结构转型》，曹卫东等译，学林出版社 1999 年版。

〔德〕康德：《实践理性批判》，邓晓芒译，人民出版社 2004 年版。

〔德〕米歇尔·施托莱斯：《德国公法史》，雷勇译，法律出版社 2007 年版。

〔德〕马克斯·韦伯：《社会科学方法论》，李秋零等译，中国人民大学出版社 2009 年版。

〔法〕托克维尔：《论美国的民主》（上卷），董果良译，商务印书馆 1988 年版。

〔法〕莫里斯·奥里乌：《行政法与公法精要》，龚觅等译，春风文艺出版社 1999 年版。

〔法〕勒戈夫：《中世纪的知识分子》，张弘译，商务印书馆 1996 年版。

〔法〕爱弥尔·涂尔干：《教育思想的演进》，李康译，上海人民出版社 2006 年版。

〔英〕巴里·尼古拉斯：《罗马法概论》，黄风译，法律出版社 2000 年版。

〔英〕大卫·帕尔菲曼：《高等教育何以为"高"》，冯青来译，北京大学出版社 2011 年版。

〔日〕金子元久：《高等教育财政与管理》，刘献君编译，华东师范大学出版社 2010 年版。

〔荷〕弗兰斯·F. 范富格特：《国际高等教育政策比较研究》，王承绪等译，浙江教育出版社 2001 年版。

〔意〕彼得罗·彭梵得：《罗马法教科书》，黄风译，中国政法大学出版社1992年版。

［葡］佩德罗·泰克希拉等：《理想还是现实——高等教育中的市场》，胡咏梅等译，北京师范大学出版社2008年版。

［苏］A. 古列维奇：《中世纪文化范畴》，庞玉洁等译，浙江人民出版社1992年版。

［加］约翰·范德格拉夫：《学术权力——七国高等教育管理体制比较》，王承绪等译，浙江教育出版社1989年版。

周志宏：《学术自由与大学法》，（台湾）蔚理法律出版社1989年版。

汤尧、成群豪、杨宗明：《大学治理：财务、研发、人事》，（台湾）心理出版社2006年版。

面向顶尖大学策略联盟：《大学法人化——发展国际一流大学及顶尖研究中心》，（台湾）台大出版中心2009年版。

马俊驹：《法人制度通论》，武汉大学出版社1988年版。

何勤华：《西方法学史》，中国政法大学出版社1996年版。

陈旭麓：《陈旭麓文集（第四卷）——浮想偶存》，华东师范大学出版社1997年版。

江平：《法人制度论》，中国政法大学出版社1998年版。

贺国庆：《德国和美国大学发达史》，人民教育出版社1998年版。

贺国庆：《欧洲中世纪大学》，人民教育出版社2009年版。

周翼虎、杨晓民：《中国单位制度》，中国经济出版社1999年版。

李路路、李汉林：《中国的单位组织——资源、权力与交换》，浙江人民出版社2000年版。

赫维谦、龙正中：《高等教育史》，海南出版社2000年版。

何新：《思考：新国家主义的经济观》，时事出版社2001年版。

何新：《论政治国家主义》，时事出版社2003年版。

郑国安：《非营利组织与中国事业单位体制改革》，机械工业出版社2002年版。

吕一民：《法国通史》，上海社会科学院出版社2002年版。

蔡克勇：《20世纪的中国高等教育》（体制卷），高等教育出版社2003年版。

王名扬：《法国行政法》，中国政法大学出版社2003年版。

王名扬：《美国行政法》，中国法制出版社2005年版。

王名扬：《英国行政法》，北京大学出版社 2007 年版。

范文耀、马陆亭：《国际视角下的大学质量评估与财政拨款》，教育科学出版社 2004 年版。

张斌贤：《大学自由、自治与控制》，北京师范大学出版社 2005 年版。

康宁：《中国经济转型中高等教育资源配置的制度创新》，教育科学出版社 2005 年版。

李泽彧、姚加惠、朱景坤：《我国巨型大学的管理与组织模式研究》，厦门大学出版社 2005 年版。

周光礼：《教育与法律：中国教育关系的变革》，社会科学文献出版社 2005 年版。

孙正聿：《哲学通论》，复旦大学出版社 2006 年版。

湛中乐：《大学自治、自律与他律》，北京大学出版社 2006 年版。

蒋学跃：《法人制度法理研究》，法律出版社 2007 年版。

龙献忠：《治理理论视野下的政府与大学关系研究》，湖南大学出版社 2007 年版。

杨克瑞、王凤娥等：《政治权力与大学的发展》，中国言实出版社 2007 年版。

王敬波：《高等教育领域的行政法问题研究》，中国法制出版社 2007 年版。

张斌贤、刘慧珍主编：《西方高等教育哲学》，北京师范大学出版社 2007 年版。

王建华：《第三部门视野中的现代大学制度》，广东高等教育出版社 2008 年版。

和震：《美国大学自治制度的形成与发展》，北京师范大学出版社 2008 年版。

王国均：《美国高等教育学术自由传统的演进》，学林出版社 2008 年版。

周丽华：《德国大学与国家的关系》，北京师范大学出版社 2008 年版。

田爱丽：《现代大学法人制度研究——日本国立大学法人化改革的实践和启示》，上海教育出版社 2009 年版。

别敦荣、杨德广：《中国高等教育改革与发展 30 年》，上海教育出版社 2009 年版。

侯定凯：《中国大学的理性之路》，华东师范大学出版社 2009 年版。

李昕：《作为组织手段的公法人制度研究》，中国政法大学出版社 2009 年版。

李昕：《公立大学法人制度研究》，中国民主法制出版社 2017 年版。

张磊：《欧洲中世纪大学》，商务印书馆 2010 年版。

宋文红：《欧洲中世纪大学的演进》，商务印书馆 2010 年版。

申素平：《高等学校的公法人地位研究》，北京师范大学出版社 2010 年版。

覃壮才：《中国公立高等学校法人治理结构研究》，北京师范大学出版社 2010 年版。

洪源渤：《共同治理——论大学法人治理结构》，科学出版社 2010 年版。

吕继臣：《中国高等学校法人制度研究》，北京师范大学出版社 2011 年版。

黄明东：《中、美、法高校教师法律地位比较研究》，武汉大学出版社 2011 年版。

张国有：《大学章程》（第二卷），北京大学出版社 2011 年版。

张文国：《中国民办学校法人制度研究》，教育科学出版社 2012 年版。

张学文：《大学理性研究》，北京师范大学出版社 2013 年版。

张端鸿：《中国公立大学法人治理结构研究——以 A 大学为例》，复旦大学出版社 2014 年版。

吴岩：《构建中国特色的高等教育质量保障体系》，教育科学出版社 2014 年版。

余承海：《美国州立大学治理结构研究》，南京师范大学出版社 2014 年版。

杨文明：《美国州政府对州立大学治理模式的实证研究》，商务印书馆 2015 年版。

陈文干：《美国大学与政府的权力关系变迁史研究》，浙江大学出版社 2015 年版。

刘冬青：《美国州高等教育财政政策的变革》，浙江教育出版社 2015 年版。

刘永林：《我国公办高等学校法人治理结构研究》，中国政法大学出版社 2015 年版。

郝艳萍：《美国联邦政府干预高等教育机制的确立》，浙江教育出版社 2015 年版。

崔高鹏：《美国州立大学董事会权力的变迁》，浙江教育出版社 2015 年版。

王利明：《民法》（第六版），中国人民大学出版社 2015 年版。

张力、金家新：《公立大学法人主体地位与治理结构完善研究》，华中科技大学出版社 2016 年版。

周详：《美国大学法人制度的创建》，首都师范大学出版社 2016 年版。

（二）期刊

［美］卡洛斯·阿尔伯托·托里斯：《新自由主义常识与全球性大学：高等教育中的知识商品化》，《北京大学教育评论》2014 年第 1 期。

［美］亨利·汉斯曼、黄丽：《高等教育中国家与市场的关系》，《北京大学教育评论》2005 年第 3 期。

［德］乌尔里希·泰希勒：《公立高等教育与私立高等教育界限模糊：以德国为例》，戴娅娅、刘鸿译，《现代大学教育》2009 年第 1 期。

［法］克里斯多弗·查理：《近代大学模式：法国、德国与英国》，张斌贤、杨克瑞译，《大学教育科学》2012 年第 3 期。

［法］保罗·热尔博：《欧洲近代大学与政府的关系》，杨克瑞、张斌贤译，《河北师范大学学报》（教育科学版）2012 年第 5 期。

［比］Thomas Estermann：《欧洲大学自治》，韩梦洁译，《中国高教研究》2016 年第 4 期。

［日］羽田贵史：《再论日本国立大学法人制度》，叶林译，《复旦教育论坛》2009 年第 5 期。

［日］金子元久：《日本国立大学法人的评价机制》，苑复杰译，《北京大学教育评论》2009 年第 3 期。

［日］金子元久、窦心浩：《日本国立大学法人的课题与改革动向——金子元久教授专访》，《苏州大学学报》（教育科学版）2016 年第 2 期。

［日］天野郁夫：《日本国立大学的财政制度：历史性展望》，陈武元译，《中国高等教育评论》2012 年第 3 期。

李建良：《论公法人在行政组织建制上的地位与功能——以德国公法

人概念与法制为借镜》，（台湾）《月旦法学杂志》2002 年第 5 期。

蔡秀卿：《日本独立行政法人制度》，（台湾）《月旦法学杂志》2002 年第 7 期。

詹盛如：《台湾高等教育治理政策之改革：迈向新管理主义》，《中国高等教育评论》2010 年第 1 期。

钟宜兴、黄碧智：《俄罗斯高等教育机构整并与法人化的论述》，（台湾）《教育资料集刊》2011 年第 52 期。

黄福涛：《法国近代高等教育模式的演变与特征》，《厦门大学学报》（哲社版）1996 年第 4 期。

黄福涛：《日本国立大学法人化的变化与影响——基于院校调查结果的分析》，《比较教育研究》2012 年第 7 期。

欧阳光华：《中世纪大学的起源、类型、特点及其演变》，《高等函授学报》（哲学社会科学版）1998 年第 1 期。

朱苏力：《语境论：一种法律制度研究的进路和方法》，《中外法学》2000 年第 1 期。

马怀德：《公务法人问题研究》，《中国法学》2000 年第 4 期。

马怀德：《法治是未来改革发展最大的共识》，《法制资讯》2012 年第 11 期。

李盛兵：《高等教育市场化：欧洲观点》，《高等教育研究》2000 年第 4 期。

揭爱花：《单位：一种特殊的社会生活空间》，《浙江大学学报》（人文社会科学版）2000 年第 5 期。

潘懋元、邬大光：《世纪之交中国高等教育办学模式的变化与走向》，《教育研究》2001 年第 3 期。

王一兵：《大学自主与大学法人化的新诉求——全球化知识经济带来的挑战》，《高等教育研究》2001 年第 3 期。

邢克超：《大学发展的一个新阶段——法国高等教育管理十年改革简析》，《比较教育研究》2001 年第 7 期。

尹田：《论自然人的法律人格与权利能力》，《法制与社会发展》2002 年第 1 期。

董秀华：《从网上看国外虚拟大学》，《教育发展研究》2002 年第 5 期。

申素平：《试析英美高等学校的法律地位》，《比较教育研究》2002 年第 5 期。

申素平：《论公立大学的公法人化趋势》，《清华大学教育研究》2002 年第 3 期。

熊庆年：《大学法人化趋势与我们的对策》，《江苏高教》2002 年第 4 期。

吴琦：《日本国立大学法人化改革中的人事制度改革》，《外国教育研究》2003 年第 9 期。

李帅军：《法国教育行政管理体制的考察与启示》，《外国中小学教育》2003 年第 1 期。

马俊驹：《法人制度的基本理论和立法问题之探讨》（上），《法学评论》2004 年第 4 期。

孔垂谦、文辅相：《西方现代大学学术自治的制度环境基础：一种政治社会学分析》，《北京大学教育评论》2004 年第 4 期。

沈佳乐：《中央集权与大学自治——论法国大学与政府的关系》，《高教探索》2004 年第 3 期。

孙国华、杨思斌：《公私法的划分与法的内在结构》，《法制与社会发展》2004 年第 4 期。

张斌贤、孙益：《西欧中世纪大学的特权》，《北京师范大学学报》（哲社版）2004 年第 4 期。

张斌贤：《艰难的创业：美国高等教育早期历史的特征与成因》，《高等教育研究》2015 年第 11 期。

樊钉、吕小明：《高校问责制：美国公立大学权责关系的分析与借鉴》，《中国高教研究》2005 年第 3 期。

张乃和：《近代英国法人观念的起源》，《世界历史》2005 年第 5 期。

曹汉斌：《西方大学法人地位的演变》，《高等教育研究》2005 年第 10 期。

龙宗智：《大学法人制度与财产权益界定》，《中国高等教育》2005 年第 18 期。

高留成：《法人制度历史探源》，《社会科学论坛》2006 年第 2 期。

孙贵聪：《英国大学特许状及其治理意义》，《比较教育研究》2006 年第 1 期。

雷勇：《欧洲中世纪的城市自治——西方法治传统形成因素的社会学分析》，《现代法学》2006 年第 1 期。

田爱丽等：《日本国立大学法人化改革效果分析——以名古屋大学为例》，《教育发展研究》2006 年第 8A 期。

孙益：《校园反叛——美国 20 世纪 60 年代的学生运动与高等教育》，《清华大学教育研究》2006 年第 4 期。

金明浩、郑友德：《论我国公立大学法人地位的实现与保障》，《现代大学教育》2006 年第 6 期。

王勇：《浅析美国高等教育市场化——以营利性高校为视角》，《外国教育研究》2006 年第 8 期。

方流芳：《从法律视角看中国事业单位改革》，《比较法研究》2007 年第 3 期。

周友军：《德国民法上的公法人制度研究》，《法学家》2007 年第 4 期。

贺国庆：《欧洲中世纪大学起源探微》，《河北大学学报》（哲学社会科学版）2007 年第 6 期。

贺国庆、赵子剑：《19 世纪以来德国高等教育结构演变研究》，《河北师范大学学报》（教育科学版）2016 年第 1 期。

延建林：《中世纪大学称谓的变迁》，《教育学报》2007 年第 6 期。

冯正好：《中世纪西欧的城市特许状》，《西南大学学报》（社会科学版）2008 年第 1 期。

龚怡祖：《高校法人滥权问题的制度回应方向》，《公共管理学报》2008 年第 1 期。

龚怡祖、常姝：《"双界性"法人：我国高校法人滥权的制度特征及治理》，《东南大学学报》（哲学社会科学版）2008 年第 6 期。

包中：《威廉·洪堡〈论国家的作用〉解读》，《历史教学问题》2008 年第 2 期。

马晓燕：《论公、私法区分与融合视角下大学自主权的法律性质定位》，《中国教育法制评论》2008 年第 6 期。

喻恺：《模糊的英国大学性质：公立还是私立》，《教育发展研究》2008 年第 13/14 期。

喻恺：《全球金融危机对高等教育的影响和启示》，《高等教育研究》

2009 年第 1 期。

吴文灵：《作为公法社团的高等学校——兼论高等学校的行政主体资格》，《首都师范大学学报》2008 年第 3 期。

黄崴：《公办高校法人治理结构及其建设》，《高等教育研究》2008 年第 8 期。

吴越：《日本国立大学法人化的政策变迁研究——基于支持联盟框架的分析》，《复旦教育论坛》2009 年第 4 期。

赵立行：《"限制"还是"促进"：特许状与欧洲中世纪商业》，《历史研究》2009 年第 6 期。

陈厥祥：《民办国有：开辟中国大学第三态——兼谈浙江万里学院的改革探索》，《中国高等教育》2009 年第 22 期。

孔捷、迟芳、[德]马蒂亚斯·韩：《讲座制下德国大学教师的职业发展》，《外国教育研究》2010 年第 1 期。

张芳芳、朱家德：《中世纪大学特许状（章程）的特点及变革》，《赣南师范学院学报》2010 年第 2 期。

初宝云：《芬兰大学法人化改革及其对我国的启示》，《国家教育行政学院学报》2010 年第 2 期。

金红莲、臧日霞：《韩国国立大学法人化改革述评》，《比较教育研究》2010 年第 2 期。

全世海、方芳：《浅析我国公立高校与教师之间的法律关系》，《天津电大学报》2010 年第 1 期。

孙华：《特许状：大学学术自由的张力和社会控制的平衡》，《教育学术月刊》2010 年第 3 期。

肖俊杰、谢安邦：《日本高等教育市场化改革的趋势、形式和启示》，《江苏高教》2010 年第 6 期。

王宝玺：《法国大学自治演进分析》，《教育学术月刊》2010 年第 10 期。

薄建国、王嘉毅：《公法视野中我国公立高校法人制度的重构》，《高等教育研究》2010 年第 7 期。

薄建国、王素一：《日本、我国台湾公立高校法人化改革比较：进程、结果与启示》，《国家教育行政学院学报》2014 年第 3 期。

王洪才：《想念洪堡——柏林大学创立 200 周年纪念》，《复旦教育论坛》2010 年第 6 期。

王洪才：《现代大学制度：世纪的话题》，《复旦教育论坛》2011年第2期。

王洪才：《南方科技大学：一次现代大学制度的试验——从朱清时出任南方科技大学校长说起》，《高校教育管理》2011年第5期。

王璐、曹云亮：《新公共管理运动对美国公立高等教育的影响》，《高教探索》2011年第2期。

王景枝：《美国公立高等教育绩效问责制的成效分析》，《高等工程教育研究》2011年第4期。

李亚楠：《以"公地悲剧"理论解析高校过度举债》，《高教发展与评估》2011年第2期。

袁利平、杨琴琴：《马来西亚开放大学办学特色及其启示》，《国家教育行政学院学报》2011年第4期。

杨丽君：《美国大学教师聘任制改革及对我国的启示》，《江苏高教》2011年第4期。

陈权：《全球化背景下的高等教育及其治理》，《现代教育科学》2011年第5期。

王玉芳：《政府与大学关系之调整——试析台湾公立大学行政法人化》，《教育学术月刊》2011年第9期。

吴岩：《市场权力协调下的美国大学教师聘任制度改革及启示》，《外国教育研究》2011年第1期。

裴自余：《国家与理性：关于"国家理性"的思考》，《开放时代》2011年第6期。

折晓叶、陈婴婴：《项目制的分级运作机制和治理逻辑——对"项目进村"案例的社会学分析》，《中国社会科学》2011年第7期。

朱玉苗：《〈哈佛大学特许状（1650）〉法理解析》，《法治研究》2011年第11期。

湛中乐、苏宇：《论大学法人的法律性质》，《国家教育行政学院学报》2011年第9期。

湛中乐：《中国大学引入董事会（理事会）制度的思考》，《教育研究》2015年第11期。

胡耀宗：《不同类属高校财政差异分析》，《中国高教研究》2011年第11期。

李建奇、张应强：《基于委托代理理论的政府与公立高校关系研究》，《高等教育研究》2011年第7期。

张应强：《新中国大学制度建设的艰难选择》，《清华大学教育研究》2012年第6期。

张应强、蒋华林：《关于中国特色现代大学制度的理论认识》，《教育研究》2013年第11期。

张应强：《我国高等教育改革的反思与再出发》，《深圳大学学报》（人文社会科学版）2016年第1期。

张应强：《关于将高等教育改革纳入法治化轨道的思考》，《江苏高教》2015年第6期。

蔡立东、王宇飞：《职能主义法人分类模式批判——兼论我国民法典法人制度设计的支架》，《社会科学战线》2011年第9期。

蔡立东：《法人分类模式的立法选择》，《法律科学》（西北政法大学学报）2012年第1期。

张国平：《论我国公益组织与财团法人制度的契合》，《江苏社会科学》2012年第1期。

何雪莲：《公私莫辨：转型国家高等教育市场化研究》，《比较教育研究》2012年第1期。

崔玉洁、谷峪：《日本高等教育市场化述评》，《外国教育研究》2012年第2期。

武翠红：《金融危机背景下丹麦大学改革的战略选择》，《比较教育研究》2012年第5期。

彭俊：《历史与现实：我国公立高校法律地位研究——兼论公立高校与学生的法律关系》，《高教探索》2012年第4期。

王绽蕊、郭丰琪：《高校法人制度三个维度的国际比较、启示与建议——基于法人地位、法定代表人和法人章程的视角》，《黑龙江高教研究》2012年第5期。

胡建华：《"国立大学法人化"给日本国立大学带来了什么》，《高等教育研究》2012年第8期。

胡建华：《从文件化到法律化：改善大学与政府关系之关键》，《苏州大学学报》（教育科学版）2015年第4期。

王瑛滔、李家铭：《大学法人化与大学治理结构变革——东京大学的经验和启示》，《全球教育展望》2012 年第 11 期。

解德渤：《传统与变革：保守主义视野下英国高等教育大众化》，《国际高等教育研究》2012 年第 3 期。

解德渤、王洪才：《高等教育多学科研究的认识偏向与实践误区——兼议高等教育学的学科发展方向》，《现代大学教育》2015 年第 3 期。

解德渤：《专业教育的世界模式与中国抉择——以高等教育基本命题的分析与开拓为中心》，《复旦教育论坛》2016 年第 4 期。

解德渤：《面向 2030 年的中国大学法人制度改革》，《中国高等教育》2016 年第 17 期。

解德渤：《我国高职院校法人类型的演进、反思及其重构——基于法人分类的视角》，《中国高教研究》2016 年第 8 期。

陈鹏、王雅荔：《基于公立高校法人财产权特殊性的贷款制度设计》，《陕西师范大学学报》（哲学社会科学版）2012 年第 6 期。

周详：《试论法人理论和大学法人的分类——中国大学法人制度建立的基础反思》，《中国人民大学教育学刊》2012 年第 4 期。

周详：《我国公立大学的法律属性与依法治教的推进》，《中国高教研究》2015 年第 11 期。

李路路：《单位制的变迁与研究》，《吉林大学社会科学学报》2013 年第 1 期。

展立新、陈学飞：《理性的视角：走出高等教育"适应论"的历史误区》，《北京大学教育评论》2013 年第 1 期。

钱颖一：《大学人事制度改革——以清华大学经济管理学院为例》，《清华大学教育研究》2013 年第 2 期。

蒋凯：《高等教育市场及其形成的基础》，《高等教育研究》2013 年第 3 期。

蒋凯：《美国、英国、澳大利亚高等教育市场的形成与发展》，《清华大学教育研究》2016 年第 2 期。

曹俊：《我国公立大学法人地位的困境溯源与定位分析》，《扬州大学学报》（高教研究版）2013 年第 4 期。

胡劲松：《德国公立高校法律身份变化与公法财团法人改革——基于法律文本的分析》，《比较教育研究》2013 年第 5 期。

盛明科：《新加坡大学与政府间关系调适的机制设计与制度创新——

兼论新加坡经验对中国的启示》,《复旦教育论坛》2013 年第 3 期。

刘原兵：《韩国国立大学法人化改革的政策分析——以蔚山科学技术大学为例》,《高教探索》2013 年第 5 期。

安杨、王春知：《试论〈民法典草案〉对我国现行法人分类制度的修正》,《淮南师范学院学报》2013 年第 5 期。

纪宝成：《世纪之交中国高等教育管理体制改革的历史回顾》,《中国高教研究》2013 年第 8 期。

金保华、王英：《美国私立高校办学监督机制：类型、特征与启示》,《黑龙江高教研究》2013 年第 10 期。

黄海群：《现代大学行政法人制度的构建》,《现代教育管理》2013 年第 10 期。

高新平、王传干：《公立大学法人化的法理基础与实践进路》,《高教探索》2014 年第 2 期。

赵婷婷：《重构我国政府与大学关系的关键——从行政性权力关系到契约性权力关系》,《苏州大学学报》（教育科学版）2014 年第 3 期。

别敦荣：《大学学术委员会的性质及其运行要求》,《中国高等教育》2014 年第 8 期。

别敦荣：《现代大学制度的典型模型与国家特色》,《中国高教研究》2017 年第 5 期。

别敦荣：《现代大学制度的演变与特征》,《江苏高教》2017 年第 5 期。

罗爽：《论高等学校法人制度的根本性质及其意义》,《高等教育研究》2014 年第 3 期。

罗爽：《我国公立高等学校法人制度的问题及其改革》,《复旦教育论坛》2014 年第 5 期。

罗爽：《论建立第三部门视野下的高等学校法人制度》,《教育学报》2014 年第 6 期。

刘梦今：《中外合作大学公私属性之辨》,《中国高教研究》2014 年第 11 期。

刘虹：《大学治理结构的政治学分析》,《复旦教育论坛》2013 年第 6 期。

刘虹、张端鸿：《国家教育行政权力清单的规范研究——以教育部行政权力为研究对象》,《复旦教育论坛》2016 年第 1 期。

金家新、张力:《公立高校法人制度的双界性:法源、问题与治理》,《复旦教育论坛》2015 年第 1 期。

闵维方:《美国大学崛起的历史进程与管理特点分析》,《山东高等教育》2015 年第 1 期。

席东梅、刘亚荣:《混合所有制:职业教育活力所在——齐齐哈尔多元化办学探索之路》,《齐齐哈尔工程学院学报》2015 年第 2 期。

周继良:《法国大学内部治理结构:历史嬗变与价值追求——基于中世纪至 2013 年的分析》,《教育研究》2015 年第 3 期。

易红郡:《英国近现代大学精神的创新》,《清华大学教育研究》2015 年第 5 期。

时凯、刘钧:《德国高校分类与办学模式的研究》,《黑龙江高教研究》2015 年第 7 期。

冯典:《大学、科学与政府:近代法国大学模式的形成、特征与评价》,《高等教育研究》2015 年第 10 期。

劳凯声:《回顾与前瞻:我国教育体制改革 30 年概观》,《教育学报》2015 年第 5 期。

劳凯声:《民办学校分类管理的问题及其解决途径》,《教育学报》2016 年第 5 期。

欧阳光华:《从法人治理到共同治理——美国大学治理的历史演进与结构转换》,《教育研究与实验》2015 年第 2 期。

姚荣:《德国公立高等学校法律地位演进的机制、风险与启示》,《国家教育行政学院学报》2015 年第 6 期。

姚荣:《公立高校法人化改革的理论争议与制度抉择》,《北京教育(高教)》2016 年第 2 期。

姚荣:《迈向法权治理:德国公立高校法律地位的演进逻辑与启示》,《高等教育研究》2016 年第 4 期。

姚荣:《公私法域的界分与交融:全球化时代公立高等学校法律地位的演进逻辑与治理意涵》,《复旦教育论坛》2016 年第 4 期。

胡向东:《新修订之〈高等教育法〉评说》,《决策与信息》2016 年第 2 期。

王旭辉:《高等教育市场化研究述评与研究展望》,《复旦教育论坛》

2016 年第 2 期。

沈文钦：《英国大学法人制度确立的历史过程及其当代困境：剑桥大学的案例》，《中国高教研究》2016 年第 3 期。

李立国：《大学治理的转型与现代化》，《大学教育科学》2016 年第 1 期。

刘益东：《大学法人的属性初探》，《国家教育行政学院学报》2016 年第 3 期。

祁占勇：《高等学校法人治理结构中的权力制衡模式及其内涵》，《高等教育研究》2016 年第 3 期。

高明：《英国政府对高校的绩效管理及启示》，《世界教育信息》2016 年第 3 期。

施雨丹：《21 世纪以来日本高等教育的改革与发展——访日本广岛大学高等教育研究开发中心主任丸山文裕》，《世界教育信息》2016 年第 13 期。

王志军：《现代大学制度视域下学生参与制度探析》，《教育评论》2016 年第 5 期。

张德祥：《1949 年以来中国大学治理的历史变迁——基于政策变革的思考》，《中国高教研究》2016 年第 2 期。

张瑞瑞、袁征：《中外合作大学是不是第三种高校类型？——兼与刘梦今商榷》，《现代大学教育》2016 年第 4 期。

文少保：《权力清单推进大学治理现代化的价值、困境及路径研究》，《中国高教研究》2016 年第 6 期。

王敬波：《大学治理的法治与自治之维——写在〈中华人民共和国高等教育法〉修改之际》，《中国高教研究》2016 年第 6 期。

王敬波：《落实高等教育法助力"双一流"建设》，《北京教育》2016 年第 5 期。

包万平、李金波：《〈高等教育法〉的制定、完善及未来面向》，《中国高教研究》2016 年第 8 期。

韩萌：《"后危机时代"世界一流公立大学财政结构转型及启示——以加州大学伯克利分校为例》，《教育研究》2016 年第 5 期。

阎凤桥、闵维方：《从法人视角透视美国大学治理之特征——〈学术法人〉一书的启示》，《北京大学教育评论》2016 年第 4 期。

周光礼：《"双一流"建设的三重突破：体制、管理与技术》，《大学教育科学》2016 年第 4 期。

卢威：《论建立公私统一的高等学校法人制度》，《复旦教育论坛》2017 年第 3 期。

陆启越、余小波、刘潇华：《改革开放以来我国高等教育改革的回顾与前瞻》，《大学教育科学》2017 年第 2 期。

(三) 其他文献

湛中乐、李凤英：《论高等学校法律地位》，《行政法论丛》（第四卷），法律出版社 2001 年版。

董保城：《行政改革与法治在台湾发展趋势》，《行政改革 2004——中法行政改革国际研讨会会议论文集》，2004 年。

王建华：《第三部门视野中的现代大学制度》，厦门大学，博士学位论文，2005 年。

姚金菊：《转型期的大学法治》，中国政法大学，博士学位论文，2005 年。

张征：《新自由主义背景下大学制度变革研究》，华中科技大学，博士学位论文，2011 年。

李昭团：《印度尼西亚公立高等学校法人化改革研究（1999 年至 2012 年）》，南京师范大学，博士学位论文，2014 年。

陈涛：《大学公私界限模糊现象探究》，厦门大学，博士学位论文，2015 年。

张涛：《公立高等学校法人制度研究》，北方工业大学，硕士学位论文，2012 年。

沈妍伶：《台湾公立大学法人化改革及其争议研究》，宁波大学，硕士学位论文，2013 年。

李松涛：《高校需要怎样的审计监督》，《中国教育报》2013 年 3 月 6 日第 6 版。

李立国：《高校人事制度改革的走向》，《光明日报》2014 年 6 月 3 日第 13 版。

谢笑珍：《大学法人化改革中的问题与疑虑》，《光明日报》2014 年 7 月 22 日第 13 版。

王利明：《民法总则彰显鲜明时代特色》，《检察日报》2017年3月21日第3版。

教育部财务司、国家统计局社会和科技统计司：《中国教育经费统计年鉴（2010年）》，中国统计出版社2011年版。

教育部财务司、国家统计局社会科技和文化产业统计司：《中国教育经费统计年鉴（2011年）》，中国统计出版社2012年版。

教育部财务司、国家统计局社会科技和文化产业统计司：《中国教育经费统计年鉴（2012年）》，中国统计出版社2013年版。

教育部财务司、国家统计局社会科技和文化产业统计司：《中国教育经费统计年鉴（2013年）》，中国统计出版社2014年版。

教育部财务司、国家统计局社会科技和文化产业统计司：《中国教育经费统计年鉴（2014年）》，中国统计出版社2015年版。

教育部财务司、国家统计局社会科技和文化产业统计司：《中国教育经费统计年鉴（2015年）》，中国统计出版社2016年版。

《中国教育年鉴》编辑部：《中国教育年鉴（2014年）》，人民教育出版社2015年版。

《英博夏尔大学》，http：//www.bpp.com/bpp–university/home.2016–06–17。

《凤凰城大学》，http：//baike.so.com/doc/6601994–6815780.html.2017–05–03。

《清华学堂在线将办"互联网大学"，三年内实现学位代发》，http：//edu.news.k618.cn/edu/201705/t20170503_11201237.html.2017–05–03。

《南方科技大学管理暂行办法》，http：//sustc.edu.cn/upload/files/guizhangzhidu.2017–06–20。

《南方科技大学章程》，http：//sustc.edu.cn/upload/files/guizhangzhidu.2017–06–20。

《南方科技大学治理架构》，http：//sustc.edu.cn/about_7_2.2017–06–20。

熊丙奇：《上科大改革能突破南科大困境吗?》http：//www.topnews9.com/html/sub/xiongbq/2014/0307/34388.html.2017–06–20。

二 外文文献

(一) 著作

Hofstadter, Richard. And Smith, Wilson. (eds.), *American Higher Education: A Documentary History*, Chicago: The University of Chicago Press, 1961, p. 216.

Theodore Roosevelt, *The New Nationalism*, Englewood Cliffs, N. J.: Prentice – Hall, 1961, p. 24.

Ashby, E. and Anderson, M., *Universities: British, Indian, African. A study in the Ecology of Higher Education*, London: Weidenfeld &Nicolson, 1966, p. 296.

Eric Ashby, *Any Person, Any Study*, New York: McGraw – Hill Book Company, 1971, p. 2.

Michael Sanderson, *The Universities and British Industry 1850 – 1970*, Routledge & Kegan Paul, 1972, p. 61.

Cobban, A. B., *The Medieval Universities: Their Development and Organization*, London: Methuen & Co. Ltd., 1975, p. 47.

Durkheim, *The Evolution of Educational Thought: Lectures on the Formation and Development of Secondary Education*, New York: Routledge, 1977, p. 290.

Allen Fenichel, David Mandel, *The Academic Corporation: Justice, Freedom, and the University*, New York: Black Rose Books, 1987.

Olaf Pedersen, *The First University: Stadium Generale and the Origins of University Education in Europe*, Cambridge University Press, 1997, pp. 100 – 102.

Duryeaed, *The Academic Corporation: A History of College and University Governing Boards*, New York: Flamer Press, 2000, p. 55.

Russo, C. J., *Handbook of Comparative Higher Education Law*, Maryland: Rowman and Littlefield Education, 2013, pp. 277 – 284.

(二) 期刊

Pierre Bourdieu, "From the King's House to the Reason of State: A Model of the Genesis of the Bureaucratic Field", *Constellations*, 2004 (1), p. 27.

Stephen Krasner, "Approaches to the State: Alternative Conceptions and Historical Dynamics", *Comparative Politics*, 1984 (1), p. 225.

（三）其他文献

The Yale Report of 1828, New Haven: Hezekiah Howe, 1828, p. 20.

The Study Team Concerning the Transformation of National Universities into Independent Administrative Corporations (2002). The Final Report on "A New Image of National University Corporations", http://www.mext.go.jp/english news.htm.2003 - 07 - 03/2016 - 06 - 03.

EUA. University Autonomy in Europe, http://www.university - autonomy.eu/2017.06.20.

后　记

本书是在博士学位论文的基础上多次修改、完善而成的。当最后一行文字从指尖缓缓流淌而出，我的第一本专著终于画上一个不太圆满的休止符。此时此刻，心中生出无尽感激；回首过往，心中升起无限感慨；展望未来，激起豪情满怀。屈指算来，我求学已有20余载，接受高等教育也有十年，而从事高等教育研究亦八载有余。不夸张地说，高等教育活动和高等教育研究已经与自己独特的生命体验紧密相连，并深深融入生活中和血液里，从而我对高等教育活动的意义、高等教育研究的使命以及学术研究与生活世界的关系等基本问题形成了几点粗浅认识，愿飨于大家。同时，我在此要向所有给予我无私帮助、支持和鼓励的老师们、同学们、亲人们和朋友们表达最诚挚的谢意。也许，未来的学术道路并不平坦，但我毅然选择继续前行。这既是"不忘初心"的自我承诺，也是对所有关心自己的人的最好回馈。

一　高等教育活动的根本意义在于"失去"

我出生在华北地区两省交界的一个小村庄。按照我们那里的说法，如果谁家孩子能上大学，那必定是祖坟"冒青烟"，并成为家家户户茶余饭后的谈资和教育子女的榜样。在2007年收到大学录取通知书的那一刻起，我成为村里的第五个大学生，也就自然而然地成为别人眼中钦羡的"人物"之一。周围的父老乡亲时不时地问起我："上大学究竟有什么用？"我们不难想象，当时人们试图通过知识来改变命运的那种渴望心情是多么的迫切。最初的时候，这个问题并未引起我太多的在意，我只是本能性地做出某种辩解：要么是谋一份体面的职业，要么是获得师长的赞赏，或者是证明自我的手段，抑或是自我实现的前提等。这些回答虽不无道理，也"成功"搪塞了别人的质问或诘责，但我竟未能完全说服自己。

后来我成为村子里的第一个博士，弟弟在我的影响之下成为第二个博士，"博士之家"的名声开始在十里八村久久传播着、回荡着。但时过境迁，这几年随着外出打工者在春节开着豪车"衣锦还乡"之时，我们兄弟二人都会被问到那个老问题，但其中竟多了几分调侃与不屑的味道。如果按照世俗的观点，金钱、地位、权势无疑是衡量一个人成功与否的主要标准，甚至是唯一标准。显然，这些标准并未在我这里得到过多的证明，反而自己成为典型的反面教材。原本一个很稀松平常的问题竟在我的头脑中盘旋多年，促使我不得不做出正面的解答。倘若我们把这个问题上升为一个学术命题的话，可以将其转述为："高等教育的根本意义何在？"

　　我究竟获得了什么？也许英国帕尔菲曼在《高等教育何以为"高"》一书中的解答方才使我获得片刻宁静，"当我们对自己的思想不再感到恐惧或焦虑，当我们思考问题时不再顾及流俗、老师或考官的意愿时，这样一种自由才会到来"。也许这就是高等教育的最大意义。那么，如何拥有这种令人向往的自由呢？"我们只有置身于那些远比我们更聪明、更富有想象力、更有洞察力或更具敏捷才思的人的思想中，并穿越他们的思想丛林为自己开辟一条道路，才算拥有了这样一种自由。"[①] 另外，美国纽约前州长布隆伯格在哈佛大学 2014 年的毕业典礼上的发言令我服膺："一所大学真正的职责并不是教学生思考什么，而是教学生如何思考，这就需要倾听不同的声音，不带偏见地衡量各种观点，冷静思考不同意见中是否也有公正的观点。"就此而言，我已经获得了这种内心自由，接受了这样的思维训练，也达成了高等教育的最初意义。

　　但是，我更想对该问题做出另一番解读：高等教育的根本价值不在于获得了什么，而是在于失去了什么，如固执、褊狭、偏见、傲慢、盲目等。也就是说，高等教育领域中的"减法"问题比"加法"问题更重要、更迫切。从这个意义上说，高等教育中"失去"优于"获得"，"减法"优于"加法"。这是高等教育活动的"运算法则"，也是高等教育改革的基本逻辑。很明显，当前我们的高等教育并没有遵循这种法则，高等教育改革也没有遵守这一逻辑。

[①] ［英］大卫·帕尔菲曼：《高等教育何以为"高"》，冯青来译，北京大学出版社 2011 年版，第 91 页。

二 高等教育研究的根本使命在于"改造"

如果说自己接受高等教育是一种"为己之学",那么我更愿意将自己所从事的高等教育研究视作一种"为人之学"。高等教育活动中诸多问题的解决都有赖于高等教育改革的全面推进,但如今高等教育改革的成本越来越高,改革成效也因为各种复杂因素的涉入而愈加难以预料,这就要求高等教育研究者必须具备高度的社会责任感与使命感,也可以说是一种担当。高等教育学人就是要敢于担当、勇于担当、善于担当,以为高等教育实践与改革尽绵薄之力。

古语有云:"文以载道。"我的学术研究试图做到这一点,不仅承载着高等教育改革的道理,更肩负着高等教育发展的道义,即高等教育研究的根本使命在于改造。当然,我们也不能因此而否认高等教育研究在理论建设方面的伟大抱负,只不过是在解释世界与改造世界之间,天平更倾向于后者而已。具言之,这里的"改造"拥有正确理念支持的"改造"、立足本土经验的"改造"以及坚持结果导向的"改造"三种意涵。这说明,为了改革而改革、忽视国情的改革以及不顾成效的改革都是不明智的,也是不足取的。况且,我们不断消费人们对高教改革的期待,不断消磨人们对高教改革的信心,这更是一个极其危险的信号。近年来,我国政府不断扩大和落实高校办学自主权,这是推进大学民主化实践的重大举措,也折射出公立大学法人制度改革的启动迹象。但显而易见的是,美国大学"否决政治式"的民主制度在我国公立大学是行不通的,中国台湾地区集体性"歇斯底里式"的民主制度对我国大陆高校也是不适宜的,所以我们唯有立足具体实际,并从理念与技术层面加以完善。毕竟改革没有现成的成功模式可以套用,也没有所谓的捷径可走,否则大学的民主化实践必将会遭遇制度性失败,也将引发不可预知的多米诺骨牌效应。

这就意味着,高等教育研究对高教改革在引领、指导与反思等方面具有无可替代的意义。但需要注意的是,在重大的学术问题面前,尤其是涉及国家政策导向的学术研究,我们必须保持敬畏的态度与谦卑的姿态。因为敬畏会让我们有所畏惧、进退有度,而谦卑则会让我们更加理性、更加冷静,从而在看待学术问题之时也才会更加客观与全面。这种追求学术真理的冲动与坚守学术道德的底线是统一的,且后者在为前者划定边界。这正如德国伟大的哲学家康德在《实践理性批判》一书中所说的那样:"有两种东西，人们越是经常持久地对之凝神思索，它们越是使内心充满常新而日增的惊奇和敬畏：我头上的星空和我心中的道德律。"① 这句话在生前是康德的座右铭，死后成为其墓志铭。显然，这是学术人必须坚守的一种颠扑不破的学术使命，也是必须守望的一种不可动摇的学术品质。

三　学术与生活的处理原则在于适度"融合"

当高等教育活动与高等教育研究融入个人独特的生命体验的时候，高等教育活动的意义才会得以彰显，高等教育研究的价值也将得以深化。自2011年迈进厦门大学教育研究院的那一刻起，我就憧憬着自己某一天能够将学术研究与精神生活、生命体验深度融合起来，也就是将学术作为一种生活方式。2015年、2016年，我在老师们的带领下赴山东济南、陕西西安、江西南昌几所高校深入调研之后发现，上述学术态度属于"柏拉图式爱情"的范畴，带有强烈的理想色彩，久而久之容易堕入"书斋式学问"，对于以"改造"为根本使命的高等教育学科的长远发展裨益不大。此后，我梦想中的纯粹学术观念开始发生动摇，并逐步对学术与生活的关系获得了新的体悟。

真实的学术研究离不开作为调味剂的社会生活与家庭生活，这般学术才会越做越有味道、越做越有动力。"世事洞明皆学问，人情练达即文章"讲的就是这个道理。2011年至今的教育培训经历使我在一定程度上体悟到何谓社会生活，从2014年结婚至今使我认识到完满的家庭生活对于学术研究的支持与启迪。这些经历使我对学术与生活之间的关系产生了一次认识上的深化与拓展，即"生活世界"包括"家庭生活""社会生活"和"精神生活"，且这三种"生活世界"使我们与不同的自己相遇并在其中获得成长的力量。"家庭生活"让我们学会如何与家人相处，满足归属与爱的基本需要；"社会生活"让我们学会如何与他人相处，满足尊重与被尊重的社会需要；"精神生活"则是让我们学会如何与自己相处，满足自我实现的价值需要。如果说"精神生活"让我们怀揣教育理想，那么"社会生活"与"家庭生活"则让我们学会观照现实，且它们对学术研究很可能会产生难以估量的促进意义。

我们可以说，学术的逻辑往往是一种理性逻辑，"精神生活"的逻辑

---

① ［德］康德：《实践理性批判》，邓晓芒译，人民出版社2003年版，第67页。

也是一种理性逻辑,但"社会生活"与"家庭生活"的逻辑并不完全如此,且大多数情况下表现为一种非理性逻辑,它们渗透着更多的模糊地带与情感因素。中国香港地区经济学家张五常先生也曾指出:思想或见解的根源往往不是逻辑,而是一种"预感"或"灵感"。最有效的思考方法或学术研究的理路首先应该是运用"学术想象力"斟酌、推敲,然后通过逻辑的方法来证明推理的正确性。固然,学术"灵感"与"想象力"离不开长期的学术积累,但它更离不开生活的滋养。从这个意义上说,学术与生活并非泾渭分明。因为没有生活介入的学术是没有生命力的学术,而没有学术因素的生活则很可能是盲目的生活。生活可以赋予学术以无尽的想象力,学术也可以给予生活以部分理性的成分。生活体验越深刻,学术观点可能就会更加真实、更加独到,也许这是生活对学术的一种馈赠。这一点在人文社会科学上体现得尤为明显。相比之下,自然科学可能与生活体验的关系没那么密切,但又不能截然断开,钱学森与蒋英的故事就有力地回应了这一点。可以说,能够将学术逻辑与生活逻辑统一起来的人内心是幸福的、宁静的。

四 学术研究的"里程碑"与"再出发"

我的博士学位论文从2015年9月开始思考至2017年5月正式定稿再到如今的公开出版,其间真可谓辗转反侧、夜难成寐、几易其稿、终定于形,也许其中的孤独、寂寞和艰辛唯有自己体味得最为真切,但其中的激动、兴奋以及探险的刺激也只有自己能慢慢回味。这也使我深刻认识到,高等教育研究就是一个"崇真""向善""尚美"的过程,"崇真"是追求高等教育学科建设的理论与规律,"向善"是改进高等教育具体实践的技术与行动,"尚美"是提升自我内心世界的力量与境界。选择高等教育研究就等于选择了一场学术苦旅、一次长途跋涉。但非常神奇的是,我经常做梦都会神交"大学法人制度"这一课题,于猛然之梦醒时分奋笔疾书,这种学术经历堪称妙哉!即便如此,由于种种条件的限制,我的论文仍有较大的提升空间与后续的研究价值,正如厦门大学校训那样:"自强不息,止于至善。"如今博士学位论文公开出版,这意味着我的学术生涯已经行至第一座里程碑,并开始朝着下一座里程碑而努力。

回首过去,在厦门大学教育研究院学习和研究的六年时光,自己最大的收获莫过于一种判断力的形成,即哪些是要维护的,哪些是要对话的,哪些是要辩驳的，哪些是要矫正的。实事求是地说，自己的点滴成长与进步无不凝结着教育研究院各位老师的指导与提点，但最应该感谢的就是我的导师王洪才教授。2011年，我与王老师结下"师生缘"，从硕士阶段的"学术启蒙"到博士阶段的"学术成长"，无不镌刻着王老师的心血与智慧。在今天看来，一切似乎冥冥之中早已注定。王老师做学问的态度如同他酷爱的太极一般"至臻化境"，而我正是在这样超脱般的学术境界中接受了六年严格的学术训练与熏陶。他反复强调做研究要怀有"问题意识""批判精神"，这时时刻刻警醒我：我的研究初衷是什么，我究竟要解决一个什么问题，这个问题究竟是一个真命题还是一个假命题，该问题的学术理路或学术脉络究竟如何，学术界主要是站在何种立场、运用何种方法、提出何种观点，这些认识究竟符不符合教育规律、基本逻辑等。不止于此，王老师对待学术的那份赤诚甚至说是虔诚最令我感动，每周五的学术沙龙就是对其"学术情怀"的最好阐释。正是在王老师的感召下，学术沙龙成为"有灵魂"的学术沙龙。我们都在这个自由、开放的平台上如水滴石穿一般磨炼着自己的学术判断力，从而感受着自己学术成绩的跃升。感谢王老师给予我的自由平台、给予我的学术自信！

作为我国高等教育学的奠基人，潘懋元先生矢志不渝的学术追求与严谨至善的治学品格时时激励着学术后辈。先生在鲐背之年仍保持着敏锐的学术洞察、宽阔的学术视野和旺盛的学术生命，每周六晚上先生的"家庭沙龙"就是明证。先生在沙龙上的每一次"钦点"都令我受宠若惊。先生三番五次地打电话指导我写作《循环教育的意蕴、境界与出路》这篇文章，至今仍记得第一次接到先生电话时的那份诚惶诚恐。尤其是先生提出的高等教育研究必须坚守社会责任、观照社会现实令我体味到何谓"仰之弥高，景行行止"。

邬大光教授反复提及高等教育研究就是要着眼于我国高等教育现象或问题的"特殊性"与"阶段性"，这为我提供了分析问题的立场与视角。别敦荣教授的"战略思维"与"系统观念"给予我思考问题的高度与广度。覃红霞教授则经常提醒我，研究大学法人制度需要在"法理依据"与"教育情愫"之间不断游弋并找到最合适的平衡点。陈兴德副教授的"拍照隐喻"也令我受益匪浅：拍照的重点是拍摄人物，但决不能忽视甚至无视周边的景色，景色的作用在于烘托人物的外部特征与内心世界。做研究如同拍照，只有结合社会背景进行深层解读，研究对象方可走向立体化。

李国强老师的"犁地隐喻"使我明白了知识重组的重要意义：个人的知识结构如同一片广袤的土地，我们要经常不断地翻腾、爬梳、耕耘，方能使已经或即将板结的土地变得疏松而富有肥力。周序老师行文如流水、论辩似刀剑的学术风格对我影响至深，使我深刻体会到学术研究的魅力在于思想的碰撞与对话，可谓无争鸣不学术。

感谢厦门大学陈武元教授、北京大学阎凤桥教授、中国人民大学申素平教授、复旦大学熊庆年教授、陕西师范大学陈鹏教授、北京外国语大学秦惠民教授、厦门理工大学李泽彧教授拨冗为拙文提出宝贵的修改意见。感谢兰州大学包水梅老师、济南大学张继明老师、山东交通学院赵光锋老师、西南财经大学陈涛老师、江西师范大学刘志忠老师、大连理工大学林杰博士后、广东开放大学杜燕锋老师、南京师范大学姚荣老师等，与你们的多次讨论，使我在理论层面的相关论证更加充分。感谢法国波尔多大学卞翠博士、德国访学的刘丽建博士、美国威斯康星大学麦迪逊分校访学的刘文杰博士、韩国访学的凌磊博士、新加坡国立大学赵天苑硕士、中国台湾的唐嘉彦博士、蔡正道博士以及厦门大学台湾研究院易梦春博士，谢谢你们提供法国、德国、美国、韩国、新加坡以及中国台湾地区公立大学法人制度的相关资料。

感谢我的同窗好友李胜利、王严淞、陈丽、刘亮、刘盾、薛卫洋、滕曼曼、冯寅、方宝。"独学而无友，则孤陋而寡闻"，正是你们的陪伴使我的求学道路增添了靓丽的色彩，其中有激烈争辩中欢乐的橙黄色，有相聚时刻美好生活的橘红色，有嘘寒问暖互相关心的淡蓝色，有对未来学术前景憧憬的青绿色等，颜色错落有致，故事感人至深，一幅美好的博士生活画卷自然勾勒出来。感谢我的同门好友路丽娜师姐、刘隽颖师妹、闵琴琴师妹、刘强师弟、张艳丽师妹、刘慧师妹、陈艳霞师妹等，是你们让我感受到学术共同体的智慧与力量。

特别感谢大连理工大学高等教育研究院为我们青年教师提供了宽松的学术环境与融洽的组织氛围。张德祥教授，您的为学与为人令我如沐春风。李枭鹰教授，您的义薄云天与学术意志令我感怀之至。姜华教授，您的平易近人令我倍感亲切。苏永建老师，您的淳朴敦厚与学术功力令人钦羡不已。何晓芳老师、孙阳春老师、李易飞老师、康乐老师、韩梦洁老师以及刘盛博老师等为我提供了许多无私帮助，在此一并表示感谢。

感谢我的父亲、母亲、岳父、岳母、妻子、女儿、弟弟、妹妹及其他挚友亲朋！我的父亲是 70 年代的高中生，但由于当时的家庭条件异常拮据，三块五毛钱的学费就断送了父亲的求学道路，也就与 1977 年高考擦肩而过，我和弟弟妹妹都非常清楚我们身上承载着父亲的渴望与梦想。母亲是一个连自己名字都不会写的人，但母亲笃定"教育改变命运"的朴素信条，始终支持、督促我和弟弟妹妹努力学习，不让我们干一点农活儿。不止于此，父母的辛勤劳作、宽厚仁德更是对我产生了耳濡目染的作用。我要将博士学位论文献给我最亲爱的父母！感谢岳父岳母一直以来对我无私的包容与支持！我的妻子毕业于西南政法大学，研究生阶段专攻国际法学，对国际法律规则与法律事务有着独到认识，对本书提出了许多极富建设性的意见。不仅如此，她还主动肩负起家庭重担，照顾女儿和我的生活起居。感谢我的女儿博雅，她给整个家庭带来了无尽欢乐。每当我写作疲惫、思路不畅之时，与女儿相处的时间都是我最开心的时刻。弟弟正在攻读南京大学地质学的博士学位，妹妹正在读高中一年级，他们在无形中给予我努力前行的力量。感谢你们，我挚爱的家人！

感激涕零，搁笔于此。

解德渤

2019 年 4 月 25 日